Yasemin Niephaus

Bevölkerungssoziologie

Studienskripten zur Soziologie

Herausgeber:
Prof. Dr. Heinz Sahner,
Dr. Michael Bayer und
Prof. Dr. Reinhold Sackmann
begründet von Prof. Dr. Erwin K. Scheuch †

Die Bände „Studienskripten zur Soziologie" sind als in sich abgeschlossene Bausteine für das Bachelor- und Masterstudium konzipiert. Sie umfassen sowohl Bände zu den Methoden der empirischen Sozialforschung, Darstellung der Grundlagen der Soziologie als auch Arbeiten zu so genannten Bindestrich-Soziologien, in denen verschiedene theoretische Ansätze, die Entwicklung eines Themas und wichtige empirische Studien und Ergebnisse dargestellt und diskutiert werden. Diese Studienskripten sind in erster Linie für Anfangssemester gedacht, sollen aber auch dem Examenskandidaten und dem Praktiker eine rasch zugängliche Informationsquelle sein.

Yasemin Niephaus

Bevölkerungs-soziologie

Eine Einführung
in Gegenstand, Theorien
und Methoden

Bibliografische Information der Deutschen Nationalbibliothek
Die Deutsche Nationalbibliothek verzeichnet diese Publikation in der
Deutschen Nationalbibliografie; detaillierte bibliografische Daten sind im Internet über
<http://dnb.d-nb.de> abrufbar.

1. Auflage 2012

Alle Rechte vorbehalten
© VS Verlag für Sozialwissenschaften | Springer Fachmedien Wiesbaden GmbH 2012

Lektorat: Cori Mackrodt

VS Verlag für Sozialwissenschaften ist eine Marke von Springer Fachmedien.
Springer Fachmedien ist Teil der Fachverlagsgruppe Springer Science+Business Media.
www.vs-verlag.de

Das Werk einschließlich aller seiner Teile ist urheberrechtlich geschützt. Jede Verwertung außerhalb der engen Grenzen des Urheberrechtsgesetzes ist ohne Zustimmung des Verlags unzulässig und strafbar. Das gilt insbesondere für Vervielfältigungen, Übersetzungen, Mikroverfilmungen und die Einspeicherung und Verarbeitung in elektronischen Systemen.

Die Wiedergabe von Gebrauchsnamen, Handelsnamen, Warenbezeichnungen usw. in diesem Werk berechtigt auch ohne besondere Kennzeichnung nicht zu der Annahme, dass solche Namen im Sinne der Warenzeichen- und Markenschutz-Gesetzgebung als frei zu betrachten wären und daher von jedermann benutzt werden dürften.

Umschlaggestaltung: KünkelLopka Medienentwicklung, Heidelberg

Gedruckt auf säurefreiem und chlorfrei gebleichtem Papier.

ISBN 978-3-531-15552-4

Inhalt

Vorwort 11

I Einleitung 13

II Eine Einführung: Bevölkerungswissenschaft und
    Bevölkerungssoziologie 17

II.1 Bevölkerungswissenschaft 18
II.1.1 Bevölkerungstheorie 19
II.1.1.1 Der erste demographische Übergang 20
II.1.1.2 Der zweite demographische Übergang 29
II.1.2 Bevölkerungspolitik und bevölkerungstheoretische Paradigmen 31
II.1.2.1 Das 18. und 19. Jahrhundert 32
II.1.2.2 Das 19. und 20. Jahrhundert 36
II.1.3 Bevölkerungsstatistik 42
II.1.3.1 Analyseverfahren 43
II.1.3.2 Datenquellen 45
II.2 Bevölkerungssoziologie 49

III Demographische Prozesse: Erklärung und Erfassung 51

III.1 Fertilität 51
III.1.1 Fertilitätstheorien 52
III.1.1.1 Wohlstandstheorie 53
III.1.1.2 Historisch-soziologische Bevölkerungsweisen 57
III.1.1.3 Neue Haushaltsökonomie 60
III.1.1.4 Value of Children 64
III.1.1.5 Die Fortentwicklung des Value of Children-Ansatzes 67
III.1.1.6 Theorie der säkularen Nachwuchsbeschränkung 69
III.1.1.7 Biographische Fertilitätstheorie 71
III.1.1.8 Wealth Flows-Theorie 74
III.1.2 Die Messung von Fertilität 76
III.1.3 Die Fertilitätsentwicklung seit 1950 80

III.2 Nuptialität und Kohabitation 87
III.2.1 Theoretische Betrachtungen zur Kohabitation 88
III.2.1.1 Säkularer Individualismus 89
III.2.1.2 Differenzierungstheorie 91
III.2.1.3 Neue Haushaltsökonomie 93
III.2.1.4 Lebenslauftheorie 94
III.2.2 Die Messung von Nuptialität und Kohabitation 98
III.2.3 Der Wandel der Lebensformen seit den 1970er Jahren 99
III.3 Migration 105
III.3.1 Migrationstheorien 106
III.3.1.1 Die Auslöser von Migrationsbewegungen 109
III.3.1.1.1 Ernest Georg Ravensteins Wanderungsgesetze 109
III.3.1.1.2 Neoklassische Wanderungstheorien 111
III.3.1.1.2.1 Neoklassik: Makroökonomische Ansätze 111
III.3.1.1.2.2 Neoklassik: Mikroökonomische Ansätze 113
III.3.1.1.3 New Economics of Migration 114
III.3.1.1.4 Die Theorie des dualen Arbeitsmarktes 116
III.3.1.1.5 Weltsystemtheorie und neomarxistische Ansätze 118
III.3.1.2 Die Perpetuierung von Migrationsbewegungen 120
III.3.1.2.1 Migrationsnetzwerke 120
III.3.1.2.2 Migration und Organisationen 120
III.3.1.2.3 Das Prinzip der kumulativen Verursachung 121
III.3.1.2.4 Migrationssysteme 122
III.3.2 Die Messung von Migration 122
III.3.3 Die Entwicklung der Migration seit 1945 124
III.4 Mortalität 134
III.4.1 Mortalitätstheorien 135
III.4.1.1 Versuch einer ganzheitlichen Theorie der Sterblichkeit 136
III.4.1.2 Mortalität und soziale Ungleichheiten 140
III.4.1.2.1 Lebenserwartung und Geschlecht 141
III.4.1.2.2 Lebenserwartung und Migration 142
III.4.1.2.3 Lebenserwartung und regionale Zugehörigkeit 143
III.4.2 Die Messung von Mortalität 148
III.4.2.1 Sterberaten 150
III.4.2.2 Sterbetafeln 151
III.4.3 Die Entwicklung der Mortalität seit 1945 (mit einem Rückblick
auf den ersten demographischen Übergang) 157

IV	Der Einfluss von Bevölkerungsentwicklung und Bevölkerungsstruktur auf die Sozialstruktur	163

IV.1 Das Konzept der Sozialstruktur 164
IV.2 Bevölkerungsstruktur und Bevölkerungsentwicklung 167
IV.2.1 Die Dimension Geschlecht 167
IV.2.2 Die Dimension Alter 170
IV.2.2.1 Die Altersverteilung 171
IV.2.2.2 Die demographische Alterung 174
IV.2.3 Demographische Alterung und Sozialstruktur 178
IV.2.3.1 Demographische Alterung und Politik/Wohlfahrtsstaat ... 179
IV.2.3.1.1 Die gesetzliche Rentenversicherung (GRV) 180
IV.2.3.1.2 Die gesetzliche Krankenversicherung (GKV) und die gesetzliche Pflegeversicherung (GPV) 184
IV.2.3.2 Demographische Alterung und Wirtschaft 186
IV.2.3.3 Demographische Alterung und Bildung 189
IV.2.3.4 Demographische Alterung und Familie 190
IV.2.3.5 Demographische Alterung und Sozialstruktur – ein Fazit ... 191

V	Schlusswort	195
VI	Anhang A – Organisatorische Verankerung der Bevölkerungswissenschaft in Forschung und Lehre	197

VI.1 Die Entwicklung in der BRD (alt und neu) 197
VI.2 Die Entwicklung in der DDR 197

VII	Literatur	199
VIII	Literatur Internet	217
IX	Abbildungsverzeichnis	219
X	Tabellenverzeichnis	223
XI	Liste der verwendeten Abkürzungen	225

Sachregister 227

Für Sara und Jahangir

Vorwort

Als Herr Professor Reinhold Sackmann mich zu Beginn des Jahres 2007 anrief und fragte, ob ich mir vorstellen könnte, das nun vorliegende Lehrbuch zur Bevölkerungssoziologie für die Reihe *Studienskripten zur Soziologie* zu schreiben, hatte ich mir nicht vorgestellt, dass bis zum Erscheinen des Buches über vier Jahre vergehen sollten. Die Gründe hierfür sind vielfältig: Meine Tochter Sara kam auf die Welt, lange Zeit konnte ich mich nicht entscheiden, ob ich erst mein Habilitationsvorhaben zur „Theorie und Praxis der Sozialstrukturanalyse" oder das Manuskript für das vorliegende Lehrbuch oder beides parallel fertigstellen sollte. Zunächst ging ich davon aus, dass es möglich sei, beides parallel zu machen. Recht schnell erwies sich diese Vorstellung jedoch als unhaltbar. Letztendlich entschied ich mich dafür, das Lehrbuch zu schreiben und die Fertigstellung meines Habilitationsvorhabens auf die Zeit danach zu verschieben. Als ich dann in der zweiten Jahreshälfte 2010 davon ausging, das Manuskript beenden zu können, erlebte die Rassenhygiene mit Thilo Sarrazin eine Renaissance. Eine Entwicklung, die in einem Lehrbuch zur Bevölkerungssoziologie unbedingt zu thematisieren ist. Denn anders als die Bevölkerungswissenschaft verfügt die Bevölkerungssoziologie, wenn sie denn als solche und nicht als Mikroökonomie betrieben wird, über das gesellschaftstheoretische Instrumentarium, nicht allein die soziale Bedingtheit dieser Strömung, sondern auch ihren Stellenwert in einem unter neoliberalen Vorzeichen betriebenen Gesellschaftsumbau zu analysieren.

Nachfolgend möchte ich allen danken, die die Entstehung dieses Buches geduldig begleitet haben. Zu diesen gehören natürlich die Herausgeber der *Studienskripten zur Soziologie* wie auch Herr Frank Engelhardt und Frau Dr. Cori Antonia Mackrodt vom VS Verlag für Sozialwissenschaften. Dazu gehören aber auch meine Tochter Sara und ihr Vater Jahangir. Saras erste vier Lebensjahre waren durch die Arbeit an diesem Buch bestimmt. Wahrscheinlich ein Grund dafür, dass eines ihrer ersten gesprochenen Worte das Wort „Arbeit" war…

Weiter möchte ich allen danken, die dieses Buch inhaltlich begleitet haben: Auch hier gilt mein Dank Herrn Professor Reinhold Sackmann. Dieser hat nicht nur ein kritisches Auge auf den Text gehabt, sondern hat mich darüber hinaus dazu aufgefordert, meine eigene theoretische Position stärker herauszuarbeiten. Diese findet sich nun im Teil IV, in welchem der Einfluss von Bevölkerungsentwicklung und Bevölkerungsstruktur auf die Sozialstruktur diskutiert wird, wieder. Inhaltlich begleitet haben die Arbeit darüber hinaus Christian Bärisch, Felix Knorr und Annika Rhein als studentische Hilfskräfte. Das Datenmaterial für die meisten der aufgenommenen Abbildungen und Tabellen hat Christian Bärisch gesammelt und aufbereitet. Zudem hat er seine tägliche Zeitungslektüre mit Blick auf das Lehrbuch gefiltert. Annika Rhein hat die abschließende Überarbeitung und Zusammenstellung der Abbildungen und Tabellen übernommen und Felix Knorr hat das Stichwortregister erstellt. Darüber hinaus Gesprächs- und Diskussionspartner, geht sein Beitrag weit über den einer studentischen Hilfskraft hinaus. Ansprechpartner waren auch Claudia Globisch, Birgit Reißig, Yvonne Schroth, Christoph Wrasidlo und wie immer: Jahangir Rouzbahani. Danke!

Wenngleich um die Bedeutung von Symboliken wissend, habe ich in dieser Arbeit aus (schlechter) Gewohnheit auf die Verwendung einer geschlechtssensiblen Sprache verzichtet. Um diese Nachlässigkeit soweit als möglich nachträglich auszugleichen, möchte ich allen LeserInnen versichern, dass – wo dies den empirischen Gegebenheiten entspricht – mit der einseitigen Formulierung sowohl Frauen als auch Männer angesprochen sind und dass natürlich alle Inhalte Leserinnen und Lesern gleichermaßen gewidmet sind.

Heidelberg, im August 2011   Yasemin Niephaus

I Einleitung

Menschen gehen intime Beziehungen ein, gründen Familien, wechseln ihren Wohnort – innerhalb von Landesgrenzen und über diese hinweg – und sterben. Ob wir uns dessen bewusst sind oder nicht, haben alle diese alltäglichen Vorgänge Einfluss auf die Zusammensetzung einer Bevölkerung, beeinflussen Bevölkerungsstruktur und Bevölkerungsdynamik und sind damit auch Gegenstand wissenschaftlicher Betrachtungen und politischer Auseinandersetzungen. Im weitesten Sinne gehört all dies zum Gegenstandsbereich des vorliegenden Lehrbuches: Es gehört zur Bevölkerungssoziologie.

Die Bevölkerungssoziologie, so kann man sagen, eröffnet einen spezifisch soziologischen Zugang auf das Bevölkerungsgeschehen. Das Bevölkerungsgeschehen wiederum setzt sich zusammen aus den oben genannten demographischen Prozessen der Fertilität, der Mortalität, der Nuptialität und der Migration. Die beiden erstgenannten – und mit Einschränkung auch der der Nuptialität – sind die Grundlagen der natürlichen Bevölkerungsbewegung. Der Prozess der Migration ist dagegen die Grundlage der räumlichen Bevölkerungsbewegung. Der Prozess der Fertilität bezeichnet zumeist die soziale Komponente der Fruchtbarkeit, der demographische Prozess der Migration hat zum Gegenstand Wanderungsbewegungen, das Sterblichkeitsgeschehen ist der demographische Prozess der Mortalität und der der Nuptialität steht begrifflich für den Vorgang der Eheschließung. Ihm kommt allerdings nur dann eine eigenständige Bedeutung zu, wenn die Eheschließung „einschränkende Bedingung für die Realisierung eines Wunsches nach Kindern ist" (Dinkel 1989: 9). Insofern der Eheschließung gegenwärtig diese Bedeutung zumeist nicht zukommt, unterscheidet sich der demographische Prozess der Nuptialität qualitativ von den anderen drei genannten. Davon unbenommen ist allerdings die Bedeutung von intimen Beziehungen für die Realisierung eines Kinderwunsches. Insofern wird hier dafür plädiert, den demographischen Prozess der Nuptialität entsprechend inhaltlich auf alle für die Familiengründung relevanten Lebensformen auszuweiten und dies begrifflich kenntlich zu machen. Entsprechend den empirischen Gegebenheiten bedeutet das, neben der Ehe die nichteheliche Lebensgemeinschaft als Ort der Familiengründung in die entsprechenden Betrachtungen einfließen zu lassen. Begrifflich ist der genannten Entwicklung zu begegnen, indem nicht allein die Nuptialität als demographischer Prozess bezeichnet wird, sondern daneben auch die Kohabitation: also Nuptialität und Kohabitation als ein demographischer Prozess gelten.

Die Soziologie hilft, die eben genannten Prozesse ursächlich zu erklären und ihre Bedeutung für den gesamtgesellschaftlichen Zusammenhang zu analysieren. Allerdings ist es nicht möglich, den einen soziologischen Zugang auf das Bevölkerungsgeschehen zu benennen, da die Soziologie einerseits in der Zeit Wandlungsprozessen unterworfen ist und andererseits in der synchronen Perspektive unterschiedliche Theorieangebote nebeneinander existieren. Trotz der scheinbaren Unübersichtlichkeit der soziologischen Theorienvielfalt kann man vereinfachend eine historisch und rekonstruktiv vorgehende von einer am naturwissenschaftlichen Ideal orientierten und kausal-analytisch arbeitenden Soziologie unterscheiden.[1] Aus diesen metawissenschaftlichen Differenzen ergeben sich systematische Differenzen im Bereich der zur Anwendung kommenden Sozialtheorien. Die in der gegenwärtigen deutschen Bevölkerungssoziologie zumeist vertretene Sozialtheorie arbeitet mit einem Modell rationalen Verhaltens, das aus der neoklassischen Mikroökonomie kommend in jenen Wissenschaften Einzug halten konnte, die sich am naturwissenschaftlichen Vorgehen zu orientieren bemühen. Die theoretischen Betrachtungen zu den demographischen Prozessen sind weitestgehend durch diese Richtung dominiert. Ausnahme stellt der demographische Prozess der Migration dar, da er durch die zunehmende quantitative Bedeutsamkeit von Flüchtlingsbewegungen, seien sie ethnisch-religiös, ökologisch oder politisch motiviert, mit der neoklassischen Axiomatik von der Freiheit des Individuums bricht und die Grenzen ihrer Anwendbarkeit aufzeigt.

Im nachfolgenden *zweiten Teil* des vorliegenden Lehrbuches wird in die Bevölkerungswissenschaft und die Bevölkerungssoziologie eingeführt. Dabei liegt das Gewicht auf der Einführung in die Bevölkerungswissenschaft. Die oben aufgeführte Alltäglichkeit ihres Gegenstandes erklärt die lange anhaltende Beschäftigung mit ihm, die zurückreicht bis in das Altertum. Ihren wissenschaftlichen Charakter erlangte die Beschäftigung mit dem Bevölkerungsgeschehen erst im 17. Jahrhundert. Die Ursachen hierfür werden nachfolgend benannt. Es folgen einführende Betrachtungen in die drei bevölkerungswissenschaftlichen Teilbereiche Bevölkerungstheorie, Bevölkerungspolitik und Bevölkerungsstatistik.

Der Bevölkerungstheorie wird oftmals vorgeworfen, kein in sich geschlossenes Theoriegebäude etabliert zu haben (Mackensen 1989). Für andere wiederum ist der empirisch beobachtbare Prozess des ersten demographischen Übergangs die am besten dokumentierte Generalisierung in den Sozialwissenschaften (Kirk 1996) und daher – unter Zugrundelegung eines eng gefassten Theoriebegriffes – eine ernst zu nehmende Theorie. Der erste und auch der zweite demographische Übergang werden an dieser Stelle vorgestellt.

---

[1] Inwiefern dabei das zugrunde gelegte naturwissenschaftliche Ideal der naturwissenschaftlichen Praxis entspricht, ist Gegenstand langer und heftiger Debatten.

Einleitung

Im Abschnitt zur Bevölkerungspolitik wird ein kursorischer Überblick über die Bevölkerungspolitiken der letzten vier Jahrhunderte gegeben wie auch die ihnen zugrunde liegenden bevölkerungstheoretischen Paradigmen, zu deren bekanntestem das *Malthussche Bevölkerungsgesetz* gehört. Dieses wie auch der Widerstreit zwischen Populationsoptimisten und Populationspessimisten werden dargelegt, auch wird auf die Eugenikbewegung und deren praktische Bedeutung für die Bevölkerungspolitik im Nationalsozialismus eingegangen. Aus letzterer begründet sich das in beiden deutschen Staaten unmittelbar nach dem zweiten Weltkrieg zu beobachtende Misstrauen gegenüber der Bevölkerungswissenschaft im Allgemeinen und der Bevölkerungspolitik im Besonderen. In der Folge ist ein relativ später organisatorischer Ausbau der Bevölkerungswissenschaft in beiden deutschen Staaten zu beobachten.

Im Kapitel zur Bevölkerungsstatistik werden Analyseverfahren und Datenquellen der Bevölkerungswissenschaft aufgezeigt. Dabei erfolgt eine Fokussierung auf die beiden maßgeblichen Analyseverfahren der Kohorten- und der Periodenanalyse. Während der ersten eine längsschnittliche Perspektive zugrunde liegt, arbeitet die Periodenanalyse mit einer querschnittlichen Perspektive. Der Abschnitt zu den Datenquellen geht zunächst ein auf die amtliche Statistik, die zumeist im Querschnitt vorliegt und benennt dann für die Bevölkerungswissenschaft relevante Umfragedaten, die längsschnittliche Analysen ermöglichen.

Der *dritte Teil* des Buches ist der Erklärung und Erfassung der demographischen Prozesse gewidmet. Zunächst werden die für jeden demographischen Prozess gängigen Theorieangebote diskutiert. Im Anschluss werden die Methoden zu seiner quantitativ-empirischen Erfassung vorgestellt. Hierbei werden die Differenzen zwischen einer längsschnittlichen Perspektive (Kohortenperspektive) und einer querschnittlichen Perspektive (Periodenperspektive) berücksichtigt. Besonders ausgearbeitet sind diesbezüglich die demographischen Prozesse der Fertilität und der Mortalität. Im Anschluss wird die Entwicklung des jeweiligen Prozesses auf dem Gebiet der heutigen Bundesrepublik seit dem Ende des zweiten Weltkrieges vorgestellt. Im Anschluss an die nationale Perspektive erfolgt eine international vergleichende, deren Fokus auf Europa liegt. Zur Systematisierung des Datenmaterials wird auf die Typologisierung von Wohlfahrtsstaaten des dänischen Politikwissenschaftlers und Soziologen Gøsta Esping-Andersen (geb. 1947) zurückgegriffen (Esping-Andersen 1990, 1999). Die inhaltliche Begründung für die Systematisierung der Daten entlang dieser Typologie resultiert aus der theoretischen Positionierung der Autorin, der zufolge die Bevölkerungsentwicklung einer Gesellschaft Ausdruck ihrer Sozialstruktur ist und der Möglichkeit, die Typologie von Wohlfahrtsstaaten, wie sie von Esping-Andersen vorgelegt wurde, als grobe Typologie von Sozialstrukturen zu lesen.² Dies gilt m. E. zumindest dann, wenn man Sozialstruktur mit Friedrich Fürstenberg als „Wirkungszusammenhang multipler sozialer Felder" (Fürstenberg 1966: 445) definiert und beachtet, dass Esping-Andersen (1990) seine Typologie von Wohlfahrtsstaaten u. a. gründet auf den Beitrag, den unterschiedliche gesellschaftliche Felder zur Wohlfahrtsproduktion leisten.

Im abschließenden *vierten Teil* erfolgt eine explizite Erörterung des Wechselwirkungsverhältnisses von Bevölkerungsstruktur und Bevölkerungsentwicklung einerseits und Sozialstruktur andererseits. Während dieses bis dahin vorwiegend unter Berücksichtigung der Einflussnahme der Sozialstruktur auf die Bevölkerungsentwicklung diskutiert wurde und dies zumeist nur implizit – entsprechend den referierten theoretischen Erläuterungen – , wird im abschließenden Teil des Buches der Einfluss der Bevölkerungsstruktur und der Bevölkerungsentwicklung auf die Sozialstruktur analysiert. Hierfür wird zunächst die zurückliegende Bevölkerungsentwicklung auf dem Gebiet der heutigen Bundesrepublik entlang der Dimensionen Alter, Geschlecht und Migrationshintergrund vorgestellt. Wo notwendig, werden Bevölkerungsprojektionen berücksichtigt. Darüber hinaus werden die genannten Dimensionen mit Blick auf ihre Bedeutung für die einzelnen, die Sozialstruktur konstituierenden sozialen Felder besprochen.

Damit hoffe ich, den Leser in die Bevölkerungssoziologie eingeführt zu haben, ihm ein Verständnis ihres Gegenstandes wie auch ihres theoretischen und methodischen Instrumentariums gegeben zu haben. Darüber hinaus wünsche ich, mit dem letzten Teil zum Zusammenhang von Bevölkerungsstruktur und Bevölkerungsentwicklung einerseits und Sozialstruktur andererseits einen Teil zu der Aufgabe der Soziologie, gesellschaftliche Aufklärung zu betreiben, beigetragen zu haben. Dies scheint mir insofern notwendig, als demographische Größen oftmals zur Legitimation populistischer Diskussionen – wie im Falle der rassenhygienische Argumentationsmuster aufgreifenden Erörterungen des Politikers Thilo Sarrazin – wie auch politischer Entscheidungen – so z. B. der faktischen Aufhebung des Solidaritätsprinzip im Sozialversicherungssystem – herangezogen werden, ohne dass die dabei unterstellten Zusammenhänge zwischen Bevölkerungsentwicklung und Sozialstruktur expliziert und auf ihre Gültigkeit hin kritisch diskutiert werden.

---

² Davon abweichend gibt es die Position, die Bevölkerungsstruktur einer Gesellschaft selbst als ihre Sozialstruktur zu definieren bzw. als eine Dimension derselben (Esser 1993; Huinink und Schröder 2008; Mau und Verwiebe 2009).

II Eine Einführung: Bevölkerungswissenschaft und Bevölkerungssoziologie

Bevölkerungsstruktur und Bevölkerungsdynamik sind von jeher zentrale gesellschaftliche Größen, die aus den drei demographischen Prozessen Fertilität (dt. Fruchtbarkeit), Migration (dt. Wanderung) und Mortalität (dt. Sterblichkeit) resultieren. Hinzu gezählt wird gelegentlich als vierter Prozess die Nuptialität (dt. Eheschließung). Ihm kommt allerdings nur dann eine eigenständige Bedeutung zu, wenn die Eheschließung „einschränkende Bedingung für die Realisierung eines Wunsches nach Kindern ist" (Dinkel 1989: 9). Entsprechend wird in der vorliegenden Arbeit dafür plädiert, nicht allein den Prozess der Nuptialität, sondern diesen gemeinsam mit dem der Kohabitation zu betrachten. Die Prozesse der Fertilität, Mortalität und auch der der Nuptialität bzw. Kohabitation sind die Grundlagen der natürlichen Bevölkerungsbewegung. Der Prozess der Migration ist die Grundlage der räumlichen Bevölkerungsbewegung. Dieser gelangte allerdings erst spät in das bevölkerungswissenschaftliche Bewusstsein.

Kenntnisse über Bevölkerungsstand und Bevölkerungsdynamik sind für die erfolgreiche Bewältigung öffentlicher Aufgaben, die hierfür notwendige Steuererhebung und damit letztendlich auch die Wohlstandssicherung und Wohlstandssteigerung der Bevölkerung unabdingbar. Entsprechend ist bereits für das Altertum wie auch das Mittelalter eine Beschäftigung mit dem zahlenmäßigen Umfang der Bevölkerung, ihrer Struktur und Entwicklung zu beobachten, die von Beginn an politische Funktionen erfüllte. Eine im heutigen Sinne wissenschaftliche Beschäftigung mit der Bevölkerungsentwicklung konnte sich in Europa im 17. Jahrhundert mit der zunächst aus der religiösen und später dann aus der staatlichen Verwaltung resultierenden flächendeckenden Erhebung von Daten zur Erfassung des Bevölkerungsstandes, der Bevölkerungsstruktur und der Bevölkerungsentwicklung ausbilden (Khalatbari 1977; Ehmer 2004).

Aufgrund der Vielzahl von Faktoren, die den Bevölkerungsstand und die Bevölkerungsentwicklung beeinflussen und infolge der Ausdifferenzierung der Wissenschaften seit dem Mittelalter, ist die Bevölkerungswissenschaft eine interdisziplinär ausgerichtete Wissenschaft: Biologie, Genetik, Geographie, Geschichtswissenschaft, Nationalökonomie, Soziologie und Statistik – all diese Einzeldisziplinen leisten einen Beitrag zur Erfassung und Erklärung von Bevölkerungsstruktur und Bevölkerungsdynamik. Darüber hinaus fragt die Bevölkerungswissenschaft – in Deutschland aus historischen Gründen zeitweilig weniger – nach politischen Einflussmöglichkeiten auf die Bevölkerungsbewegung:

> „Die Bevölkerungslehre ... fragt, ob es Regelmäßigkeiten und Gesetzmäßigkeiten in diesen Vorgängen [den demographischen Prozessen, die Autorin] gibt, welcher Art sie sind und wie sie sich auf die Bevölkerung quantitativ und qualitativ auswirken, wie der Bevölkerungsvorgang zusammenhängt mit den anderen Teilen des wirtschaftlichen und sozialen Gesamtprozesses und wie er gegebenenfalls beeinflußt werden kann" (Mackenroth 1953: 11 f.).

Es lassen sich mit Bevölkerungspolitik, Bevölkerungsstatistik und Bevölkerungstheorie drei Teilbereiche der Bevölkerungswissenschaft ausmachen. Darunter sind es die Teilbereiche der Bevölkerungspolitik und der Bevölkerungstheorie, die sich für verschiedene einzelwissenschaftliche Zugänge anschlussfähig zeigen: Aus biologischer und medizinischer Sicht werden die „natürlichen Fundamente" (Mackensen 1989: 18) des Bevölkerungsprozesses thematisiert, aus geographischer Sicht kann nach der räumlichen Differenzierung der Bevölkerungsbewegung gefragt werden oder aber auch nach der Beziehung von Mensch und Umwelt, der Tragfähigkeit bzw. Bonitierung der Erde (Bähr 2004). Aus der Ökonomie kommen Fragen nach dem Zusammenhang von Bevölkerungsentwicklung und Wohlstand oder auch solche nach der mikroökonmischen Modellierbarkeit demographischer Prozesse (Bengtsson und Saito 2003). Die Soziologie schließlich thematisiert das Zusammenspiel von demographischen Prozessen und Sozialstruktur (Mackenroth 1953). Damit ordnet sie das demographische Geschehen in einen gesamtgesellschaftlichen Zusammenhang und erlaubt Wirkungen in beide Richtungen: Einflussnahme von der Sozialstruktur auf das demographische Geschehen wie auch Einflussnahme vom demographischen Geschehen auf die Sozialstruktur. Sie geht davon aus, dass die Bevölkerungsentwicklung jenseits ihrer biologischen Fundierung Produkt der gesellschaftlichen Verhältnisse ist. Entsprechend gelangte der deutsche Soziologe und Bevölkerungswissenschaftler Gerhard Mackenroth (1903–1955) zu der folgenden Feststellung:

> „Das letzte Wort hat in der Bevölkerungslehre immer die Soziologie..." (Mackenroth 1953: 111).

II.1 Bevölkerungswissenschaft

Wenngleich die Beschäftigung mit der Bevölkerungsstruktur und der Bevölkerungsentwicklung von jeher von gesellschaftlicher Bedeutung waren und daher auch nachweislich praktiziert wurden, wird die Entstehung einer zu diesem Zwecke ausgebildeten wissenschaftlichen Disziplin im 17. Jahrhundert datiert. Zu dieser Zeit erfolgt in der westlichen Welt erstmals eine flächendeckende Erhebung von Daten zur Erfassung von Bevölkerungsstruktur und Bevölkerungsdynamik – zunächt betrieben von den Kirchen, später dann von staatlicher Seite. Auf diesen Daten beruhten in der Folge die Arbeiten der *politischen Arithmetiker* – John Graunt (1620–1674) und William Petty (1623–1687) in England und Johann Peter Süßmilch (1707–1767) und Kaspar Neumann (1648–1715) in Deutschland –, die aufgrund der vorliegenden Daten im Sozialen relative Konstanten entdeckten, diese als Teil der göttlichen Ordnung der Welt interpretierten und darüber hinaus als Grundlage des politischen Handelns empfahlen (Neumann 1689; Süßmilch 1741).

Die Dreiteilung der Bevölkerungswissenschaft in die Teilbereiche Bevölkerungstheorie, Bevölkerungspolitik und Bevölkerungsstatistik war bereits damals gegeben: Mit der Erfassung von Bevölkerungsstruktur und Bevölkerungsdynamik beschäftigt sich die Bevölkerungsstatistik. Aufgabe der Bevölkerungstheorie ist es, das statistische Material zu systematisieren. Darüber hinaus bietet sie die Grundlage für auf das Bevölkerungsgeschehen Einfluss nehmendes politisches Handeln. Alle drei Teilbereiche der Bevölkerungswissenschaft – Bevölkerungstheorie, Bevölkerungspolitik und Bevölkerungsstatistik – werden in den nachfolgenden Abschnitten vorgestellt.

II.1.1 *Bevölkerungstheorie*

Ende der 1980er Jahre konstatierte der deutsche Soziologe und Bevölkerungswissenschaftler Rainer Mackensen (geb. 1927) auf der 21. Arbeitstagung der Deutschen Gesellschaft für Bevölkerungswissenschaft, dass es der Bevölkerungswissenschaft nicht gelungen ist, ein in sich geschlossenes Theoriegebäude zu etablieren (Mackensen 1989). Ihm folgend könnte man die Bevölkerungstheorie als fragmentiert bezeichnen; sie ist fragmentiert nicht allein in verschiedene einzelwissenschaftliche Ansätze, sondern darüber hinaus noch innerhalb derselben und sie ist dazu „hochgradig induktiv geprägt" (Mackensen 1989: 17). Allerdings gibt es eine demographische Entwicklung, von der manche behaupten, sie sei die best dokumentierte Generalisierung und damit für manche auch Theorie in den Sozialwissenschaften (Kirk 1996). Es ist die Rede vom Übergang von hohen Fertilitätsraten und auf hohem Niveau schwankenden Mortalitätsraten zu niedrigen Fertilitäts- und Mortalitätsraten. Dieser Übergang wird als demographischer Übergang oder als auch erster demographischer Übergang benannt und nachfolgend vorgestellt. Die Darstellung beschränkt sich nicht allein auf die empirischen Gegebenheiten, sondern berücksichtigt auch die Versuche ihrer theoretischen

Entschlüsselung. Anschließend erfolgt eine Vorstellung der Entwicklungen, die in Anlehnung an den ersten demographischen Übergang als zweiter demographischer Übergang bezeichnet werden, und der damit verbundenen theoretischen Überlegungen.

Beide Konzeptionen – soviel vorweg – bieten nicht mehr als einen in Europa und den europäischen Besiedlungsgebieten anzusiedelnden Referenzpunkt für weltweit zu beobachtende demographische Entwicklungen und sich daraus ergebende eventuelle Generalisierungen. Befriedigende theoretische Erklärungen für diese Generalisierungen stehen nach wie vor aus – so die hier vertretene Position:

„For some, transition theory lies at the centre of modern scientific demography. Demeny has called it ‚the central preoccupation of modern demography'. To others it is a non-theory to be dismissed as an unproven generalization unworthy of much discussion" (Kirk 1996: 361).

II.1.1.1 Der erste demographische Übergang

Mit dem Begriff des ersten demographischen Übergangs oder auch einfach nur dem des demographischen Übergangs wird die Entwicklung von hohen Fertilitäts- und auf hohem Niveau schwankenden Mortalitätsraten hin zu niedrigen Fertilitäts- und Mortalitätsraten belegt. Zudem ist Teil dieses Vorgangs der sozial selektive Rückgang der Fertilität: Diese nahm zunächst in den höheren Klassen ab. Zur sprachlichen Kennzeichnung dieser Entwicklung wird von dem Terminus der *differentiellen Fertilität* Gebrauch gemacht.

Vollzogen hat sich dieser Übergang zunächst in einigen europäischen Gesellschaften nördlich von Spanien und Italien und westlich einer Linie Danzig-Triest sowie den europäischen Auswanderungsgebieten in Übersee (Thompson 1929). Das zeitliche Einsetzen dieser Entwicklung in den genannten Gebieten erfolgte im 19. Jahrhundert; in manchen Ländern – so zum Beispiel Frankreich – bereits im Übergang vom 18. zum 19. Jahrhundert, in anderen – wie dem Deutschen Reich – im letzten Viertel des 19. Jahrhunderts.

In der nachfolgenden Tabelle ist nachzulesen, wann in einigen ausgewählten Gegenden der Geburtenrückgang des ersten demographischen Übergangs, der auch als säkularer Geburtenrückgang bezeichnet wird, da er das folgende Jahrhundert andauerte[3], einsetzte.

---

[3] Vom Lateinischen „Saeculum" kommend, was Jahrhundert bedeutet.

Tabelle 1   Einsetzen des säkularen Geburtenrückgangs

Land	Beginn des Geburtenrückgangs
Frankreich	ca. 1800
Deutschland	1890
England und Wales	1892
Schweden	1892
Italien	1911
Spanien	1918
Irland	1929

Quelle: Höpflinger (1997)

Neben der auch in der obigen Tabelle einzugrenzenden Gruppe von Ländern nördlich von Italien und Spanien und westlich einer Linie Danzig-Triest identifizierte der US-amerikanische Bevölkerungswissenschaftler Warren S. Thompson (1887–1950) noch zwei weitere Gruppen. Während er die erstgenannte Gruppe A nannte, waren dies die Gruppen B und C:

> „(A) This includes practically all of Europe west of a line drawn from Trieste to Danzig, north of Italy and Spain, and the countries largely settled by peoples emigrating from this area within the last three hundred years. (B) This includes Italy, Spain and the Slavic peoples of Central Europe. (C) This group includes Russia, Japan, and India for which data are given here and we shall make no great mistake if we include with them most of the peoples of Asia, Africa, and South America not included in Group I" (Thompson 1929: 961).

Während die Länder der Gruppe C zu Beginn des 20. Jahrhunderts eine stationäre Phase der Bevölkerungsentwicklung durchlaufen (vgl. Abschnitt IV.2.2.1), wächst die Bevölkerung in den Ländern der Gruppe B und ist wiederum stationär mit der Möglichkeit zur Schrumpfung in den Ländern der Gruppe A. Ein weiterer US-amerikanischer Bevölkerungswissenschaftler, Frank W. Notestein (1902–1983), versah die von Thomson (1929) identifizierten Gruppen mit Namen, die ihre Entwicklungspotentiale anzeigen: Die Gruppe A ist die Gruppe des „incipient decline", also die Gruppe des einsetzenden Bevölkerungsrückgangs. Die Gruppe B nach Thompson ist die Gruppe des „transitional growth", also die Gruppe, die Bevölkerungswachstum aufgrund hoher Fertilitätsraten und sinkender Mortalitätsraten verzeichnet. Die Gruppe C mit hohen Fertilitäts- und auf hohem Niveau schwankenden Mortalitätsraten bezeichnet Notestein als die Gruppe des „high growth potential", was soviel wie die Gruppe mit großem Wachstumspotential bedeutet.

Das Bevölkerungswachstum der Länder der Gruppe B ist zurückzuführen auf die Ungleichzeitigkeit der Entwicklung der Mortalitätsrate einerseits und der Fertilitätsrate andererseits: Mit der Ausnahme Frankreichs setzt durchweg der Rückgang der Mortalitätsraten vor dem Rückgang der Fertilitätsraten ein, was wiederum zu dem genannten Bevölkerungswachstum führt. Es ist auch die Rede von der „transitionalen Wachstumsschere" (Schmid 1984: 32), welche dem nachfolgenden idealtypischen Modell des ersten demographischen Übergangs zu entnehmen ist.

Abbildung 1   Idealtypisches Modell des ersten demographischen Übergangs

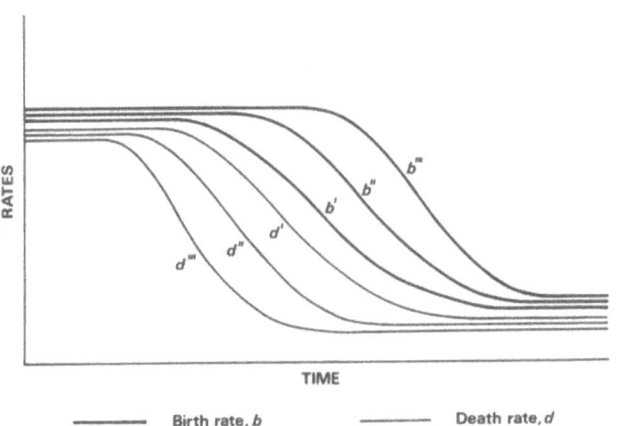

Quelle: Woods (1982: 173)

Sowohl Thompson (1929) und Notestein (1944, 1953) wie auch der bisher noch nicht genannte französische Ökonom Adolphe Landry (1874–1956) differenzierten die genannten Gruppen nach den beobachtbaren Phasen der Bevölkerungsentwicklung, wobei sie hiervon die bereits erwähnten drei ausmachten: eine stationäre Phase, eine Wachstumsphase und eine stationäre Phase mit der Möglichkeit der anschließenden Schrumpfung.[4] Innerhalb des drei-Phasen-Modells

---

[4] Landry (1934) bezeichnete die Phasen als *régimes* und benannte diese als primitives Regime, intermediäres Regime und modernes Regime.

des ersten demographischen Übergangs plädierte Davis (1950) dafür, Nordamerika und Australien nicht zu den Ländern bzw. Gebieten der Gruppe A zu zählen, da zum einen die Geburtenraten nicht auf das Niveau der Sterberaten gesunken waren und zum weiteren Nordamerika und Australien zu dieser Zeit noch über ein beträchtliches Maß an Einwanderern verfügten. Eine Erweiterung des Phasenmodells in fünf Phasen wurde zum einen von Blacker (1947) vorgeschlagen, zum anderen von der Population Division der Vereinten Nationen (UN) (Höpflinger 1997).

Blacker unterscheidet ein hohes stationäres Niveau der Bevölkerungsentwicklung, eine folgende frühe Wachstumsphase und eine späte Wachstumsphase, viertens ein niedriges stationäres Niveau der Bevölkerungsentwicklung und fünftens eine Phase der Bevölkerungsschrumpfung (Schmid 1984). Diese wurde auch von der UN in Erwägung gezogen. Die fünfte Phase ist Ausdruck des heute vielfach diskutierten Vorgangs der demographischen Alterung (vgl. Abschnitt IV.2.2.2). Angesprochen wurde der Vorgang der demographischen Alterung bereits in der Arbeit „The Future Population of Europe and the Soviet Union. Population Projections 1940–1970", die Notestein 1944 gemeinsam mit Kollegen vom Office of Population Research an der Universität von Princeton veröffentlichte.

> „Plans for rebuilding the world after the war necessarily involve judgements about the population trends of the future... The population of Europe and the Soviet Union, with which this study deals, has changed enormously in the past and will continue to do so in the future. These changes will profoundly affect the social, economic, and political life of the area, and the world... For example, changes in the size and the composition of the population will be important determinants of such widely divergent matters as trends in social stratification, the function of the family, the status of women, systems of land tenure, and the structure of labor organization. They will be no less important in the difficult economic problems of agrarian reform, the fluctuation levels of economic activity, the market for capital goods, credit, international trade, and the care of the aged and other dependent groups. They will be of critical importance in the problems of establishing a just and durable peace..." (Notestein et al. 1944: 15).

Für alle bisher Genannten war das beobachtete Übergangsgeschehen Grundlage für die Prognose der weiteren Bevölkerungsentwicklung in anderen Weltregionen.

> „Un régime démographique nouveau a, dans l'époque contemporaine, fait ou entrepris successivement la conquête de tous pays européens, et de certains pays lointains de population européenne. Il n'est pas absurde, il y a même des raisons de penser

qu'il est destiné à conquérir, tôt ou tard, tous les pays du monde; cela est même vraisemblable" (Landry 1934: 73).[5]

Unter Zugrundelegung eines eng gefassten Theoriebegriffes kann man sie somit als Vertreter der Position, den ersten demographischen Übergang als eine Theorie zu bezeichnen, verstehen. Natürlich gingen die Bemühungen derselben weit darüber hinaus: Zumindest Landry und Notestein bemühten sich um eine Aufdeckung der Ursachen des ersten demographischen Übergangs, wobei sich diese Bemühungen primär auf den Fertilitätsrückgang bezogen und weniger auf den der Mortalität, über dessen Ursachen Einigkeit herrschte: Die Reduktion von Epidemien durch Impfungen, bessere Hygiene, die Verbesserung diagnostischer Verfahren wie auch von Behandlungsmethoden, den Rückgang der Säuglingssterblichkeit und die abnehmende Bedeutung von Bürgerkriegen und alltäglicher Gewalt führte Landry (1934) als Ursachen für die sinkenden Sterberaten an. Die Motive für die niedrige Fertilität in Frankreich sind nach Landry dagegen egoistischer Art: Die Kosten und Unannehmlichkeiten, die Kinder verursachen, die durch sie entstehenden Freizeitbeschränkungen etc. führen in modernen Gesellschaften zu niedrigen Fertilitätsraten – so Landry (1934). Anders dagegen die beiden französischen Historiker Jean Louis Flandrin (1931–2001) und Philippe Ariès (1914–1984), die aus der historischen Rückschau zeigen, dass es beim Geburtenrückgang des ersten demographischen Übergangs um das Wohl der Kinder gegangen war und die Familie um das Wohl der Kinder[6] und die liebesorientierte Ehe[7] organisiert war (Flandrin 1976; Ariès 1978, 1980).

Notestein dagegen – implizit auch Thompson – führten den ersten demographischen Übergang auf den zuerst in Nord-, West- und Mitteleuropa einsetzenden ökonomischen Prozess der Industrialisierung zurück. Eine Erklärung, die sich für den Franzosen Landry nicht anbot, da dort der Fertilitätsrückgang bereits um 1800 einsetzte – also vor Einsetzen des Industrialisierungsprozesses.

Gegen diesen immer wieder vorgebrachten Einwand, man könne den ersten demographischen Übergang nicht einseitig auf sozio-ökonomische Faktoren zurückführen, müsse dagegen kulturelle Faktoren wie Werte und Normen berücksichtigen (Lesthaeghe 1977), führt Schmid (1984) an, „daß der demographische

---

[5] Ein neues demographisches Regime hat in der gegenwärtigen Epoche schrittweise alle europäischen Länder wie auch einige weit entfernte Länder mit europäischer Bevölkerung erobert. Es ist nicht absurd zu glauben, dass es dazu bestimmt ist, früher oder später alle Länder der Welt zu erobern; dafür gibt es gute Gründe, es ist sogar wahrscheinlich (Übersetzung der Autorin).
[6] Entsprechend wird diese Epoche auch bezeichnet als die des „L'enfant roi", was soviel heisst, wie „Das Kind, der König".
[7] Zu einer diesbezüglichen Kritik vgl. Theweleit (1990), der darauf hinweist, dass bürgerliche Paarbildungen aus strategischen Gründen erfolgten.

Übergang nicht an einem engen und oberflächlichen Begriff von ‚Industrialisierung' festgemacht werden darf, sondern auch andere Modernisierungsfaktoren berücksichtigt werden müssen" (ebd.: 32, Hervorhebung im Original). Als weitere Faktoren im Modernisierungsprozess nennt er die zentrale Verwaltung in Frankreich wie auch die ausgeprägte frühbürgerliche Philosophie und Aufklärung.

Damit unterscheiden sich Lesthaeghe und Schmid nicht mit Blick auf die Nennung möglicher bedeutsamer Faktoren, die zum Einsetzen des ersten demographischen Übergangs führten. Beide raten dazu, den ersten demographischen Übergang als Ausdruck des sozialen Wandels, wofür sie den Begriff der Modernisierung verwenden, zu betrachten. Strittig bleibt dabei zumeist die Frage, in welchem Kausalzusammenhang der Wandel in den einzelnen gesellschaftlichen Feldern – Ökonomie, Politik und Familie – steht (Burke 1989). Zumeist wird das analytische Primat dem ökonomischen Feld zugeschrieben. Dagegen wendet sich Lesthaeghe (1977). Schmids Position (1984) hierzu ist uneindeutig. Eindeutig ökonomisch begründet sieht dagegen Notestein (1953) den ersten demographischen Übergang.

> „The new ideal of the small family arose typically in the urban industrial society. It is impossible to be precise about the various causal factors, but apparently many were important. Urban life stripped the family of many functions in production, consumption, recreation, and education.... In factory employment the individual stood on his own accomplishments. The new mobility of young people and the anonymity of city life reduced the pressure toward traditional behaviour exerted by the family and the community. In a period of rapidly developing technology new skills were needed and new opportunities for individual advancement arose. Education and a rational point of view became increasingly important. As a consequence, the cost of child-rearing grew and the possibilities for economic contributions by children declined. Falling death rates at once increased the size of the family to be supported and lowered the inducements to have many births. Women, moreover, found new independence from household obligations and new economic roles less compatible with childbearing" (Notestein 1953: 20).

Notestein sieht den ersten demographischen Übergang als Ausdruck eines kulturellen Wandels, den er auf verschiedene Faktoren zurückführt, die alle wiederum in der Industrialisierung begründet sind:

1. Den Funktionsverlust der Familie.
2. Die zunehmende Bedeutung des formalen Qualifikationsniveaus.
3. Die Rationalisierung der Lebensführung.
4. Die Zunahme der weiblichen Erwerbstätigkeit.

Erleichternd für die „positive Handlungsrelevanz" (Niephaus 2002: 123) des neuen kulturellen Musters der Kleinfamilie kommen die Anonymität des städtischen Lebens und die Mobilität der jungen Generation hinzu, die so nicht dem von der Elterngeneration ausgehenden Druck zum traditionellen Handeln ausgesetzt ist. Einen letzten Punkt führt Notestein noch an: Die im Zuge der zunehmenden Lebenserwartung ansteigende Zahl von zu versorgenden Familienmitgliedern.

Für Deutschland zeigt der Soziologe John E. Knodel den zeitlich zusammenhängenden Verlauf einerseits der ökonomischen und andererseits der demographischen Entwicklung auf.

Tabelle 2   Soziale und ökonomische Indikatoren für Deutschland (1852 bis 1939)

Jahr	Ländliche Bevölkerung (%)	Städtische Bevölkerung (%)	Erwerbstätige Primärsektor (%)	Weibliche Erwerbstätige (%)	Eisenbahnnetz (km)
1852	67,1	2,6	--	--	6 000
1871	63,9	4,8	--	--	21 482
1875	61,0	6,2	--	--	27 981
1880	58,6	7,2	42,5	9,4	33 645
1885	56,3	9,5	--	--	37 189
1890	53,0	12,1	--	--	41 818
1895	49,8	13,9	35,8	11,7	45 203
1900	45,6	16,2	--	--	49 878
1905	42,6	19,0	28,6	14,3	54 680
1910	40,0	21,3	--	--	59 031
1925	35,4	26,6	23,0	18,0	55 841
1933	32,8	30,1	21,0	17,9	58 185
1939	30,1	31,6	18,2	19,4	70 452

Quelle: Knodel (1974)

Tabelle 3 Demographische Entwicklung in Deutschland (1852 bis 1939)

Zeitraum	Rohe Geburtenrate	Rohe Sterberate	Kindersterblickeit Rate	Lebenserwartung (in Jahren)	Wachstumsrate (%, jährlich)
1851–1860	35,3	26,3	--	--	0,7
1861–1870	37,2	26,8	239	--	0,8
1871–1875	38,8	28,2	244	37,0	0,9
1876–1880	39,3	26,1	227	37,0	1,1
1881–1885	37,0	25,7	226	38,7	0,7
1886–1890	36,5	24,4	224	38,7	1,1
1891–1895	36,3	23,3	221	42,3	1,1
1896–1900	36,0	21,2	213	42,3	1,5
1901–1905	34,3	19,9	199	46,6	1,5
1906–1910	31,7	17,5	174	46,6	1,4
1911–1915	26,3	17,7	160	--	1,0
1916–1920	17,9	19,1	145	--	--
1921–1925	22,2	13,3	120	57,4	0,7
1926–1930	18,4	11,8	94	--	0,6
1931–1935	16,5	11,2	75	61,3	0,5
1936–1939	19,5	11,9	63	--	1,0

Quelle: Knodel (1974)

Die obigen Tabellen zeigen auf einem hoch aggregierten Niveau, dass auch in Deutschland der erste demographische Übergang dem ökonomischen Prozess der Industrialisierung folgte. Unklar ist allerdings, welches die auf einem niedrigeren Aggregationsniveau anzusiedelnden Mechanismen sind, die zum Vorgang des ersten demographischen Übergangs führten.

> „Most discussions of the demographic transition link the long term changes in vital rates to the process of industrialization or modernization. It is clear that all countries today which can be considered as fully part of the developed world experienced a substantial secular decline in fertility and mortality. In Germany, as the tables above have shown, there was a general coincidence between industrialization and demographic transition. How close the connection is between these two major processes in Germany or in the rest of Europe, however, is much less clear. Perhaps the principal reason for the uncertainty has been the absence of research empirically documenting the demographic changes in anything more than their crudest outline" (Knodel 1974: 5 f.)

In der zitierten Arbeit, „The Decline of Fertility in Germany, 1871–1939", versuchte Knodel, die empirische Forschungslücke zu füllen. Seine Arbeit ist Teil des unter der Leitung des US-amerikanischen Bevölkerungswissenschaftlers Ansley J. Coale (1917–2002) an der Universität Princeton, am Office of Population Research, geführten *European Fertility Project*. „The purpose of the project", so der genannte Coale im Vorwort zu der Arbeit Knodels (1974), „..., is to examine the circumstances under which fertility declined in each of the more than 700 provinces of Europe" (Knodel 1974: vii).

Knodel selbst sammelte amtliche Statistiken für 71 deutsche Verwaltungseinheiten. Auf diesem aggregierten Niveau bemühte er sich um eine Erfassung der dem ersten demographischen Übergang zugrunde liegenden Mechanismen, wobei sein Interesse dem Fertilitätsrückang galt, der in den meisten untersuchten Verwaltungseinheiten zwischen 1870 und 1919 einsetzte. Die Analysen Knodels (1974) zeigen allerdings, dass der Fertilitätsrückgang innerhalb Deutschlands unter divergierenden sozio-ökonomischen Rahmenbedingungen stattgefunden hat, was der sogenannten „threshold-Hypothese" widerspricht:

> „The threshold hypothesis of the demographic transition postulates that a population must reach a certain level of socio-economic development before fertility will start to decline. If this hypothesis is valid, we would expect areas to be similar to each with respect to socio-economic indices at the outset of fertility decline. ... A comparison of the administrative areas in Germany lends no support to this hypothesis. A contraction in the dispersion of social characteristics of the areas between the years

prior to the decline and the time of its onset is not evident. Indeed a comparison of areas at the time of their declines reveals a wide diversity in socio-economic structure. Areas that were predominantly agrarian, had only a small proportion of women working outside agriculture, or had high infant mortality entered the transition along with areas which could be considered much more modernized" (Knodel 1974: 261 f.).

Knodel (ebd.) erklärt seine Befunde mit einem im Zuge des Übergangsprozesses anzunehmenden Sinken der Schwelle zur Fertilitätsreduktion. Ähnliches berichtet der bereits genannte belgische Bevölkerungswissenschaftler Ronald (Ron) Lesthaeghe (geb. 1945): Auch in Belgien ist ein zeitgleiches Einsetzen des Geburtenrückgangs in unter sozio-ökonomischen Gesichtspunkten verschiedenartigen Regionen zu beobachten. Lesthaeghe (1977) erklärt dies mit der Vergleichbarkeit kultureller Größen in den den Fertilitätsrückgang zeitgleich vollziehenden Regionen.

Im Anschluss an diese Befunde wurde die Theorie des ersten demographischen Übergangs dahingehend modifiziert, dass zwar von einer sozio-ökonomischen Prägung der kulturellen Muster in denjenigen Ländern, in denen der erste demographischen Übergang erstmals zu beobachten war, auszugehen ist, dass dieser Zusammenhang in der Folge aber keineswegs als deterministisch zu verstehen ist. Vielmehr ist davon auszugehen, dass die kulturellen Muster sich ohne eine entsprechende Fundierung im sozio-ökonomischen Bereich in weiten Teilen Europas haben ausbreiten können (Knodel und van de Walle 1979).

II.1.1.2   Der zweite demographische Übergang

Das Konzept des zweiten demographischen Übergangs geht auf den bereits genannten Ronald (Ron) Lesthaeghe und den niederländischen Bevölkerungswissenschaftler Dirk J. van de Kaa zurück. Es steht für die seit der zweiten Hälfte des 20. Jahrhunderts von Australien, Kanada, Neuseeland und den USA ausgehenden Veränderungen der Familienstrukturen. Diese erstrecken sich über drei Phasen und betreffen die Stabilität von Ehen, das Aufkommen alternativer Lebensformen und den weiteren Rückgang der Geburten (Laesthaege und van de Kaa 1986; van de Kaa 1987). Während ihre erste Analyse sich noch auf die Niederlande beschränkte, weiteten sie ihren Analysekontext beständig aus und Lesthaeghe (1992) konnte bald schon feststellen, dass es eine Nord- und Westeuropa umfassende Ausbreitung des zweiten demographischen Übergangs gibt. In diesen Ländern macht er drei Phasen des Übergangs aus: In einer ersten Phase, die zwischen 1955 und 1970 liegt, sinkt die Geburtenrate erstmals unter das Bestandserhaltungsniveau, Heiratsalter und Scheidungsraten nehmen zu. Die darauf folgenden

Jahre bis 1985 konstituieren die zweite Phase. Sie ist gekennzeichnet durch eine Zunahme von nichtehelichen Lebensgemeinschaften und nichtehelichen Geburten wie durch einen Anstieg des Alters von Frauen bei der Geburt des ersten Kindes. Ab der Mitte der 1980er Jahre setzt die dritte Phase ein, deren Kennzeichen eine Konstanz der Scheidungsziffern ist und ein Anstieg der Geburten bei den über 30-jährigen Frauen. Mitte der 1980er Jahre erreichten diese Entwicklungen die iberische Halbinsel und in den 1990er Jahren auch Mitteleuropa (Lesthaeghe und Surkyn 2004).

Für Lesthaeghe, der bereits in der Diskussion zum ersten demographischen Übergang durch eine die Unabhängigkeit des kulturellen Elements hervorhebende und damit wertbetonende Position auffiel, sind die genannten Entwicklungen Ausdruck eines langfristigen kulturellen – treffender: ideellen – Wandels, der in der theoretischen Argumentation Lesthaeghes hinter den das individuelle Handeln – neben Kosten-Nutzen-Erwägungen (Lesthaeghe 1983) – bestimmenden individuellen Präferenzen steht.

> „The central idea that emerges from this exploration is that the historical transition in marital fertility and nuptiality and the recent changes in family formation and procreation should not be regarded as independent phenomena, but rather as successive manifestations of a long-term shift in the Western ideational system" (Lesthaeghe 1983: 429).

Er führt diesen langfristigen Wandel auf unterschiedliche historische Ereignisse zurück: Das Aufkommen einer kapitalistischen Wirtschaftsweise und die Bedeutungszunahme der Kleinfamilie. Beide Entwicklungen, so Lesthaeghe (1983), führen zu Verhaltensmustern, die an der Wohlfahrt kleiner Einheiten, wie dem Haushalt, und nicht größerer Einheiten, wie beispielsweise umfassender Verwandtschaftsverhältnisse, orientiert sind. Drittens benennt auch er in Anlehnung an Flandrin und Ariès (vgl. Abschnitt II.1.1.1) die Fokussierung auf das Kindeswohl im 19. Jahrhundert als Grund für den Fertilitätsrückgang im Kontext des ersten demographischen Übergangs. Zudem ist bei den nach dem zweiten Weltkrieg Geborenen ein starker Trend zu einer säkularen Individualisierung hin zu beobachten – so Lesthaeghe (1983) unter Berufung auf Ariès (1980).

Der letztgenannte Trend zu einer säkularen Individualisierung ist angelegt in der Aufklärungsphilosophie, stieß aber lange Zeit auf Hindernisse – beispielsweise religiöser Art – und konnte sich daher erst in der zweiten Hälfte des 20. Jahrhunderts als „ideational system" (Lesthaeghe 1983: 429) etablieren.

> „On the whole I agree with Ariès that the motivations behind the two fertility declines may be different (child orientedness versus self-orientation), but with the addendum

that the two sets of transformations with respect to nuptiality and fertility form a logical sequence along a continuum leading to increasing individual freedom of choice" (Lesthaeghe 1983: 430).

Letztendlich begründet sieht Lesthaeghe das „ideelle System" der Gegenwart wie auch das des ersten demographischen Übergangs in der Philosophie der Aufklärung.

So plausibel die Argumentation auf den ersten Blick erscheinen mag, so wenig hält sie einer methodologischen und empirischen Überprüfung stand: Von einem methodologischen Standpunkt sind die Überlegungen Lesthaeghes zunächst einmal nicht mehr als ex post-Argumente ohne prognostische Qualität. Darüber hinaus ist die Argumentation tautologisch – auch wenn Lestheage (1983) diesem Einwand vorzubeugen versucht, indem er vorschlägt, seine Position mit einem mikroökonomischen Ansatz zu verbinden. In seinen weiteren empirischen Analysen finden an einen Kosten-Nutzen-Ansatz gekoppelte Überlegungen keinen Eingang. Was das damit verbleibende Argument der säkularen Individualisierung betrifft, gibt es hierzu eine Vielzahl von Gegenargumenten – sowohl für den Bereich der Fertilität (Niephaus 2002, 2003; Kohler, Billari und Ortega 2002, 2006), wie auch den der Nuptialität bzw. Kohabitation (Konietzka und Kreyenfeld 2005).

Gleich dem Konzept des ersten demographischen Übergangs kann das des zweiten demographischen Übergangs nicht mehr als den Rahmen für eventuelle Generalisierungen in den Bereichen Fertilität und Nuptialität bzw. Kohabitation bieten.

II.1.2 Bevölkerungspolitik und bevölkerungstheoretische Paradigmen

Bevölkerungswissenschaftler boten schon immer politikrelevantes Wissen, „sie forderten staatliche Bevölkerungspolitiken und sorgten umgekehrt für deren wissenschaftliche Legitimation" (Ehmer 2004: 63). So gelten nicht allein in Deutschland, sondern beispielsweise auch in Frankreich und den USA Staats- und Politiknähe als Merkmale der Bevölkerungwissenschaft (Greenhalgh 1996; Lenoir 1997; Ehmer 2004). Umgekehrt liegen den Bevölkerungspolitiken zeittypische bevölkerungstheoretische Paradigmen zugrunde, die nachfolgend aufgezeigt werden. Dabei wird deutlich, dass die Verbindung von Politik und Bevölkerungswissenschaft im nationalsozialistischen Deutschland außerordentlich folgenreich war (vom Brocke 1998; Ehmer 2004; Mackensen und Reulecke 2005), weswegen in der Zeit nach dem Zweiten Weltkrieg in beiden deutschen Staaten von bevölkerungspolitischen Bestrebungen zunächst Abstand genommen wurde. Diese Zurückhaltung äußerte sich zudem in einer recht spät einsetzenden organisatorischen Verankerung der Bevölkerungswissenschaft in Forschung und Lehre (vgl. Anhang A).

II.1.2.1 Das 18. und 19. Jahrhundert

Beide Jahrhunderte waren geprägt durch einen Widerstreit zwischen *Populationsoptimisten* und *Populationspessimisten*. Während die Erstgenannten zwischen Bevölkerungswachstum und gesellschaftlichem Wohlstand – zumeist gefasst als ökonomischer Wohlstand wie auch politische und militärische Macht – einen positiven Zusammenhang sahen, stellte sich dieser für die Bevölkerungspessimisten negativ dar.

Friedrich der Große schrieb 1740 in seinem Anti-Machiavelli: „Die Macht eines Staates besteht nicht in der Ausdehnung des Landes, sondern in dem Reichtum und in der Zahl seiner Bewohner" (zitiert nach Brentano 1909). Im Einklang hierzu war die Wirtschaftspolitik seiner Zeit – der Merkantilismus, in seiner deutschen Variante als Kameralismus bekannt, – ausgerichtet auf das Wachstum der Bevölkerung.[8] Der bereits benannte Süßmilch (vgl. Abschnitt II.1) forderte in seinem 1741 erschienenen Werk „Die göttliche Ordnung in der Veränderung des menschlichen Geschlechts aus der Geburt, dem Tode und der Fortpflanzung desselben erwiesen" flankierende bevölkerungspolitische Maßnahmen wie die Beseitigung von Eheschließungshindernissen, die Ermöglichung früher Eheschließungen, die Förderung der Einwanderung und Unterbindung der Auswanderung. Zum Zwecke des Bevölkerungswachstums hatte bereits Friedrich der Große das Trauerjahr für Männer auf 3, für Frauen auf 9 Monate herabgesetzt und darüber hinaus die Ehescheidung erleichtert. In der bevölkerungspolitischen Diskussion standen weitere Maßnahmen, wie zum Beispiel die Ehe auf Zeit (Brentano 1909).[9]

> „Das *Merkantilzeitalter* war eine Periode ausgesprochensten staatswirtschaftlichen Denkens und Wollens. Nicht nur, daß die Einzelinteressen dem Ganzen und damit der Leitung des Staates untergeordnet waren, man hat auch den Zweck der gesamten Wirtschaft damals in einer möglichsten Unterstützung und Stärkung der staatlichen Macht gesehen. „Je mehr Untertanen, desto mehr Steuerzahler, desto mehr Soldaten'" (Mombert 1929: 245, Hervorhebung im Original).

---

[8] In Deutschland nicht zuletzt motiviert durch den Bevölkerungsausfall, zurückzuführen auf den Dreißigjährigen Krieg (1618–1648).
[9] Gegenwärtig ist die Ehe auf Zeit allein im Iran eine legale Einrichtung.

Im 19. Jahrhundert vollzog sich im Rahmen der sogenannten *Pauperismus*-Diskussion ein Paradigmenwechsel, in dessen Folge die Anschauung, dass *Übervölkerung* und Verarmung zusammengehörende Entwicklungen sind, zur dominanten werden konnte.[10] So betrachteten laut Matz (1980) zwei Drittel der sich im 19. Jahrhundert mit dem Thema des Pauperismus beschäftigenden Autoren „das Überwuchern eines massenhaften und unvernünftig sich mehrenden Proletariats als wichtige Ursachen für das wachsende Elend breiter Schichten im Vormärz" (Matz 1980: 74f.). Ihren *Populationspessimismus* entwickelten diese Autoren[11] wesentlich durch die Rezeption der Schriften des englischen Geistlichen Thomas Robert Malthus (1766–1834).[12]

Malthus veröffentlichte im Jahr 1798 seinen „Essay on the Principle of Population, as it effects the Future Improvement of Society with remarks on the Speculations of Mr. Godwin, M. Concordet, and Other Writers". Diese Streitschrift war gerichtet gegen zeitgenössische Sozialutopien wie die des William Godwin (1756–1836). Der Genannte vertrat anarchistische Gesellschaftskonzeptionen, die er aus der Natur des Menschen ableitete, die sich für ihn als gut darstellte. Ursache des menschlichen Elends waren nicht die menschliche Natur, sondern vielmehr die positiven Staatseinrichtungen. Malthus leitete dagegen das menschliche Elend aus der natürlichen Tendenz des Menschen ab, sich unaufhaltsam und stärker als der Nahrungsspielraum zu vermehren. Dem *Malthusschen Bevölkerungsgesetz* zufolge verdoppelt sich die Bevölkerung alle 25 Jahre. Dem geometrischen Wachstum der Bevölkerung steht das lediglich arithmetische Wachstum der Unterhaltsmittel entgegen. Daraus resultiert ein Missverhältnis von Bevölkerung und Nahrungsspielraum, welches seinen Ausdruck im Elend der Massen findet.

> „... that though human institutions appear to be the obvious and obtrusive causes of much mischief to mankind, yet in reality they are light and superficial, they are mere feathers that float on the surface, in comparison with those deeper seated causes of impurity that corrupt the springs and render turbid the whole stream of human life" (Malthus 1798: 133).

---

[10] Der Begriff des *Pauperismus (pauperism)* fand in England seit etwa 1815 Verwendung und stand dort für die im Zuge der Industrialisierung massenhafte Verarmung der Bevölkerung. In der Folge wurden neben der Industrialisierung weitere Verursachungsmöglichkeiten diskutiert, von denen die Übervölkerung eine ist (Matz 1980).
[11] Eine entsprechende Liste findet sich bei Matz (1980).
[12] Die Argumentation Malthus' wurde in Teilen bereits von den *Physiokraten* vorweggenommen: Ihr Name ist aus dem Griechischen abgeleitet und bedeutet soviel wie Herrschaft der Natur (Schmid 1976).

Das Bevölkerungswachstum hemmende Faktoren führen zu einer Verringerung der Schere zwischen beiden Wachstumsprozessen. In der Erstauflage benennt Malthus Krieg, Hunger, Laster, Seuchen und Krankheiten als hemmende Faktoren *(repressive checks)*. In der zweiten Auflage aus dem Jahr 1803 benennt er als vorbeugendes oder präventives Hemmniss sittliche Beschränkung bzw. Enthaltsamkeit *(preventive checks)*. Auf der Grundlage neuerer Erkenntnisse bezüglich der technologischen Möglichkeiten der Naturbeherrschung modifizierte er das Gesetz vom arithmetischen Wachstum der Unterhaltsmittel und richtete es an dem physiokratischen Gesetz des abnehmenden Bodenertrags aus.[13]

Explizit nimmt Malthus in der zweiten Auflage seines Essays zu Fragen der englischen Gesellschaftspolitik Stellung. Unter anderem sind Gegenstand seiner Stellungnahme die Elisabethanischen Armengesetze von 1601, in denen die Gemeinden verpflichtet werden, die Armen zu versorgen.

„Hatten die frühliberalen Philosophen schon gegen Faulheit und Landstreicherei gewettert, so muß es nun ein erlösender Gedanke gewesen sein, daß Armut und Elend auf Naturvorgängen beruhten und die Armenunterstützung sie nur noch vermehrte. Für Malthus war die Not der unteren Volksschichten nicht mit dem Mittel der Aufklärung und Warnung vor allzu großem Nachwuchs zu beseitigen. Hätte er ein Linderungsmittel vorgeschlagen, sagt er, so sähe er nur einen Ausweg in der Abschaffung der Gemeindegesetze" (Schmid 1976: 37).

„Dem Fortschrittsoptimismus des liberalen ‚laissez-faire' setzte Malthus sein dystopisches ‚laissez-mourir' entgegen" (Lengwiler 2008: 192, Hervorhebung im Original).

Zur Verbesserung der Lebensumstände der Armen plädiert Malthus für eine moralisch-sittliche Zurückhaltung derselben wie auch späte Eheschließungen. Wenngleich er für eine freiwillige Einhaltung dieser Zurückhaltung eintrat, wurde dieser Vorschlag oftmals von Befürwortern staatlicher Ehebeschränkungen zur Stärkung ihrer Position angeführt. Auch in Deutschland, wo Malthus' Essay 1807 erstmals in deutscher Sprache erschien.[14]

Gleichwohl frühe Ehebeschränkungen sich bereits für das 17. Jahrhundert ausmachen lassen, wurden die restriktiven Maßnahmen, die zunächst gegen die

---

[13] Folgen wir Schmid (1976), sind „die Fortschritte in der Landwirtschaft ... doch zu groß, um noch länger an das langsame arithmetische Wachstum glauben zu lassen" (Schmid ebd.: 35).
[14] Die Übersetzung besorgte der Kieler Arzt und Professor Franz H. Hegewisch. Ihr zugrunde lag die dritte Auflage des Essays aus dem Jahr 1806 (Matz 1980).

Verehelichung von Dienstboten gerichtet waren[15], erst im 19. Jahrhundert zu einem „juridischen und administrativen System" (Ehmer 1991: 50), dem *„politischen Ehekonsens"* (ebd.: 45) ausgebaut. Besonders restriktiv waren die Regelungen in den süddeutschen Staaten. In Norddeutschland existierten restriktive und liberale Regelungen nebeneinander und in Preußen wurde der *politische Ehekonsens* nicht praktiziert. Bezüglich seiner Wirksamkeit stellt Matz (1980) fest, dass beispielsweise in Württemberg in der Periode der stärksten Ehebeschränkung zwischen 1852 und 1863 ungefähr sechs Prozent der beabsichtigten Ehen verhindert wurden. Allerdings, so räumt er ein, dürfte die Zahl verhinderter Ehen weit darüber liegen, wenn man berücksichtigt, dass die Ehebeschränkungen viele entmutigte, ihren Wunsch nach Heirat vorzubringen (Matz 1980). Die aus wirtschaftlich-politischen aber auch polizeilichen Gründen erlassenen und von den genannten Bevölkerungsoptimisten abgelehnten Ehebeschränkungen wurden gegen Ende des 19. Jahrhunderts mit der Gesetzgebung des Norddeutschen Bundes (1868) und der des Deutschen Reiches (1871) abgeschafft – mit der Ausnahme Bayerns, wo diese bis 1916 fortbestanden.[16]

Zeitgleich zu den bevölkerungspessimistischen Überlegungen vertritt der deutsche Nationalökonom Friedrich List (1789–1846) eine bevölkerungsoptimistische Perspektive, derzufolge Bevölkerungswachstum Bedingung für wirtschaftlichen Fortschritt ist. Zu der Gruppe der Bevölkerungsoptimisten des 19. Jahrhunderts zählen weiter Frühsozialisten wie Wilhelm Weitling (1808–1871) und eine Gruppe von Sozial- und Gesundheitsreformern, zu denen der Berliner Arzt Rudolf Virchow (1821–1902) gehörte.

„Gemeinsam war diesen theoretischen und politischen Entwürfen, Armut nicht als Folge von ‚Übervölkerung' anzusehen, sondern als Ausdruck politischer und gesellschaftlicher Mängel. Damit bereiteten sie den Wandel zu einer neuerlichen optimistischen Sichtweise des Bevölkerungswachstums und zu einer Stärkung liberaler, gegen beölkerungspolitischen Staatsinterventionismus gerichteter Auffassungen vor" (Ehmer 2004: 67).

Bedeutsamster Gegenspieler Malthus' war der deutsche Gesellschaftstheoretiker Karl Marx (1818–1883). Er hat den Naturalismus im sozialen Denken beseitigt, so der deutsche Nationalökonom und Soziologe Werner Sombart (1863–1941). Nach Marx ist die Grundlage des menschlichen Daseins nicht die Natur, sondern die Naturbearbeitung durch den Menschen (Marx und Engels 1969). Folgerichtig

---

[15] Der Verehelichung von Dienstboten versuchte man zu begegnen, da die Eheschließung in der deutsche Rechtsordnung die Lösung des Dienstverhältnisses beinhaltete (Ehmer 1991).
[16] Trotz der bereits im Rahmen des ersten demographischen Übergangs abnehmenden Geburtenraten.

kann es auch kein natürliches Bevölkerungsgesetz, wie von Malthus postuliert, geben. Es gibt nur historisch-soziologische Bevölkerungsgesetze:

> „In verschiednen gesellschaftlichen Produktionsweisen existieren verschiedne Gesetze der Vermehrung der Population und der Überpopulation" (Marx 1967: 644).

Doch nicht allein theoretische Überlegungen boten Anlass zum Widerstand gegen das bevölkerungspessimistische Paradigma: Mittlerweile hatte der erste demographische Übergang eingesetzt und Zentraleuropa beobachtete einen Rückgang seiner Geburtenraten. Zudem wurde der Rückgang der Geburten zunächst als Vorgang differentieller Fertilität sichtbar, in dessen Rahmen die sozial Schwachen mehr Kinder bekamen als die sozial besser Gestellten[17], was wiederum Ansatzpunkte für bevölkerungstheoretische Paradigmen bot, namentlich die Eugenikbewegung und deren deutsches Pendant: die Hygiene- und später dann die Rassenhygienebewegung. In der zweiten Hälfte des 20. Jahrhunderts war es nicht so sehr die Bevölkerungspolitik, die Ausdruck herrschender bevölkerungstheoretischer Paradigmen war, sondern die Entwicklungspolitik. Eine ihrer Grundlagen war die (theoretische) Konzeption des ersten demographischen Übergangs.

II.1.2.2 Das 19. und 20. Jahrhundert

Mehrfach wurde darauf hingewiesen, dass der erste demographische Übergang in Frankreich bereits um 1800 eintrat und dass Frankreich durch das zeitlich nachgelagerte Absinken der Mortalitätsrate die „transitionale Wachstumsschere" (Schmid 1984: 32) umging. In der Folge verlor Frankreich hinsichtlich seiner Bevölkerungsgröße innerhalb Europas an Bedeutung. Während Frankreich im Jahr 1800 noch 14,33 Prozent der europäischen Bevölkerung stellte, sank der Anteil bis zum Jahr 1900 auf 9,7 Prozent, auf 8,4 Prozent im Jahr 1913 und auf 8,0 Prozent im Jahr 1925 (Mombert 1929). Landry, der den Begriff des Übergangs in die wissenschaftlichen Debatten einführte (vgl. Abschnitt II.1.1.1), sah diese Entwicklung als Anzeichen eines möglichen Untergangs der französischen Nation.[18]

Mombert (1929) unterscheidet die politischen von den ökonomischen und sozialen Folgen des sogenannten Problems der *Untervölkerung* bzw. *Entvölkerung*. Auf die von ihm genannten ökonomischen und sozialen Folgen wollen wir

---
[17] Knodel (1974) zeigt dies beispielsweise für Deutschland.
[18] In der zweiten Hälfte des 19. Jahrhunderts wurde der französische Begriff der „décadence" zunehmend für den „physischen Verfall von Völkern oder Individuen" (Weingart, Kroll und Bayertz 1992: 58 f.) verwandt, nachdem er davor zur Bezeichnung des Verfalls von Bauwerken oder politischen Reichen eingesetzt wurde (ebd.).

an dieser Stelle nicht eingehen und verweisen auf die Ausführungen zum Vorgang der demographischen Alterung (vgl. Abschnitt IV.2.5.4). Näherer Erläuterung bedürfen an dieser Stelle dagegen seine Äußerungen zu den politischen Folgen des Geburtenrückgangs:

> „Unter solchen Voraussetzungen ist die Gefahr einer langsamen Überfremdung nicht ausgeschlossen, eine Entwicklung, die für die Nationalität und Kultur des betreffenden Landes schon ihre bedenklichen Seiten haben kann" (Mombert 1929: 248).

Beispielhaft führt er die starke Einwanderung nach Frankreich an, „vor allem auch von Italienern, die sich z.T. geschlossen in bestimmten Gebieten ansiedeln" (ebd.: 248). Gleichzeitig wird die Position vertreten, dass die Einwanderer nicht allein aus wirtschaftlich schwächeren Gebieten stammen, sondern darüber hinaus aus „kulturell tiefer stehenden Gebieten in das betreffende Land kommen" (ebd.: 249). Die Argumentation ähnelt durchaus der in heutigen gesellschaftspolitischen Debatten, die sich als Reaktion auf den Vorgang der demographischen Alterung darstellen, sich insofern als objektive Notwendigkeit verstanden wissen wollen und nicht als das, was sie sind: eine politisch motivierte Ideologie (Sarrazin 2010). Folgen wir Weingart, Kroll und Bayertz (1992) so ist Teil einer erfolgreichen Verbreitung solcher Positionen die Ausbildung einer *Menschenökonomie*:

> „Die biologische Reduktion des Menschen auf das Erbgut wurde durch eine ökonomische Reduktion auf seinen volkswirtschaftlichen Wert ergänzt. Die ‚menschenökonomische' Komponente rassenhygienischen Denkens wurde sinnfällig, als sie in die öffentlich gestellte Frage mündete: ‚Was kosten die Minderwertigen dem Staat und der Gesellschaft?' Diese Fragestellung wurde bereits ab etwa 1910 wiederholt gestellt, zeitgleich zu der sogenannten ‚Menschenökonomie', die ebenfalls ab 1910 zu einem festen Begriff in der Nationalökonomie wurde" (ebd.: 254 f.).

Heute wie damals weisen die Argumentationen eindeutig rassenhygienische Züge auf: Die Hygienebewegung allgemein und die Rassenhygienebewegung im Besonderen sind das deutsche Pendant der Eugenikbewegung, für die der Name des britischen Anthropologen Francis Galton (1822–1911), eines Vetters Charles Darwins (1809–1882), steht:

> „Als der eigentliche Begründer der Eugenik gilt Francis Galton (1822–1911), der in den 1860er Jahren damit begann, die Vererbung intellektueller Fähigkeiten des Menschen zu studieren. ... Galton glaubte, auf der Basis umfangreicher biographisch-genealogischer Untersuchungen über herausragende Persönlichkeiten des viktorianischen England nachweisen zu können, daß geistige Fähigkeiten, insbeson-

dere Intelligenz, ebenso erblich seien wie beliebige körperliche Eigenschaften. Es ging ihm um die Begründung und Verbreitung einer Strategie der *Verbesserung der menschlichen Rasse* durch die Vermehrung dieser erblichen Begabungen. ... Seine praktischen Vorschläge, für die er im Jahre 1883 den Begriff *Eugenik* einführte, zielten vor allem darauf ab, die geistige Elite Englands durch staatliche Förderung zu früher Heirat und zur Zeugung möglichst vieler Kinder zu ermuntern, um auf diese Weise die Zahl der geistig (und natürlich auch körperlich) hervorragenden Individuen von Generation zu Generation zu vermehren. Derartige Maßnahmen schienen Galton und seinen späteren Anhängern vor dem Hintergrund der von ihnen beobachteten differentiellen Fruchtbarkeit der verschiedenen sozialen Klassen notwendig. Wenn ein positiver Zusammenhang zwischen Talent und sozialem Rang bestand, so folgte daraus, daß die am wenigsten befähigten Individuen aber die meisten Nachkommen haben" (Weingart, Kroll und Bayertz 1992: 36 f., Hervorhebung im Original).

In Deutschland, so Weingart, Kroll und Bayertz (1992), traten ähnliche Gedanken erst gegen Ende des 19. Jahrhunderts auf. Während bei Galton die geistigen Fähigkeiten und deren Reproduktion im Vordergrund standen, stand in Deutschland die körperliche Degeneration im Vordergrund, deren Verhinderung im Zuständigkeitsbereich der Hygiene gesehen wurde (ebd.). Relevant in diesem Zusammenhang sind die Arbeiten des deutschen Mediziners Wilhelm Schallmayer (1857–1919). Erster Ordinarius der Sozialen Hygiene war Alfred Grotjahn (1869–1931). Mit Blick auf den Vorgang der differentiellen Fertilitätsreduktion (vgl. Abschnitt II.1.1.1) argumentierte dieser ähnlich Galton, dass hierdurch eine Degeneration des Bevölkerungsstandes erfolgen müsse. Während allerdings Galton zunächst Maßnahmen der positiven Eugenik, d. h. also Fertilitätsförderung der höheren „Ränge", forderte, standen in Deutschland solche der negativen Eugenik, solche der Fertilitätsverhinderung, im Vordergrund.

In die deutsche Diskussion wurde darüber hinaus durch den Mediziner Alfred Ploetz (1860–1940) der Begriff der Rasse eingeführt (Ploetz 1895): Jener Begriff, „der für die deutsche Eugenik weithin charakteristisch werden und ihr inhaltliches Schicksal mitbestimmen sollte" (Weingart, Kroll und Bayertz 1992: 41). Allerdings, darauf weisen die Autoren (ebd.) hin, wurde der Begriff von Ploetz nicht allein zur Bezeichnung morphologischer Typen verwendet, sondern auch als Synonym für den Artenbegriff. In der Folge jedoch verlor er diesen Bedeutungsgehalt, so dass er allein zur Bezeichnung morphologischer Typen verwendet wurde. In diesem Sinne wurde der Rassenbegriff von den Nationalsozialisten verwendet, deren Ideologie „Anleihen bei Rassenanthropolgie und Rassenhygiene" (Weingart, Kroll und Bayertz 1992: 369) nimmt. Die Autoren bezeichnen das Verhältnis zwischen nationalsozialistischer Ideologie einerseits und Rassenanthropologie und Rassenhygiene andererseits als spezifisch deutsche „intellektuelle und utilitaristische Affinität" (ebd.: 370):

> „Intellektuell war sie insofern, als die Nationalsozialisten sich der wissenschaftlichen Inhalte und der politischen Forderung der Rassenhygieniker bemächtigten, mochten sie sie auch verfälschen, selektiv rezipieren und radikalisieren. Umgekehrt bedienten sich, zumal nach der Machtergreifung, auch viele Rassenhygieniker der radikaleren politischen Sprache. Utilitaristisch war das Verhältnis insofern, als die nach Macht strebende politische Bewegung und die nach Institutionalisierung und Professionalisierung strebenden Wissenschaftler voneinander profitieren zu können glaubten" (Weingart, Kroll und Bayertz 1992: 370).

1933, als die Nationalsozialisten an die Macht kamen, hatte Deutschland im innereuropäischen Vergleich eine der niedrigsten Geburtenraten. Die Nettoreproduktionsrate lag bei 0,76 und wurde allein von der Österreichs untertroffen, die mit dem Anschluss an das Deutsche Reich im Jahr 1938 anstieg. Auch in Deutschland stieg die Geburtenrate in den Jahren nach 1933, in denen die Nationalsozialisten für ausgewählte Bevölkerungsgruppen eine pronatalistische Bevölkerungspolitik betrieben. Die nationalsozialistische Bevölkerungspolitik umfasste darüber hinaus militärische Expansionsbestrebungen und „Eingriffe in die Lebensverhältnisse der unterschiedlichsten Bevölkerungsgruppen" (Raphael 2001: 9). Das gemeinsame Ziel dieser im weiten Sinne bevölkerungspolitischen Maßnahmen „lag in der Utopie eines ökonomisch leistungsfähigen, politisch pazifizierten und ‚rassenhygienisch gereinigten Volkskörpers'" (Ehmer 2004: 71).

In der zweiten Hälfte des 20. Jahrhunderts kam die Bevölkerungswissenschaft im Bereich der Entwicklungspolitik zu politischer Bedeutung.

> „Unter Entwicklungspolitik wollen wir im Folgenden die Summe aller Mittel und Maßnahmen verstehen, die von Entwicklungs- und Industrieländern eingesetzt werden, um die Lebenssituation der Bevölkerung in den Entwicklungsländern zu verbessern" (Kevenhörster und van den Boom 2009: 15).

Entwicklungspolitik arbeitet auf der Grundlage von Entwicklungstheorien, welche wiederum eingeteilt werden in nicht-ökonomische Theorien, Wirtschaftsstufentheorien, Dualismustheorien, Theorien des strukturellen Wandels, Theorien des sektoralen Wachstums, Theorien der zirkulären Verursachung, Außenwirtschaftstheorien und ökonomisch-demographische Theorien (Wagner und Kaiser 1995). Im Wesentlichen ist auch an dieser Stelle der Widerstreit zwischen Bevölkerungspessimisten (Neo-Malthusianern) und Bevölkerungsoptimisten bedeutsam.

Während die Erstgenannten die Ursachen für die „Rückständigkeit" der Entwicklungsländer in der Bevölkerungsentwicklung sehen, machen die Bevölkerungsoptimisten andere Ursachen hierfür aus.

> „Die Auffassung, die wirtschaftliche Stagnation vieler Entwicklungsländer sei in ihrem raschen Bevölkerungswachstum begründet, wird vom sog. Neo-Malthusianismus vertreten. Zur Erklärung der relativen Stabilität der Subsistenz-Pro-Kopf-Einkommen wird dabei von den ‚Neomalthusianern' eine Art Bevölkerungsfalle angeführt, in der die Entwicklungsländer gefangen seien" (Wagner und Kaiser 1995: 61).

Dagegen steht die Ansicht, Bevölkerungswachstum könne zu wirtschaftlicher Entwicklung führen: So sieht beispielsweise die dänische Ökonomin und Vertreterin der *Verdichtungstheorie* Esther Boserup (1910–1999) im Bevölkerungsdruck vor allem eine stimulierende Wirkung auf die Innovationsfähigkeit des Menschen und damit auch für die wirtschaftliche Entwicklung.

Darüber hinaus bedeutsam als entwicklungspolitische Grundlage sind die mit dem Konzept des ersten demographischen Übergangs verbundenen Überlegungen (vgl. Abschnitt II.1.1.1). Hält man diesen für generalisierbar, so ist der Entwicklungsstand der Entwicklungsländer ein vorübergehendes Phänomen, das mit dem Übergang derselben in die dritte Phase eines dreistufigen Übergangskonzeptes zu seinem Ende kommen wird (Coale und Hoover 1958). Entsprechend der diskutierten Ursachen des ersten demographischen Übergangs (vgl. Abschnitt II.1.1.1) bieten sich unterschiedliche Ansatzpunkte für Entwicklungspolitiken an. Diese können auf eine Verbesserung der sozio-ökonomischen Standards (threshold-Hypothese, vgl. Abschnitt II.1.1.1) in den Ländern zielen oder auf eine gezielte Familienplanung.[19] Davon, ob die genannten Maßnahmen Erfolg haben, hängt nach Kirk (1970) ab, ob es ein Weltbevölkerungsproblem gibt oder nicht.

> „The ‚world population problem' is essentially whether or not the non-industrial countries will follow Europe and North America in reducing birth rates and rates of population growth" (Kirk 1970: 70, Hervorhebung im Original).

Betrachten wir nachfolgend die Entwicklung der Weltbevölkerung, so zeigt sich deren stetiges Anwachsen seit der Mitte des 18. Jahrhunderts, wobei die Wachstumsraten in der Mitte des 20. Jahrhunderts zugenommen haben. Mittlerweile sind diese jedoch rückläufig.

---

[19] Einen nicht mehr ganz aktuellen, aber dennoch umfassenden Überblick über Familienplanungsprogramme bietet Berelson (1970).

Bevölkerungswissenschaft 41

Abbildung 2 Historische Schätzung und Projektion der Entwicklung der Weltbevölkerung bis 2050

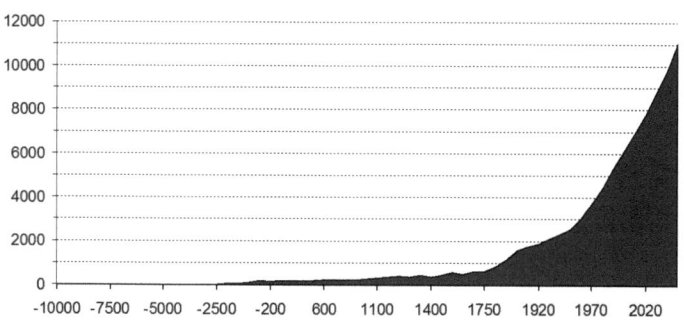

Quelle: Population Division of the Department of Economic and Social Affairs of the United Nations Secretariat, World Population Prospects: The 2008 Revision

Die Abnahme der Wachstumsraten der Weltbevölkerung, deren Entwicklung in der obigen Abbildung dargelegt ist, schlägt sich nieder in der Entwicklung der Nettoreproduktionsziffern, die in der nachfolgenden Abbildung getrennt nach Kontinenten über einen Zeitraum von knapp 60 Jahren aufgenommen sind.

Abbildung 3 Nettoreproduktionsraten (Europa, Nordamerika, Lateinamerika, Asien, Afrika, 1950–2045)

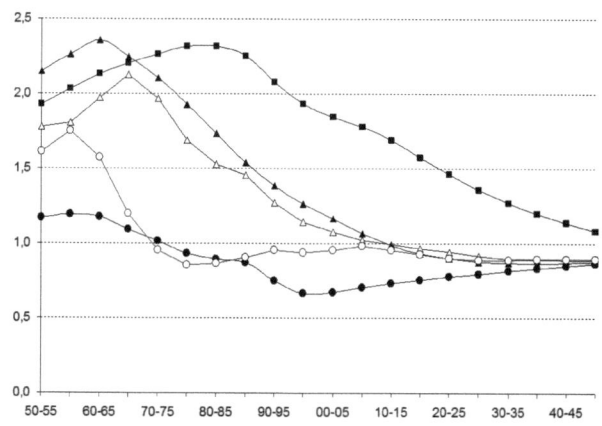

Quelle: Population Division of the Department of Economic and Social Affairs of the United Nations Secretariat, World Population Prospects: The 2008 Revision

Abbildung 3 zeigt, dass die Nettoreproduktionsraten seit den späten 1960er Jahren mit Ausnahme des afrikanischen Kontinents rückläufig sind. Dort setzt der Rückgang der Nettoreproduktionsraten in den 1980er Jahren ein, und die Rate selbst ist noch über einem Wert von 1. Man kann sagen kann, dass dort eine Reproduktion der Bevölkerung noch stattfindet; eine Aussage, die für die übrigen Weltregionen nicht zutrifft. Die sich an diese Entwicklung anschließenden gesellschaftspolitischen Diskussionen in Europa, konkret in Deutschland, werden im abschließenden Teil der Arbeit Erwähnung finden.

II.1.3 Bevölkerungsstatistik

Die Bevölkerungsstatistik ist jenes Teilgebiet der Statistik, „dessen Gegenstand die Entwicklung und Anwendung formaler Methoden zur Erfassung, Beschreibung und Analyse sowie zur Erklärung und Prognose von demographischen Zuständen und Strukturen zu einem bestimmten Zeitpunkt sowie deren Veränderungen im Zeitablauf ist" (Vogel und Grünewald 1996: 67). Die relevanten Größen für jede bevölkerungsstatistische Betrachtung einer Bevölkerung bzw. Population sind deren Struktur wie auch deren Dynamik:

„Die Struktur einer bestimmten Bevölkerung wird beschrieben durch die absolute Zahl der Einheiten sowie die Verteilung der jeweils interessierenden Merkmalsausprägungen bei den Einheiten dieser Bevölkerung zu einem bestimmten Zeitpunkt t.
Die Dynamik einer Bevölkerung wird beschrieben durch die Angabe ihrer jeweils interessierenden Struktur zu verschiedenen Zeitpunkten t_1, t_2, ..., t_n in Zukunft oder Vergangenheit; das Gesamtintervall (t_1, t_n) gibt den Zeitraum der Beschreibung an"
(Müller 2000: 1, Hervorhebung im Original).

Merkmale, entlang derer die Bevölkerungsstruktur regelmäßig erfasst wird, sind das Alter und das Geschlecht. Es handelt sich hierbei um zwei Individualmerkmale, die für die an der Bevölkerungsentwicklung beteiligten demographischen Prozesse bedeutsam sind. Fertilität, Migration und Mortalität sind in hohem Maße altersabhängige Prozesse, und auch das Geschlecht nimmt Einfluss auf diese – wenngleich weniger als biologisches Faktum, denn als soziale Größe. Die Dynamik einer Bevölkerung ergibt sich aus dem Vergleich der Struktur einer gegebenen Population zu zwei Zeitpunkten und ist das Resultat der in diesem Zeitraum zu beobachtenden Geburten, Sterbefälle wie auch Ab- und Zuwanderungen. Die formale Analyse der eben genannten demographischen Ereignisse kann grundsätzlich mit der Hilfe zweier Verfahren erfolgen: der Kohortenanalyse und der Periodenanalyse. Im nachfolgenden Abschnitt werden die beiden Verfahren erläutert, bevor im darauf folgenden Abschnitt auf die Datengrundlage der Bevölkerungsstatistik eingegangen wird.

II.1.3.1 Analyseverfahren

Demographisch relevante Ereignisse wie beispielsweise Geburten und Sterbefälle lassen sich grundsätzlich mit zwei Verfahren analysieren: der Kohortenanalyse einerseits und der Periodenanalyse andererseits. Während die Kohortenanalyse eine längsschnittliche Perspektive zugrunde legt, die demographisch relevanten Ereignisse in ihrer Zeitabhängigkeit betrachtet, daher für die Analyse der Bevölkerungsentwicklung geeignet ist, legt die Periodenanalyse lediglich eine querschnittliche Perspektive zugrunde und lässt die Zeitabhängigkeit demographisch relevanter Ereignisse unbeachtet. Diese querschnittliche Perspektive ist die geeignete zur Erfassung der Struktur einer Bevölkerung zu einem gegebenen Zeitpunkt t. Der Unterschied zwischen beiden Perspektiven lässt sich am besten im sogenannten Lexis-Diagramm, benannt nach dem deutschen Demographen Wilhelm Lexis (1837–1914), darstellen.

Abbildung 4   Schema eines Lexis-Diagramms

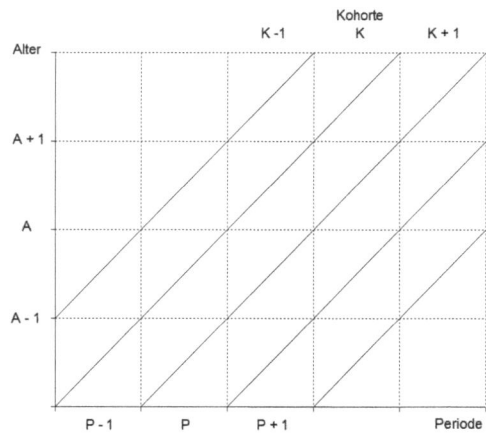

Quelle: Mayer und Huinink (1990)

Das Lexis-Diagramm bildet die Struktur zeitbezogener Daten ab. Auf der y-Achse (Ordinate) ist das Alter abgetragen und auf der x-Achse (Abszisse) die Kalenderzeit, auch Periode genannt. Die diagonalen Linien stellen das Leben von Individuen unterschiedlicher (Geburts-)kohorten dar:

> „In der Demographie wird mit dem Begriff ‚Kohorte' eine Gruppe von Personen bezeichnet, denen in der gleichen Periode dasselbe demographisch relevante Ereignis widerfährt. So gehören beispielsweise zur ‚Heiratskohorte 1945' alle Personen, die 1945 geheiratet haben, während die ‚Scheidungskohorte 1960' alle Personen umfaßt, deren Ehe im Jahr 1960 geschieden wurde" (Birg et al. 1984: 4, Hervorhebung im Original).

Die demographisch relevanten Ereignisse lassen sich entlang dieser diagonalen Linien unter Zugrundelegung einer (Geburts-)Kohortenperspektive eintragen: Geburt, Eheschließung, Familiengründung und Tod. Wie die nachfolgenden Beispiele zeigen, ist dieses Vorgehen für viele Fragestellungen „die aus logischen Gründen angemessene Betrachtungsmethode" (Dinkel 1989: 10). So ist die Frage nach der statistischen Lebenserwartung bei Geburt eine, die allein unter Zugrundelegung einer längsschnittlichen Perspektive sinnvoll zu beantworten ist – oder auch die Frage nach der durchschnittlichen Kinderzahl von Frauen in ihrer fruchtbaren Phase. Beide Fragen machen aber auch die mit einer längsschnittlichen Perspektive verbundene Problematik deutlich: Sie ist auf eine Unmenge an Daten angewiesen. Zu ihrer Beantwortung unter einer Einhaltung einer längsschnittlichen Perspektive ist es notwendig, zu warten, bis alle Mitglieder der interessierenden Geburtskohorte verstorben sind, um dann Aussagen über die statistische Lebenserwartung bei Geburt dieser Kohorte treffen zu können.

Alternativ wird daher zu einem bestimmten Zeitpunkt ein senkrechter Schnitt durch das Lexis-Diagramm gezogen, wodurch man eine Momentaufnahme von jedem einzelnen Individuum gewinnt. Die so gewonnenen Querschnittdaten werden „gedanklich auf die Achse entlang der Lebenslinie" (Dinkel 1989: 11) gekippt und im Längsschnitt interpretiert. Die auf diese Art beobachteten Ereignisse gehören zwei oder mehreren Kohorten an. Entsprechend wird in der Bevölkerungsstatistik unterschieden zwischen *Realkohorten* einerseits und *Fiktivkohorten* bzw. *synthetischen Kohorten* andererseits. Dabei gilt: „Die Ergebnisse für Fiktivkohorten sind nicht ohne weiteres auf Realkohorten übertragbar und umgekehrt" (Vogel und Grünewald 1996: 194). Übertragbar sind sie nur dann, wenn sich die zu untersuchenden Ereignisse nicht zwischen den einzelnen Kohorten unterscheiden.

II.1.3.2 Datenquellen

Bis in die 1980er Jahre hinein bezog die Bevölkerungsstatistik die für ihre Auswertungen relevanten Informationen über die amtliche Statistik, d. h. also den von staatlichen Stellen der Bundesrepublik Deutschland durchgeführten statistischen Arbeiten. Bevölkerungsstatistisch relevante Datengrundlage für die amtliche Statistik sind *Standesamtsregister* und ihre Vorläufer bis hin zu *Kirchenbüchern*, ferner *Melderegister* und das *Ausländerzentralregister* (AZR) wie auch *Volkszählungen* und der *Mikrozensus*.

Die Standesamtsregister oder auch Personenstandsregister wurden Ende des 19. Jahrhunderts eingeführt; 1874 in Preußen, 1876 in den übrigen Teilen des Deutschen Reiches. Sie wurden von Standesbeamten geführt und setzten sich zusammen aus Geburts-, Heirats- und Sterberegistern. Ihre Vorläufer waren die sogenannten *Zivilstandsregister*, die in den von napoleonischen Truppen besetzten deutschen Gebieten eingeführt wurden. Bis dahin wurden Eintragungen dieser Art von Pfarrern in seit der Mitte des 16. Jahrhunderts im deutschsprachigen Raum geführten Kirchenbüchern vorgenommen. Auch diese sind zu unterscheiden in Taufbücher, Heiratsbücher und Sterbebücher. Während allerdings in den entsprechenden Registern tatsächliches Geburts- und Sterbedatum geführt werden, werden in den Taufbüchern oftmals die Taufen dokumentiert und in den Sterbebüchern die Beerdigungen – also nicht Geburten und Sterbefälle. Damit kann es zu Verzerrungen der Form kommen, dass beispielsweise im Falle der Taufregister weniger Geburten berichtet werden als es tatsächlich gegeben hat:

> „Die Grundlagen für die Geburtsstatistik bilden die Taufregister, und mögen auch die Vorschriften darüber, daß die nicht getauften Kinder aufgenommen werden sollen, noch so vorzügliche sein; es läßt sich wohl kaum in Abrede stellen, daß viel totgeborene oder bald nach der Geburt verstorbene Kinder, besonders in entlegenen Gegenden, nicht zu Anmeldung gelangt sind. Erst durch die Errichtung der Zivilstandsregister ist diese Fehlerquelle verstopft worden, und erst seitdem können wir von absolut gleichartigen Ziffern reden" (Böhmert 1905, zitiert nach Mombert 1907: 96).

Die Wanderungsstatistik ist angewiesen auf Eintragungen aus den Melderegistern wie aus dem AZR, in dem alle Personen registriert sind, die nicht die deutsche Staatsangehörigkeit besitzen (Nicht-Deutsche) und sich darüber hinaus nicht nur vorübergehend in Deutschland aufhalten (http://www.destatis.de/jetspeed/portal/cms/Sites/destatis/SharedContent/Oeffentlich/AI/IC/Publikationen/Jahrbuch/Bevoelkerung,property=file.pdf, 11.03.2010).

Volkszählungen reichen zurück bis in die Zeit der ersten Hochkulturen. In der Gegenwart wird darunter verstanden eine

„Erfassung aller Personen und Haushalte eines Landes einschließlich wichtiger Eigenschaften der Personen und Haushalte. V. werden in fast allen Ländern der Erde in Abständen von etwa fünf bis 10 Jahren durchgeführt. Sie bilden die Grundlage für (politische) Entscheidungen in den Bereichen Wirtschafts- und Sozialpolitik, Wohnungswirtschaft, Arbeitsmarkt, Umwelt und Bildungswesen. Auch in der Bundesrepublik Deutschland werden V. nur in größeren Zeitabständen und jeweils zusammen mit einer Berufs- und Arbeitsstättenzählung durchgeführt. In Übereinstimmung mit Empfehlungen der Vereinten Nationen und der Europäischen Gemeinschaft wird ein zehnjähriger Turnus angestrebt" (Vogel und Grünewald 1996: 340).

Nach den Volkszählungen der Jahre 1950, 1961 und 1970 war ursprünglich eine Volkszählung für das Jahr 1981 geplant, die jedoch aufgrund einer Vielzahl von Verfassungsbeschwerden, gegründet auf Zweifeln an der Einhaltung des Datenschutzes, zunächst ausgesetzt wurde. Wenngleich das Bundesverfassungsgericht (BVG) diesbezügliche Mängel sah, stellte es in seinem Urteil dennoch fest, „daß die V. eine unverzichtbare Grundlage für den politischen Planungsprozess und sichere Datenbasis für weitere statistische Untersuchungen ist" (Vogel und Grünewald 1996: 340). Auf dieser Grundlage und hier nicht genannter Spezifierungen zur Durchführung einer Volkszählung fand dann die vorerst letzte Volkszählung im Jahr 1987 statt. Für das Jahr 2011 ist die nächste vorgesehen. Sie findet EU-weit als registergestützte[20] Volkszählung statt. (http://www.destatis.de/jetspeed/portal/cms/Sites/destatis/Internet/DE/Content/Zensus/Startseite.psml, 27.02.2010).

Eine weitere wichtige Datengrundlage für die amtliche Statistik stellt der seit dem Jahr 1957 im alten Bundesgebiet und seit dem Frühjahr 1991 auch in den östlichen Bundesländern erhobene Mikrozensus[21], die sogenannte „kleine Volkszählung", dar. Grundgesamtheit ist die Wohnbevölkerung in Deutschland, Erhebungseinheiten sind Haushalte, die i. d. R. in vier aufeinanderfolgenden Jahren befragt werden.[22] Unterteilt sind die Erhebungen des Mikrozensus in sogenannte Grund- und Ergänzungserhebungen. Für die jährliche Grunderhebung beträgt die Stichprobengröße 1 Prozent der Grundgesamtheit und es besteht eine weitestgehende Auskunftspflicht. Im Rahmen der Grunderhebung werden Merk-

---

[20] Das heisst, dass sie unter Rückgriff auf Verwaltungsdaten stattfindet.
[21] Synonym hierfür ist die Bezeichnung „Repräsentativstatistik über die Bevölkerung und den Arbeitsmarkt sowie die Wohnsituation der Haushalte".
[22] Weitere Informationen hierzu bei Vogel und Grünewald (1996).

male der Person, der Familien- und Haushaltszusammensetzung, Informationen zur Erwerbstätigkeit, zu den Quellen des Lebensunterhalts und weiter zu den Ausgaben zur gesetzlichen und privaten Krankenversicherung (GKV und PKV) wie auch zur gesetzlichen Rentenversicherung (GRV) abgefragt. Die Ergänzungserhebungen finden in Abständen von zwei bis drei Jahren statt, die zugrunde gelegte Stichprobe ist kleiner und die Auskünfte sind überwiegend freiwillig. Der Gesundheitszustand, die beruflichen Verhältnisse etc. sind Gegenstand der Ergänzungserhebungen. Insgesamt nehmen etwa 370 000 Haushalte mit 820 000 Personen an der Erhebung teil (http://www.forschungsdatenzentrum.de/bestand/mikrozensus/index.asp, 05.04.2010). Aufgrund der großen Fallzahl eignet sich der Mikrozensus für die Analyse seltener Ereignisse auch aus dem Bereich der Bevölkerungssoziologie und die Analyse bestimmter Subpopulationen (Kreyenfeld, Schmidtke und Zühlke 2009).

Die Träger der ausgelösten amtlichen Statistik[23] publizieren ihre aus dem Mikrozensus und weiteren Datenquellen ermittelten Informationen als „allgemeine Querschnittsveröffentlichungen" (Vogel und Grünewald 1996: 302).[24] Zu diesen Querschnittsveröffentlichungen gehören das „Statistische Jahrbuch für die Bundesrepublik Deutschland" und die Monatszeitschrift „Wirtschaft und Statistik". Wichtige Kennzahlen die demographischen Prozesse Fertilität, Paarbildung, Migration und Mortalität betreffend, sind den Statistischen Jahrbüchern zu entnehmen. Inhaltlich differenzierter aufbereitet wird das Material in den sogenannten Fachserien, von denen das Statistische Bundesamt derzeit 19 veröffentlicht, darunter die für die Bevölkerungsstatistik relevante Fachserie „Bevölkerung und Erwerbstätigkeit". Zunehmend mehr Materialien sind online verfügbar, wie beispielsweise die Statistischen Jahrbücher. Überhaupt stellen die Statistischen Ämter wie auch das Bundesinstitut für Bevölkerungsforschung über ihre Internetpräsenzen unbedingt zu nutzende Quellen für bevölkerungsstatistische Recherchen dar.[25]

---

[23] Die amtliche Statistik wird nach ausgelöster und nichtausgelöster unterschieden: „Träger der speziell für statistische Arbeiten aus der allgemeinen Staatsverwaltung ausgelösten Statistik sind die Statistischen Ämter, d.h. das Statistische Bundesamt, die Statistischen Landesämter sowie die kommunalstatistischen Ämter. Die nichtausgelöste Statistik (auch Ressortstatistik) wird getragen von statistischen Abteilungen der obersten und oberen Bundesbehörden, die ihrerseits primär nicht für statistische Arbeiten zuständig sind, wie z.B. die Bundesministerien, die Deutsche Bundesbank, das Bundesaufsichtsamt für das Versicherungswesen, die Bundesanstalt für Arbeit, die Bundesanstalt für Straßenwesen, das Kraftfahrtbundesamt, das Bundeskriminalamt und das Bundesamt für Wirtschaft" (Vogel und Grünewald 1996: 13).
[24] Allgemeine Querschnittsveröffentlichungen geben einen Überblick über alle Gebiete der amtlichen Statistik.
[25] Statistisches Bundesamt: http://www.destatis.de. Bundesinstitut für Bevölkerungsforschung: http://www.bib-demografie.de.

Weitere wichtige Erhebungen für die Sozialwissenschaften im Allgemeinen und die Bevölkerungswissenschaft im Besonderen sind die „Allgemeine Bevölkerungsumfrage der Sozialwissenschaften" (ALLBUS), die Daten der Studie „Aufwachsen in Deutschland: Alltagswelten" (AIDA) des Deutschen Jugendinstitutes (DJI), die „Berliner Lebensverlaufsstudie" (German Life History Study – GLHS) und das „Sozio-oekonomische Panel" (SOEP). Das SOEP und die GLHS sind längsschnittlich konzipiert und sind aus dem Sonderforschungsbereich 3 (SfB 3), „Mikroanalytische Grundlagen der Gesellschaftspolitik", hervorgegangen. Daneben gibt es die Berliner Altersstudie (BASE) und den Generations and Gender Survey (GGS). Weiter steht das „Beziehungs- und Familienentwicklungspanel" zur Verfügung, das dem Projekt „Panel Analysis of Intimate Relationships and Family Dynamics" (PAIRFAM) entstammt (Huinink und Feldhaus 2008). Die Analyse des demographischen Prozesses der Mortalität ist darüber hinaus angewiesen auf epidemiologische Daten. Ein Beispiel hierfür sind die Daten aus dem Projekt „MONItoring Trends and Determinants in CArdiovascular Disease" (MONICA), initiiert von der Weltgesundheitsorganisation (WHO).[26]

Längsschnittdaten können unterteilt werden in Paneldaten einerseits und Ereignisdaten andererseits: während erstere Informationen zu den verschiedenen Wellen eines Panels also zu verschiedenen Zeitpunkten (diskrete Zeit) liefern, informieren Ereignisdaten auch über die zwischen den Messzeitpunkten liegenden Zeitintervalle (stetige Zeit).

„For many processes in the social sciences, a continous measurement of qualitative variables seems to be the only adequate method of assessing empirical change. This is achieved by utilizing an *event oriented observation design*, which records all the changes in qualitative variables and their timing" (Blossfeld und Rohwer 1995: 17, Hervorhebung im Original).

Sowohl das SOEP als auch die GLHS weisen solch ein ereignisorientiertes Beobachtungsdesign auf. Das SOEP ist eine seit 1984 im jährlichen Rhythmus durchgeführte Wiederholungsbefragung privater Haushalte in der Bundesrepublik, die repräsentative Informationen zu Haushalten und den darin lebenden Personen bereitstellt. Neben den Haushaltsvorständen werden alle Haushaltsmitglieder, die

---

[26] „Die wichtigsten Ziele dieses internationalen Projektes sind zum einen die Analyse des Verlaufs der kardiovaskulären Morbidität und Mortalität in insgesamt 26 definierten Populationen in Europa, Nordamerika, Asien, Australien und Neuseeland und zum anderen die gleichzeitige Untersuchung von Veränderungen kardiovaskulärer Risikofaktoren innerhalb dieser Populationen im Zeitverlauf" (Schneider 2002: 147).

das 18. Lebensjahr vollendet haben, befragt.[27] Grundgesamtheit der Befragung ist die Wohnbevölkerung der Bundesrepublik Deutschland. Um diese adäquat abzubilden, besteht das SOEP aus verschiedenen Teilstichproben: Deutschen und Nicht-Deutschen in Westdeutschland, Deutschen in Ostdeutschland, Zuwanderern und verschiedenen Stichproben, um dem Problem der Panelmortalität zu begegnen, und einer Hocheinkommensstichprobe, deren Mitglieder erstmals im Jahr 2002 befragt wurden. Bisher liegen Informationen zu 66 189 Personen vor.[28]

Die Berliner Lebensverlaufsstudie ist eine retrospektiv angelegte Befragung ausgewählter Geburtsjahrgangskohorten in West- und Ostdeutschland. Berücksichtigt sind die Geburtsjahrgangskohorten 1929–1931, 1939–1941, 1949–1951, 1954–1956, 1959–1961, 1964 und 1971 in Westdeutschland. In Ostdeutschland wurden die Geburtsjahrgangskohorten 1929–1931, 1939–1941, 1951–1953 und 1959–1961 befragt. Diese Kohorten wurden wiederholt befragt, gleich den 1971 in der DDR geborenen Männern und Frauen und den 1971 in der Bundesrepublik geborenen Männern und Frauen. Deren wiederholte Befragung fand unter dem Titel „Frühe Karrieren und Familiengründung: Lebensverläufe der Geburtskohorten 1971 in Ost- und Westdeutschland" statt. Damit enthält die GLHS „nunmehr Informationen über die Lebensverläufe von etwa 8500 Frauen und Männern aus zwanzig ausgewählten Geburtsjahrgängen in Westdeutschland und mehr als 2900 Frauen und Männern aus dreizehn ausgewählten Geburtsjahrgängen in Ostdeutschland" (http://www.mpib-berlin.mpg.de/de/forschung/bag/projekte/lebensverlaufsstudie/index.htm, 15.02.2010).

II.2 Bevölkerungssoziologie

Die Bevölkerungssoziologie, darauf wurde bereits hingewiesen, eröffnet einen spezifisch soziologischen Zugang auf das Bevölkerungsgeschehen. Natürlich ist dieser zeitgeschichtlichen Wandlungsprozessen unterworfen, die die Soziologie als Wissenschaft durchläuft. Während Mackenroth beispielsweise noch die Aufgabe einer soziologischen Betrachtungsweise des Bevölkerungsgeschehens darin ausmachte, den Zusammenhang zwischen diesem und der Sozialstruktur aufzuzeigen (Mackenroth 1953), wird das Bevölkerungsgeschehen von manchen Soziologen heute selbst als ein Teil der Sozialstruktur verstanden (Huinink und Schröder 2008). Mit den sich unterscheidenden Strukturkonzeptionen sind sys-

---

[27] Mit der Datenweitergabe der Welle W (2006) fand diesbezüglich eine Änderung statt: Der Standardfragebogen wird erst mit Vollendung des 18. Lebensjahres eingesetzt und nicht wie bisher mit Vollendung des 16. Lebensjahres.
[28] Die Zahlenangaben sind dem Auswertungsprogramm soepinfo des Deutschen Instituts für Wirtschaftsforschung (DIW) entnommen (http://panel.gsoep.de/soepinfo2008/, 02.12.2010).

tematische Unterschiede auf der metawissenschaftlichen und wissenschaftlichen Ebene verbunden. So vertritt Mackenroth beispielsweise keine analytisch-nomologische Position im Bereich der Wissenschaftstheorie. Ebensowenig vertritt er einen absoluten methodologischen Individualismus[29]. Vertreter der Auffassung, das Bevölkerungsgeschehen als Teil der Sozialstruktur zu bezeichnen, stehen dagegen einem absoluten methodologischen Individualismus nahe. Ihre wissenschaftstheoretische Position ist eine analytisch-nomologische. Dass sich aus diesen metawissenschaftlichen Differenzen systematische Differenzen im Bereich der Sozialtheorie ergeben können, ist nur folgerichtig. Während Mackenroth noch versuchte, eine historisch orientierte Soziologie zu betreiben, ist der theoretische Kern der Vertreter der „demografischen Sozialstrukturforschung" (Huinink und Schröder 2008: 262) mikroökonomisch geprägt. Allerdings, und das wird der nachfolgende zweite Teil der Arbeit zeigen, gibt es in den Ansätzen zu den einzelnen demographischen Prozessen beträchtliche Unterschiede. Insbesondere die Arbeiten, die den Prozess der Migration zum Gegenstand haben, weichen zunehmend von der mikroökonomischen Axiomatik ab. Nicht in Deutschland, so aber in den USA, wo die neoklassische Axiomatik der Migrationsforschung in der zweiten Hälfte des 20. Jahrhunderts aufgrund der Zunahme globaler Ungleichheiten und der Zunahme unfreiwilliger Migrationsbewegungen aus ethnisch-religiösen, ökologischen und politischen Gründen zunehmend problematisiert und ein Perspektivenwechsel hin zu historisch-soziologischen Theorieangeboten vollzogen wurde.

---

[29] Zu der Position des absoluten methodologischen Individualismus vgl. Albert (2007).

III Demographische Prozesse: Erklärung und Erfassung

In den nachfolgenden vier Abschnitten werden die vier demographischen Prozesse der Fertilität, der Migration, der Mortalität und der Nuptialität behandelt. Alle vier Abschnitte folgen demselben Muster: Zunächst werden die gängigen Theorieangebote zur Erklärung des jeweiligen Prozesses vorgestellt und diskutiert. Im Anschluss werden die bevölkerungsstatistischen Maßzahlen zur Erfassung der demographischen Prozesse erläutert. Auf der Grundlage der Maßzahlen erfolgt eine Darstellung der Entwicklung der jeweiligen demographischen Prozesse von der zweiten Hälfte des 20. Jahrhunderts bis in die Gegenwart. Die Darstellungen beziehen sich zunächst auf Deutschland. In einem zweiten Schritt wird eine international vergleichende Perspektive eingenommen. Zur systematischen Darstellung der Daten wird auf die bekannte Typologisierung von Wohlfahrtsstaaten Esping-Andersens (1990) zurückgegriffen. Die inhaltliche Begründung für die Systematisierung der Daten entlang der Typologie Esping-Andersens resultiert aus der theoretischen Positionierung der Autorin, derzufolge die Bevölkerungsentwicklung einer Gesellschaft Ausdruck ihrer Sozialstruktur ist und der Möglichkeit, die Typologie von Wohlfahrtsstaaten, wie sie von Esping-Andersen vorgelegt wurde, als grobe Typologie von Sozialstrukturen zu lesen.[30] Unverkennbar korrespondiert diese theoretische Position mit den Überlegungen Mackenroths, Bevölkerungsweise und Sozialstruktur als zusammenhängend zu betrachten und zur Ermittlung dieser Korrespondenz eine historisch orientierte Soziologie zu betreiben, welche nach Ansicht der Autorin sehr wohl kausal-analytisch zu ergänzen, aber nicht zu ersetzen ist.

III.1 Fertilität

Gegenstand der Bevölkerungssoziologie ist der soziale Vorgang der Nachwuchserzeugung. Hierfür steht der Begriff der Fertilität. Auch wenn er für den deut-

---

[30] Dies gilt m. E. zumindest dann, wenn man Sozialstruktur mit Friedrich Fürstenberg als „Wirkungszusammenhang multipler sozialer Felder" (Fürstenberg 1966: 445) definiert und beachtet, dass Esping-Andersen (1990) seine Typologie von Wohlfahrtsstaaten u. a. gründet auf den Beitrag, den unterschiedliche gesellschaftliche Felder zur Wohlfahrtsproduktion leisten.

schen Begriff der Fruchtbarkeit steht, darf er nicht mit der biologischen Fähigkeit zur Nachwuchserzeugung gleichgesetzt werden. Fertilität wird in der Bevölkerungssoziologie in der Regel synonym für Geburtlichkeit, also erfasste Geburten, verwendet. Die biologische Fähigkeit zur Nachwuchserzeugung wird in den meisten bevölkerungssoziologischen Arbeiten zur Fertilität implizit konstant gehalten. Das bedeutet, dass eine vergleichende Betrachtung des Fertilitätsgeschehens – sei es eine synchron oder auch diachron vergleichende Betrachtung – nicht nach Veränderungen auf der biologischen Dimension fragt, obwohl diese theoretisch durchaus Einfluss auf den soziologisch erklärbaren Anteil der Fertilitätsentwicklung haben kann. Eine Ausnahme stellt die nachfolgend vorzustellende *Theorie der generativen Struktur* dar oder auch die Arbeiten einer an der Berlin-Brandenburgischen Akademie der Wissenschaften (AdW) zu Berlin und der Deutschen Akademie der Naturforscher Leopoldina zu Halle eingerichtete Arbeitsgruppe zum Thema Fertilität und gesellschaftliche Entwicklung (http://www.bbaw.de/ bbaw/Forschung/Forschungsprojekte/Fertilitaet/de/Startseite, 11.08.10).

III.1.1 Fertilitätstheorien

Die auf den folgenden Seiten vorgestellten Fertilitätstheorien sind vorrangig Fertilitätsrückgangstheorien, entstanden aus der Beobachtung des säkularen Geburtenrückgangs (vgl. Abschnitt II.1.1.1) im Europa des ausgehenden 19. und des gesamten 20. Jahrhunderts. Allen ist gemeinsam, dass sie das sozialstrukturelle Entwicklungsniveau einer Gesellschaft mit der Geburtenentwicklung in Zusammenhang bringen. Sie lassen sich dahingehend unterscheiden, ob sie primär historisch-soziologisch und auf hoch aggregiertem Niveau argumentieren oder vorwiegend kausalanalytisch auf der Individualebene. Zur ersteren Gruppe gehören die Arbeiten der Wohlstandstheoretiker, die Theorie von den historisch-soziologischen Bevölkerungsweisen wie auch die Theorie der säkularen Nachwuchsbeschränkung. Die zweite Hälfte des 20. Jahrhunderts dagegen ist bestimmt von kausalanalytisch ausgerichteten Arbeiten, die ihren nomologischen Kern in der Mikroökonomie haben und lediglich soziologisch ergänzt wurden, wie zum Beispiel im value of children-Ansatz und dem Versuch, diesen im Sinne einer individualistisch-strukturtheoretischen Sozialtheorie auszubauen. Hierzu könnte auch die in diesem Abschnitt nicht weiter behandelte Argumentation Lesthaeghes zählen, der den säkularen Geburtenrückgang in der zweiten Hälfte des 20. Jahrhunderts zurückführt auf einen Wertewandel hin zu individualistischen Werten (vgl. Abschnitt II.1.1.2) und selbst bemerkt, dass dieser Ansatz nicht im Gegensatz zu mikroökonomischen Ansätzen steht, sondern diese vielmehr ergänzt: „Although we shall stress an important sociological component and its historical development, one should not consider the evidence as incompatible with other subtheories that follow, for instance, the microeconomic approach" (Lesthaeghe 1983: 411).

Was alle Ansätze eint, ist die vollkommene Vernachlässigung der Bedeutung der Frauenbewegung für das generative Handeln.[31] Dem Historiker Hans Zmarzlik folgend, hat diese eine gesellschaftliche Wandlung eingeleitet, epochal wie die Anfänge staatlicher Sozialpolitik (und diese wird wohl berücksichtigt):

> „Eine seit Jahrtausenden hingenommene Frauenlage wird zum ersten Mal im Kaiserreich zur kritisch formulierten „Frauenfrage". Zwischen 1890 und 1914 sind mehr als eine halbe Million Frauen organisiert worden – mit gesellschaftlich bedeutenden Forderungen, die bis heute z. T. noch einzuholen wären. Wie immer begrenzt und zeitgebunden das Gros dieser Frauen dem rückblickenden Betrachter erscheinen muß, ihr Auftreten markiert eine Wendezeit... – bis hin zu Neubewertungen der Geschlechterrollen, der Familienstruktur, der Sexualmoral" (Zmarzlik 1976: 118 f.).

III.1.1.1 Wohlstandstheorie

Der in Folge der Industrialisierung und der damit verbundenen Wohlstandssteigerung zu beobachtende Geburtenrückgang, der Teil des bereits vorgestellten ersten demographischen Übergangs (vgl. Abschnitt II.1.1.1) ist, führt zu einem Ende der Vorherrschaft des Malthusianismus in der Bevölkerungswissenschaft. Zur Erinnerung: Malthus folgend verfügt der Mensch über einen ungebremsten Fortpflanzungstrieb, der zu einem exponentiellen Bevölkerungswachstum führt. Es folgt eine „Bevölkerungswissenschaft des Industrialismus" (Henssler und Schmid 2005: 277), deren maßgebliche Vertreter in Deutschland – Ludwig Josef (Lujo) Brentano (1844–1931), Paul Mombert (1876–1938) und Werner Sombart (1863–1941) – waren allesamt Vertreter der *jüngeren historischen Schule der Nationalökonomie*. Ihre theoretischen Argumente werden unter der Bezeichnung Wohlstandstheorie zusammengefasst.[32]

---

[31] Wo ich nicht die Positionen anderer darlege und den Begriff des generativen Handelns verwende, dient dieser allein zur Kennzeichnung von Handlungsweisen, die auf die Geburt von Kindern ausgerichtet sind.

[32] Gegen diese Begrifflichkeit wehren sich die Genannten jedoch explizit: „Freilich darf man nicht meinen, daß die Zunahme des Wohlstands *unmittelbar* geburtenmindernd wirkt, wie diejenigen geglaubt haben, welche diese Darlegungen – ohne sie mit genügender Aufmerksamkeit gelesen zu haben – einfach als *Wohlstandstheorie* bezeichnet haben" (Mombert 1929: 315; Hervorhebung im Original). Henssler und Schmid (2005) begründen die Namensgebung dagegen wie folgt: „Es breitete sich die Erkenntnis aus, dass Geburtenbeschränkung zu einer Verbesserung der Lebensumstände führt und so Geburtenrückgang und wachsender Wohlstand sich gegenseitig bedingen" (ebd.: 277).

„Um den Geburtenrückgang zu erklären, wurde er erstmals in den Wandel der gesamten materiellen und immateriellen Kultur gestellt. Die Gründe für das Absinken der Geburtenziffer sollten systematisiert werden. Hieraus resultierte eine bevölkerungssoziologische Theorie der Fertilität, die die sozialen, wirtschaftlichen und psychologischen Faktoren des generativen Verhaltens allgemein berücksichtigt" (Henssler und Schmid 2005: 278).

Im Jahr 1907 erfolgt die Veröffentlichung der „Studien zur Bevölkerungsbewegung in Deutschland in den letzten Jahrzehnten mit besonderer Berücksichtigung der ehelichen Fruchtbarkeit" von Mombert. Zwei Jahre darauf, 1909, liegt „Die Malthussche Lehre und die Bevölkerungsbewegung der letzten Dezennien" von Brentano vor. Mombert geht in seiner Studie ein auf die demographischen Prozesse der Mortalität, der Nuptialität und der Fertilität. Diese betrachtet er über das 19. Jahrhundert hinweg und macht dabei für die meisten europäischen Gesellschaften zwei Geburtenrückgänge aus: Einen in der Mitte des 19. Jahrhunderts und einen zum Ende des 19. Jahrhunderts.

Tabelle 4 Geburtenentwicklung im 19. Jahrhundert (Lebendgeborene auf 10 000 Einwohner)

Gebiete	1801–10	1811–20	1821–30	1831–40	1841–50	1851–60	1861–70	1871–80	1881–90	1891–00	1901–04
1. England und Wales	—	—	—	—	326	341	352	354	325	299	284
2. Schottland	—	—	—	—	—	348	350	349	323	302	291
3. Irland	—	—	—	—	—	—	262	265	234	230	231
4. Dänemark	—	311	307	313	302	305	325	307	314	320	293[1]
5. Norwegen	—	275	299	333	296	307	330	309	310	308	303	290
6. Schweden	—	309	334	347	315	311	328	314	305	290	272	262
7. Finnland	—	363	374	382	334	355	359	347	370	349	322	315[1]
8. Österreich	—	—	—	390	382	384	376	387	390	379	371	361[1]
9. Ungarn	—	—	—	—	—	—	—	433	440	406	378[1]
10. Schweiz	—	—	—	—	—	—	308	281	281	285[1]
11. Deutsches Reich	—	—	—	—	361	353	372	391	368	361	347
12. Preußen	—	—	400	380	380	377	383	390	374	367	352
13. Bayern	—	—	—	341	341	332	369	403	368	365	363
14. Sachsen	—	—	—	382	394	396	405	429	418	395	350
15. Niederlande	—	—	—	—	330	333	358	362	342	325	318
16. Belgien	—	—	—	335	309	303	320	323	302	290	285[1]
17. Frankreich	—	318	310	290	274	263	263	254	239	222	214
18. Portugal	—	—	—	—	—	—	—	—	330	306	314[2]
19. Spanien	—	—	—	—	—	—	376	—	361	353	356[1]
20. Italien	—	—	—	—	—	—	—	369	378	349	324[1]
21. Serbien	—	—	—	—	—	—	446	405	450	417	390[1]
22. Rumänien	—	—	—	—	—	—	331	350	414	407	400[1]
23. Europäisch. Rußland	—	—	—	—	—	—	489	493	472	471	480[2]
24. Europa	—	—	—	—	—	—	—	383	374	365	356[2]

[1] 1901–1903.   [2] 1901.

Quelle: Mombert (1907: 98).

Datengrundlage stellen die Taufregister dar (vgl. II.1.3.2). Entsprechend ist davon auszugehen, dass die Daten für die erste Hälfte des 19. Jahrhunderts verzerrt sind, weniger Geburten anzeigen, als es tatsächlich gegeben hat. Gleichwohl ist nicht davon auszugehen, dass die berichteten Entwicklungen in irgendeiner Form methodische Artefakte darstellen (ebd.). Entsprechend bemüht sich Mombert (1907) um eine inhaltliche Erklärung der beiden Geburtenrückgänge. Gemäß dem Forschungsprogramm der *historischen Schule der Nationalökonomie* bemüht er sich um eine gemeinsame Betrachtung der Geburtenentwicklung mit den weiteren demographischen Prozessen wie auch den „sonstigen wirtschaftlichen Verhältnissen" (ebd.: 106):

> „Man erkennt sofort das zeitliche Zusammenfallen des Rückgangs der Geburtenziffer mit demjenigen in der Zahl der Eheschließungen, einer Steigerung der Sterblichkeit und der Auswanderung; ein Vergleich ... zeigt, daß es vorzugsweise die von Teuerungen und Epidemien heimgesuchten Jahre gewesen sind, um welche es sich dabei handelt. Es ist also eine Periode äußerst schlechter wirtschaftlicher Verhältnisse, die wir vor uns haben; auf diese Verschlechterung ist, wie gezeigt, das Steigen der Sterblichkeit und der Rückgang der Eheschließungen zurückzuführen, ebenso natürlich auch die Zunahme der Auswanderung" (Mombert 1907: 106 f.).

Für Mombert liegt es nahe, den Rückgang der Geburtenziffer mit eben den Ursachen in den Veränderungen der übrigen demographischen Prozesse in Zusammenhang zu bringen, „natürlich nicht unmittelbar wie bei den Eheschließungen, der Sterblichkeit und der Auswanderung, sondern nur mittelbar, indem zu untersuchen ist, ob und inwieweit die Veränderungen in den drei letztgenannten Erscheinungen die Verringerung der Geburtenziffer bewirkt haben" (Mombert 1907: 107). Letztendlich führt er den Rückgang der Geburten in der Mitte des 19. Jahrhunderts zurück auf den Rückgang der Eheschließungen – zur Erinnerung: Wir befinden uns in der Periode des *politischen Ehekonsenses* (Ehmer 1991: 45) – und stellt fest, dass die eheliche Fruchtbarkeit unverändert geblieben ist. Anders dagegen im Geburtenrückgang des ausgehenden 19. Jahrhunderts, der den säkularen Geburtenrückgang einleitet und Teil des ersten demographischen Übergangs ist:

> „Es war eine Zeit steigender wirtschaftlicher Konjunktur, einer Zunahme des Wohlstandes in lange nicht dagewesenem Maße. Die Zahl der Eheschließungen nahm zu, das Heiratsalter nahm ab, die Sterblichkeit sank, die Auswanderung ging ganz bedeutend zurück, die Bevölkerungszunahme war eine progressiv steigende und in der Zählungsperiode vom 2. Dezember 1895 bis 1. Dezember 1900 hatte zum ersten

Mal seit langen Jahren das Reich einen Wanderungsgewinn von 94 125 Köpfen aufzuweisen" (Mombert 1907: 127).

Und dennoch hat ein Rückgang der Geburten stattgefunden – zunächst in den besser gestellten sozialen Klassen als Vorgang der differentiellen Fertilitätsreduktion (vgl. Abschnitt II.1.1.1) –, der letztendlich auf einen Rückgang der ehelichen Fruchtbarkeit zurückzuführen ist – so die Studien Momberts (1907). Ob es sich nun um einen Rückgang der ehelichen Fruchtbarkeit oder nicht handelt, ist in Zeiten des *politischen Ehekonsenses* insofern bedeutsam, da über die eheliche Fruchtbarkeit auf die Präferenzen zur Familiengründung geschlossen werden kann: Insofern den nicht Heiratenden nicht unterstellt werden kann, dass sie keine Kinder wollen, wenn ihnen die notwendigen Mittel zur Eheschließung fehlen, wird dieses umgekehrt jenen unterstellt, die die Ehe eingehen ohne eine Familie zu gründen. Es wird daher ein Wandel der individuellen Präferenzen angenommen.

Zur Erklärung dieses Wandels greift die Wohlstandstheorie einerseits zurück auf das Konzept des Grenznutzens (Brentano 1909) und führt andererseits eine Homologie zwischen der Ebene der wirtschaftlichen und sozialen Verhältnisse einerseits und der Gesinnungsebene andererseits ein (Mombert 1907): Brentano (1909) orientiert sich an den individuellen Verhaltensgesetzen Hermann Heinrich Gossens (1810–1858), eines deutschen Ökonomens, denen zufolge die Befriedigung eines Bedürfnisses ab einem bestimmten Punkt zu dessen Sättigung führt, wodurch einem Konkurrenzbedürfnis Platz gewährt wird. „*Brentano* sieht nun die Kindererzeugung im Rahmen der ‚Konkurrenz der Genüsse' und nicht mehr als biologisches Triebschicksal des Menschen" (Schmid 1984: 63, Hervorhebung im Original):

> „Mit zunehmendem Wohlstand und zunehmender Kultur wächst die Mannigfaltigkeit der Bedürfnisse des Menschen, um mit dem Auftreten anderer Bedürfnisse macht sich auch hinsichtlich der Befriedigung des Geschlechtstriebes das GOSSENsche Gesetz geltend, wonach der nach der größten Summe des Wohlgefühls strebende Mensch mit der Befriedigung eines Bedürfnisses da abbricht, wo ein Fortfahren in seiner Befriedigung ihm geringeren Genuss bereiten würde, als die Befriedigung eines anderen Bedürfnisses, auf die er sonst verzichten müßte. Der Mensch bricht mit der Kindererzeugung da ab, wo die Mehrung der Kinderzahl ihm geringere Befriedigung schafft, als andere Genüsse des Lebens, die ihm sonst unzugänglich würden, oder als die Befriedigung, die es ihm gewährt, daß seine Frau nicht dem Siechtum verfällt, daß er keine mit Krankheit belastete Kinder auf die Welt setzt oder seinen Kindern eine bessere Ausrüstung für den Kampf ums Dasein zu verschaffen vermag" (Brentano 1909: 605 f.).

Abweichend Mombert, der, gleich Werner Sombart (1863–1941), einem weiteren Vertreter der *jüngeren historischen Schule der Nationalökonomie*, eine kapitalistische Gesinnung als Handlungsgrundlage in allen Lebensbereichen ausmacht:

> „Erst mit der Verbesserung seiner wirtschaftlichen und sozialen Verhältnisse beginnt der Mensch ökonomisch zu denken und für die Zukunft zu sorgen. Wo Not und Elend herrscht, Unbildung und Unkultur zu Hause sind, der Mensch von der Hand in den Mund lebt, jede Möglichkeit, sich und die Seinen vorwärts zu bringen, vollkommen ausgeschlossen sieht, fehlt jeder Antrieb, irgendwie an die eigene Zukunft oder diejenige der Kinder zu denken. Mit zunehmendem Wohlstand und steigender Bildung tritt eine Änderung ein. Die Möglichkeit und der Ehrgeiz, sich und die Seinen heraufzuarbeiten, beginnt sich zu zeigen und mit dem Steigen der Möglichkeit wächst das Streben, dieselbe auszunützen. Mit der Mehrung des Wohlstandes und der Bildung erweitert sich der Bedürfniskreis des Menschen und in dem Maße, in dem die Ansprüche über das zum Leben dringend Notwendige hinausgehen, in dem der Mensch emporkommt, wachsen Besonnenheit und Selbstbeherrschung und die eigene Bequemlichkeit. Damit entsteht das Streben, einer allzugroßen Vermehrung der Familie vorzubeugen" (Mombert 1907: 168 ff.).

Die angestellten Überlegungen zur Verwobenheit von sozialen und ökonomischen Verhältnissen einerseits und der Geburtenentwicklung andererseits werden in der Folge von Mackenroth fortgeführt und erweitert.

III.1.1.2 Historisch-soziologische Bevölkerungsweisen

„Bevölkerungslehre. Theorie, Soziologie und Statistik der Bevölkerung" heisst das 1953 erschienene Werk des deutschen Ökonomen, Soziologen und Sozialpolitikers Gerhard Mackenroth (1903–1955). Anlässlich eines im Jahr 1983 an der Universität Bamberg abgehaltenen Symposiums zu Mackenroths Bevölkerungslehre bemerkt der österreichische Bevölkerungswissenschaftler Josef Schmid (geb. 1937), neben Herwig Birg (geb. 1939) der erste Inhaber eines Lehrstuhls für Bevölkerungswissenschaft in der Bundesrepublik:

> „Was die *Bevölkerungslehre* zum letzten großen Werk der deutschen historischen Soziologie macht, ist die Fügung von räumlich-zeitlicher Detailkenntnis in ein Theoriegebäude, das groß genug angelegt ist, um Aussagen über Vergangenheit, Gegenwart und – allerdings schemenhaft – Zukunft des vergesellschafteten Menschen zu machen" (Schmid 1985: 7, Hervorhebung im Original).

Gleich den bereits genannten Vertretern der historischen Schule der Nationalökonomie (vgl. Abschnitt III.1.1.1) geht auch Mackenroth von „einem Abstimmungsverhältnis zwischen Gesellschaftsstruktur und Bevölkerungweise" aus (ebd.: 7). Letztere, die *Bevölkerungweise* bzw. die *generative Struktur*, ergibt sich für ihn aus dem Zusammenspiel der demographischen Prozesse Fertilität, Mortalität und Nuptialität.

> *„Das geschichtliche Zusammenspiel generativer Verhaltensweisen einer Menschengruppe wollen wir ihre Bevölkerungsweise oder ihre generative Struktur nennen"* (Mackenroth 1953: 110, Hervorhebung im Original).

Und diese, um es zu wiederholen, wird in ihrer – um es mit einem Mackenroth noch nicht zur Verfügung stehenden soziologischen Terminus auszudrücken – sozialstrukturellen Bedingtheit betrachtet bzw. – um mit Mackenroth zu sprechen – in ihrer Abgestimmtheit mit dem „Insgesamt des Sozialprozesses":

> „Der Bevölkerungsvorgang verläuft in historisch-soziologischen Bevölkerungsweisen, das sind soziologische Strukturen des generativen Verhaltens, die mit dem Insgesamt des Sozialprozesses jeweils abgestimmt sind" (Mackenroth 1953: 408).

Als Bestandteile der generativen Struktur identifiziert Mackenroth (1953) die Heiratsstruktur, die Fruchtbarkeitsstruktur und die Sterblichkeitsstruktur und bemerkt hierzu:

> „Diese Elemente haben immer bestimmte statistische Werte: niedriges durchschnittliches Heiratsalter, hohes Heiratsalter, niedrige Säuglingssterblichkeit usw. Die Art, wie sich die Werte in einer geschichtlichen Wirklichkeit kombinieren, unterliegt einer soziologischen Gesetzlichkeit von nichtkausalem Charakter, einer soziologischen Strukturgesetzlichkeit. Sie ist das Bevölkerungsgesetz der jeweiligen historisch-soziologischen Konstellation ... Wir können diese Strukturen als Ganzes wie auch die Elemente mit anderen Bereichen des Sozialprozesses in eine Beziehung setzen oder aus seinem Insgesamt logisch verstehen, aber wir können sie nicht logisch oder kausal folgern" (Mackenroth 1953: 110 f.).

Nachfolgend die Größen, die die Heiratsstruktur, die Fruchtbarkeitsstruktur und die Sterblichkeitsstruktur bestimmen, wie sie nachzulesen sind bei Mackenroth: Das durchschnittliche Heiratsalter, die Heiratshäufigkeit und die Scheidungshäufigkeit machen die Heiratsstruktur aus. Die Struktur der Fruchtbarkeit ergibt sich aus der ehelichen Fruchtbarkeit, der unehelichen Fruchtbarkeit, dem Gebäralter, der Geburtenfolge und der Fehl- und Totgeburtenhäufigkeit. Säuglingssterblichkeit, Kleinkindsterblichkeit, Jugendsterblichkeit, Erwachsenensterblichkeit und Greisensterblichkeit sind Teile der Sterblichkeitsstruktur (Mackenroth 1953). Man kann auch sagen, dass er die Regelmäßigkeiten der demographischen Prozesse Fertilität, Mortalität und Nuptialität zu entdecken bemüht war, dass er darüber hinaus davon ausging, dass diese Regelmäßigkeiten sozial verursacht sind.

Die bevölkerungswissenschaftliche Analyse mit Blick auf die Ermittlung historisch-soziologischer Bevölkerungsweisen erfolgt nach Mackenroth in zwei Schritten: In einem ersten Schritt muss das demographische Material sozialgeschichtlich synchronisiert werden um anschließend, in einem zweiten Schritt, nach dem Gesichtspunkt seiner Verursachung geordnet zu werden. Die Verursachung kann auf drei Bereiche hin betrachtet werden:

„1. das physische Können; 2. das soziale Dürfen; 3. das persönliche Wollen" (Mackenroth 1953: 330).

Letztlich sieht Mackenroth auch das persönliche Wollen als sozial normiert und macht lediglich „institutionelle Freiheitsgrade des generativen Verhaltens" aus, die in industrialisierten Gesellschaften „schichtenweise verschieden ausgenutzt" werden (Mackenroth 1953: 330), wobei die Schichtzugehörigkeit über den Mechanismus der Aufwandsnormen wirkt.

„Die ganze hedonistische Nutzen- und Befriedigungsscholastik der sog. klassischen und neuklassischen ökonomischen Theorie ist so völlig verfehlt, weil sie in ein individualistisches Denkschema zwingt, was soziales Faktum ist: es gibt *schichtgebundene Aufwandsnormen*, die mit persönlicher Bedürfnisbefriedigung gar nichts zu tun haben. ...

In diese Aufwandsnormierung sind auch die Ausgaben, die eine Familie verursacht, in bestimmter Weise eingefügt: *die Zahl der Kinder ist sozial indifferent, aber der Aufwand für die vorhandenen Kinder ist stärkstens konventionell gebunden* in Kleidung und vor allem Schul- und Berufsbildung. Man erkennt, wie allein in dieser Tatsache ein Antrieb beschlossen liegt, die Rationalisierungstendenz gerade in der Richtung auf die Kleinhaltung der Familie zugunsten einer guten Ausbildung der vorhandenen Kinder voranzutreiben. Mit dem Heraufschrauben der angestrebten Soziallage für die Kinder, die ja wesentlich von der Schul- und Berufsausbildung abhängig ist, kann man gewissermaßen seine eigenen sozialen Horizonte und die der ganzen Familie erweitern, dies aber bei gegebenem Einkommen nur auf Kosten der Kinder, welche Beschränkung auch sonst gestattet, die Aufwandsnorm, z.B. in bezug auf Wohnung und Kleidung zu halten, wo sie mit dem Einkommen im Mißverhältnis steht" (Mackenroth 1953: 397, Hervorhebung im Original).

Anders als die „liberale Wohlstandstheorie" (ebd.: 399) schreibt er nicht der Steigerung des Lebensstandards eine ursächliche Bedeutung für die Kinderzahl zu, sondern der „Steigerung der Konsumnorm; jenes ist ein objektiver, materieller, dieses ein geistig-seelischer und – wenn gehäuft – soziologischer Vorgang, der darüber entscheidet, wie jener materielle subjektiv erlebt wird" (ebd.: 399). Dadurch erklärt sich, so Mackenroth (1953), ein nicht unerheblicher Teil des Geburtenrückgangs in den nach sozialem Aufstieg strebenden Mittelschichten.

Der von Mackenroth (1953) – maßgeblich auf sich im Zuge der Industrialisierung verändernde Konsumnormen – zurückgeführte Geburtenrückgang ist Teil der *„industriellen Bevölkerungweise"*, die die *„vorindustrielle Bevölkerungsweise"* ablöst (Mackenroth 1953). Charakteristisch für diese ist die relative Bedeutungslosigkeit der außerehelichen Fruchtbarkeit, die starke Sicherung der Familie durch Religion und Recht und die Verankerung der Familie in der Produktionswirtschaft. Daneben zeichnet sie sich aus durch hohe Ledigenquoten und ein spätes Eheschließungsalter. Der britische Demographie-Historiker John Hajnal (1924–2008) bezeichnet dieses Muster als *european marriage pattern* (Hajnal 1965)[33], Macfarlane als malthusianisches Heiratssystem (Macfarlane 1986). Mit dem Aufkommen der *industriellen Bevölkerungsweise* sinkt das Heiratsalter und die Heiratsneigung steigt. Die Variabilität des generativen Verhaltens reduziert sich auf die eheliche Fortpflanzung: „Die eheliche Fortpflanzungsnorm wird ausgerichtet nach einem Lebensplan, der eine bestimmte Zahl von Kindern vorsieht" (Mackenroth 1953: 410). Wie viele Kinder das sind, hängt nun von der sozialen Positionierung der Eheleute ab und „Konjunkturschwankungen korrelieren mit der Geburtenziffer, nicht mehr mit der Heiratsziffer" (Mackenroth 1953: 410).

Nicht auf der Ebene historischer Strukturgesetze, sondern auf einer kausalanalytischen argumentiert die nachfolgend skizzierte Familienökonomik. Man mag sie betrachten als Teil eines Prozesses, der als „Ökonomisierung der Sozialwissenschaften", so ein Buchtitel aus dem Jahr 1984 (Schäfer und Wehrt), zu bezeichnen ist. Mit dieser Ökonomisierung hat die historisch orientierte Soziologie, deren wissenschaftstheoretische Position bereits länger Gegenstand von Kritik war, endgültig an Bedeutung eingebüßt.

III.1.1.3 Neue Haushaltsökonomie

Unter Rückgriff auf verschiedene mikroökonomische Theorien wie die Humankapitaltheorie und die Konsumtheorie arbeitet der US-amerikanische Ökonom und

---

[33] Die sogenannte Hajnal-Linie der Familienformen (und Erbschaftsformen) verläuft von Sankt Petersburg (Russland) nach Triest (Italien).

Nobelpreisträger Gary S. Becker (geb. 1930) seit der zweiten Hälfte des 20. Jahrhunderts an der Erklärung einer Vielzahl individueller Handlungsweisen nutzenmaximierender Individuen und Haushalte, die bis dahin als nicht ökonomisch erklärbar galten. Zu ihnen zählen diskriminierendes Handeln (Becker 1957), Bildungsentscheidungen (Becker 1964) wie auch familiales Handeln (Becker 1981).

Das familiale Handeln, das im Haushaltskontext betrachtet wird, umfasst die Eheschließung bzw. Haushaltsgründung, die Ehescheidung bzw. Haushaltsauflösung und auch die Entscheidung für oder gegen ein Kind.[34] Kinder gelten Becker als Konsumgüter *(commodities)*, die zur Befriedigung grundlegender Bedürfnisse beitragen und hierüber Nutzen erzeugen. Die allgemeinen Bedürfnisse, zu deren unmittelbarer Befriedigung Kinder beitragen, sind Gesundheit, Ansehen und Sinnenfreuden (Becker 1993). Diese allgemeinen Bedürfnisse werden als anthropologische Konstanten behandelt, d. h. ihnen wird über gesellschaftliche Organisationsformen und historische Perioden hinweg Gültigkeit zugesprochen. Zunächst geht Becker von der impliziten Annahme aus, dass die allgemeinsten menschlichen Bedürfnisse Präferenzen begründen. Somit folgt aus der Annahme der Stabilität von Bedürfnissen die Annahme der Stabilität von Präferenzen (Becker 1993, 1996a). Ein Punkt, auf den noch zurückzukommen ist.

Zunächst allerdings noch ein paar Erläuterungen zum generativen Handeln, dessen Zweck es ist, eben jene allgemeinen Bedürfnisse zu befriedigen. Dabei wird angenommen, dass Kinder unmittelbar zur Bedürfnisbefriedigung beitragen. Sie sind sogenannte „primäre Zwischengüter", sie sind „dem Organismus externe Produktionsfaktoren, die jeweils geeignet sind, für physisches Wohlbefinden und für soziale Wertschätzung [die von Esser genannten allgemeinen Grundbedürfnisse, die Autorin] zu sorgen" (Esser 1999: 98). Ihre Erzeugung selbst ist wiederum angewiesen auf weitere Güter, die sogenannten „indirekten Zwischengüter": „Alle möglichen Ressourcen, Objekte, Ereignisse und Leistungen können zu indirekten Zwischengütern werden" (ebd.: 105). Zu ihnen zählen die Zeit, die für die Produktion der primären Zwischengüter notwendig ist, im Falle von Kindern ein Partner bzw. eine Partnerschaft und natürlich auch zur Verfügung stehende finanzielle Ressourcen. Die Entscheidung für ein Kind wird schließlich dann getroffen, wenn der durch das Kind erwartete Nettonutzen positiv ist, wenn also der durch die Bedürfnisbefriedigung zu erwartende Nutzen die hierfür zu tätigenden Kosten übersteigt. Diesen Überlegungen folgend sollte der Zusammenhang zwischen dem Haushaltseinkommen und der Kinderzahl ein positiver sein. Wie die Erläuterungen zum ersten demographischen Übergang (vgl. Abschnitt II.1.1.1) gezeigt haben, lässt sich diese Hypothese allerdings empirisch nicht bestätigen:

---

[34] Vgl. zur Bedeutung der Gleichsetzung von Eheschließung und Haushaltsgründung einerseits und Ehescheidung und Haushaltsauflösung andererseits Niephaus (1999).

„Sometime during the nineteenth century, however, fertility and wealth became partially or wholly negatively related among urban families" (Becker 1981: 102).

Die Umkehr des Zusammenhangs zwischen Einkommenshöhe und Kinderzahl erklärt Becker, indem er unter Verweis auf empirische Belege argumentiert, dass aufgrund der im Zuge sozialen Wandels gestiegenen Gewinnraten von Humankapital die elterlichen Investitionen in ihre Kinder mit dem elterlichen Einkommen zunehmen und dadurch der effektive Preis von Kindern steigt. Die elterlichen Investitionen werden von Becker gleichgesetzt mit der Qualität von Kindern – „expenditure on each child, called the quality of children" (Becker 1981: 95) – und diese steht in einer Substitutionsbeziehung zur Quantität der Kinder, also der Anzahl an Kindern. Einkommensstarke Haushalte werden darüber hinaus auf Kinder verzichten, da für sie die bei der Produktion von Kindern anfallenden Kosten, d.h. die Schattenpreise von Kindern, besonders hoch ausfallen. Der Schattenpreis von Kindern wird in *modernen* Gesellschaften vorrangig bestimmt durch den Wert der Zeit, die für die Kindererziehung aufzuwenden ist (Becker 1996b). Dieser Zusammenhang, so Becker (ebd.) weiter, führt zu tendenziell steigenden Nettokosten von Kindern.

Selbstredend, dass die von Becker vorgetragenen Argumente nicht unkritisiert geblieben sind. Dabei sind jene Kritiken, die auf den vorrationalen Bereich der Theorie zielen, von denen zu unterscheiden, die theorieimmanent argumentieren. Zu der ersten Gruppe gehören Stimmen, die beispielsweise aus religiösen Gründen die Überlegung ablehnen, dass Kinder das Produkt einer Kosten-Nutzen-Abwägung sind . Theorieimmanent argumentierende Kritiker stellen bereits in den 1960er Jahren die Konsumgut-Analogie von Kindern in Frage: Es wird zu bedenken gegeben, dass die Entscheidung für ein Kind langfristig bindend und nicht umkehrbar ist – es gibt kein Recht auf Rückgabe (Blake 1968; Turchi 1975).

Anlass für weitere Auseinandersetzungen war die oben erwähnte Annahme stabiler Präferenzen, die Becker in den 1990er Jahren modifizierte. Die beiden nachfolgenden Zitate geben seine diesbezüglichen Positionen wieder; das erste stammt aus den 1970er Jahren, das zweite aus den 1990er Jahren:

„Die Annahmen des nutzenmaximierenden Verhaltens, des Marktgleichgewichts und der Präferenzstabilität – strikt und ohne Einschränkung angewandt – machen zusammen den Kern des ökonomischen Ansatzes aus, so wie ich ihn sehe" (Becker 1993 (1976): 5).

„Much of modern economics still proceeds on the implicit assumption that the main determinants of preferences are the basic biological needs for food, drink, shelter, and some recreation ... It should be obvious that basic needs ... have little to do with the average person's choice of consumption and other activities in modern economies. The furniture people buy, the type of housing they want, ... all are determined by considerations that have almost nothing to do with basic biological needs. Rather, these choices depend on childhood and other experiences, social interactions, and cultural influences" (Becker 1996a: 3).

Damit geht Becker letztlich den Weg der Endogenisierung von Präferenzen, der bereits dreißig Jahre zuvor vom *Pennsylvania school model*[35] um den US-amerikanischen Ökonomen Richard A. Easterlin eingeschlagen wurde. Easterlin und seine Kollegen Pollak und Wachter gehen von der intergenerationalen Wandelbarkeit von Präferenzen aus. Kinder und Konsum stehen in einem Zielkonflikt, der je nach intrafamilialen Sozialisationsbedingungen entschieden wird: In der Phase der Sozialisation werden die Präferenzen für bzw. gegen die konkurrierenden Güter geprägt – und das in Abhängigkeit von der Einkommenssituation und der Größe der Herkunftsfamilie. Es wird davon ausgegangen, dass Menschen aus einer kleinen Herkunftsfamilie mit hohem Einkommen starke Präferenzen für materielle Güter entwickeln und vice versa (Easterlin, Pollak und Wachter 1980). In einem Kommentar zu den vorgestellten Überlegungen macht Sanderson (1980) darauf aufmerksam, dass aufgrund der lediglich intergenerational möglichen Wandelbarkeit von Präferenzen beide Modelle im Kontext einer Generation identisch sind: „... in the context of a single generation, preferences are just as *exogenous* in the 1976 Pennsylvania school model as they are in any of the Chicago-Columbia school models" (ebd.: 141, Hervorhebung im Original).

Ein weiterer Kritikpunkt macht geltend, dass die von Becker vorgetragene Theorie nicht hinreichend erklären kann, warum überhaupt noch Kinder gezeugt werden, wenn deren Nettokosten in der geschichtlichen Entwicklungsphase, die Becker als Moderne bezeichnet, positiv sind (Friedman, Hechter und Kanazawa 1994). Dass dennoch weiterhin Kinder gezeugt werden, lässt sich den Autoren (ebd.) folgend unter Bezugnahme auf den immanenten Wert von Kindern erklären, der, so ihre Kritik, in die Überlegungen von Becker nicht einfliesst. Konkret weisen sie darauf hin, dass Kindern in der Neuen Haushaltsökonomie lediglich ein instrumenteller Wert – im Sinne der bereits definierten primären Zwischengüter – zukommt, aber kein immanenter (Friedman, Hechter und Kanazawa 1994). Ein immanenter Wert wäre beispielsweise das psychologische Bedürfnis nach Liebe, das neben weiteren psychologischen Bedürfnissen im nachfolgend vorgestellten value of children-Ansatz berücksichtigt wird.

---

[35] Dagegen gelten die Überlegungen von Becker als *Chicago-Columbia school model*.

III.1.1.4 Value of Children

Die Motive zur Elternschaft, so die beiden US-amerikanischen Psychologen Lois Wladis Hoffman und Martin L. Hoffmann, ergeben sich aus dem mit Kindern verbundenen Nutzen, kurz: dem Wert von Kindern.

> „By this [the value of children, die Autorin] I mean the needs they fulfill, the satisfactions they provide, why people want them" (Hoffman 1975: 430).

Der Wert von Kindern ist das zentrale Konzept des entsprechend value of children (VOC) genannten Ansatzes. Dieser stammt in seiner theoretischen Ausarbeitung aus den frühen 1970er Jahren (Hoffman und Hoffman 1973). In dieser Arbeit haben Hoffman und Hoffman (1973) aus der Durchsicht der internationalen Literatur zum Forschungsgegenstand eine Liste von neun sogenannten Basiswerten, die psychologische Bedürfnisse repräsentieren, ermittelt. Dabei war das Interesse der Autoren allein auf jene Werte gerichtet, die auf sozialstrukturelle und kulturelle Rahmenbedingungen rückführbar sind[36], da gemäß ihrer theoretischen Annahmen der Wert von Kindern mit eben diesen – also den sozialstrukturellen und kulturellen Rahmenbedingungen – variiert.

In den darauf folgenden Jahren haben die Autoren gemeinsam mit einem internationalen Kollegenstab eine international vergleichende Studie[37] zum Wert von Kindern durchgeführt, in der verheiratete oder zeitweilig mit einem Mann zusammenlebende Frauen unter 40 unter anderem nach den Vorteilen einer Elternschaft gefragt wurden. In einem Viertel der Fälle wurden zusätzlich zu den Frauen ihre Partner befragt. Ziel der Arbeit war es, den Wert von Kindern zu ermitteln. Hierfür wurden die Vorzüge einer Elternschaft offen abgefragt. Die Frage lautete: „What would you say are some of the advantages or good things about having children, compared with not having children at all?" (Hoffman 1975: 433). Aus der Fülle von Antworten wurden 65 Werte ermittelt, maximal 4 pro Person, welche sich als rückführbar auf die aus der Literatur ermittelten neun Basiswerte erwiesen haben. Diese sind:

> „1. Adult status and social identity
> 2. Expansion of the self, tie to a larger entity, ‚immortality'

---

[36] So haben sie beispielsweise den biologischen Wert von Kindern nicht berücksichtigt (Hoffman und Hoffman 1973).
[37] Ursprünglich beteiligte Länder waren Korea, Taiwan, Thailand, die Philippinen, die Türkei und die USA.

3. Morality: religion; altruism; good of the group; norms regarding sexuality, impulsivity, virtue
4. Primary Group ties, affiliation
5. Stimulation, novelty, fun
6. Creativity, accomplishment, competence
7. Power, influence, effectance
8. Social comparison, competition
9. Economic utility" (Hoffman und Hoffman 1973: 46 f.).

Die Autoren sehen damit ihre Annahme bestätigt, dass die neun Werte ein „all-inclusive system" darstellen, „capable of incorporating the many satisfactions that children provide in the various cultures" (Hoffman 1975: 431). Der Wert von Kindern liegt in ihrer Fähigkeit, mindestens eines der Bedürfnisse zu befriedigen. Für welche Bedürfnisse Kinder nun relevant sind, darüber entscheiden Sozialstruktur und Kultur. Beide können alternative Mittel zur Befriedigung der entsprechenden Bedürfnisse bereitstellen. Entsprechend führen Hoffman und Hoffman (1973) ein weiteres Konzept in ihren Ansatz ein: das der Alternativen. Das Konzept der Alternativen besagt, dass jedes der relevanten psychologischen Bedürfnisse auch durch andere Beziehungen und Institutionen befriedigt werden kann. Daher gilt:

> „Variation in family size may be due, in part, to the presence or absence of alternative ways to satisfy the needs that children satisfy" (Hoffman 1975: 432).

So ist zum Beispiel der ökonomische Nutzen von Kindern dort besonders hoch, wo es keine ausreichende bzw. gar keine Alterssicherung gibt. Bei Vorliegen eines patrilinearen Verwandtschaftssystems ist daher die Motivation zur Elternschaft sehr hoch, wobei es wichtig ist, dass das Kind ein Junge ist. Ein Sohn zur Alterssicherung ist sozusagen alternativlos. Da in entsprechenden Gesellschaften die Lebenserwartung niedrig ist, bedingt auch durch die hohe Säuglingssterblichkeit, ist es rational, viele Kinder zu zeugen, um sicher sein zu können, im Alter von einem Sohn versorgt werden zu können. In Wohlfahrtsstaaten dagegen, in denen das Alter als soziales Risiko abgesichert ist, kann das Bedürfnis nach Sicherheit im Alter institutionell befriedigt werden. Auch die Kopplung des Erwachsenenstatus in sozial differenzierten Gesellschaften an die Familiengründung ist fraglich, insofern die Anwendbarkeit der folgenden Aussage auf die gegenwärtigen Gesellschaften Europas und Nordamerikas zu hinterfragen ist: „More than finishing schooling, going to work, or even getting married, parenthood establishes a person as a truly mature, stable, and acceptable member of the community and provides his access to other institutions of adult society" (Hoffman 1975: 431). Die in den 1970er Jahren erhobenen Daten haben dagegen gezeigt, dass in sozial differenzierten Gesellschaften die Werte Primärgruppenbindungen und Kreativät die am häufigsten genannten sind (Hoffman, Thornton und Manis 1978). Beide stehen – so Hoffman, Thornton und Manis (ebd.) – dem Verlust an persönlichen Bindungen in hoch differenzierten Gesellschaften entgegen, tragen zu einer diesbezüglichen Kompensation bei.

Während zur Erfüllung bzw. Befriedigung mancher der zuvor genannten Bedürfnisse die Geburt eines Kindes ausreicht, sind wiederum andere Bedürfnisse in Abhängigkeit vom sozialstrukturellen Entwicklungsstand allein durch mehrere Kinder zu befriedigen. Als Beispiel nennen Hoffman und Hoffman (1973) das Bedürfnis nach einer sinnvollen Tätigkeit, das insbesondere für nicht erwerbstätige Frauen in westlichen Industriegesellschaften nicht mehr allein durch Hausfrauentätigkeiten zu gewährleisten ist, da diese im Zuge technologischer Entwicklungen an Umfang verloren haben. Demnach ist es für Hausfrauen zur Erfüllung dieses Bedürfnisses notwendig, mehrere Kinder zu bekommen: „If she is not employed, a woman may feel she needs more than two children to keep herself involved in useful activity, since modern technology has made mothering two children no longer a full time job" (Hoffman und Manis 1979: 595). Weitere Variablen, die die generative Entscheidung beeinflussen, sind die mit Kindern verbundenen Kosten und die Positionierung der Eltern im sozialen Ungleichheitsgefüge. Das dritte Konzept der mit Kindern verbundenen Kosten umfasst in der Regel Kosten ökonomischer Art, kann aber auch die Angst vor Krankheit und Tod eines Kindes und den durch einen Kind bedingten Verlust an individueller Freiheit umfassen (Hoffman und Hoffman 1973, Hoffman 1975). Die Positionierung der Eltern im sozialen Ungleichheitsgefüge kann im Sinne von Hindernissen *(barriers)* oder Erleichterungen *(facilitators)* bei der Entscheidungsfindung angesehen werden. So stehen beispielsweise mangelhafte finanzielle Ressourcen, ein Mangel an Wohnraum und ein schlechter Gesundheitszustand der Mutter der Entscheidung für ein Kind entgegen, während ausreichende finanzielle Ressourcen, ausreichender Wohnraum und ein guter Gesundheitszustand der Mutter einen positiven Einfluss auf die Entscheidung ausüben.

Kritisiert wird an dem Ansatz, dass er unklar bleibt bei der Frage, wie sich potentielle Eltern bei konfligierenden Werten verhalten (Friedman, Hechter und Kanazawa 1994). Weitere Kritik stammt von dem deutschen Soziologen Bernhard Nauck (geb. 1945), der das induktive Vorgehen von Hoffman und Hoffman (1973) bemängelt und sich um eine entsprechende Fortentwicklung des Ansatzes bemüht.

III.1.1.5 Die Fortentwicklung des Value of Children-Ansatzes

Der bereits genannte Bernhard Nauck hat den im vorgehenden Abschnitt dargelegten value of children-Ansatz im Sinne einer individualistisch-strukturtheoretischen Sozialtheorie (Coleman 1990) theoretisch fortentwickelt wie auch die ihn begleitenden empirischen Studien unter Erweiterung der Datenbasis neu aufgelegt (http://www.tu-chemnitz.de/hsw/soziologie/institut/Die_Value_of_Children_Forschung-235.html, 20.09.2010).

Die theoretische Fortentwicklung im Sinne einer individualistisch-strukturtheoretischen Sozialtheorie sollte zur Erklärung des Sozialen die drei Logiken der Situation, der Selektion und der Aggregation umfassen. Auf das generative Handeln bezogen ergeben sich Geburtenraten als ein Aspekt des Sozialen aus den individuellen Handlungsweisen, sind demnach über die Logik der Aggregation einfach zu ermitteln. Die Handlungsweisen selbst stellen unter Zugrundelegung der haushaltsökonomisch-handlungstheoretischen Grundannahmen (vgl. Abschnitt III.2.2.3) das Ergebnis einer Kosten-Nutzen-Abwägung dar, genügen damit den Anforderungen der Logik der Selektion. Allein problematisch bleibt die Logik der Situation. Diese erfordert eine Endogenisierung der Präferenzen (vgl. Abschnitt III.2.2.3) oder eben auch der Werte (Nauck und Kohlmann 1999: 56). Dabei ist der im vorhergehenden Abschnitt dargelegte VOC-Ansatz (Hoffman und Hoffman 1973) durchaus in diese Richtung zu lesen: Der Wert von Kindern wird als „vermittelnde Variable betrachtet, die auf der einen Seite vom soziokulturellen und sozio-strukturellen Kontext beeinflusst wird und andererseits die individuelle Fertilitätsentscheidung determiniert" (Klaus und Suckow 2005: 86). Soll der Wert von Kindern theoretisch begründet werden, ist die bei Hoffman und Hoffman (1973) zu konstatierende induktive Bezugnahme auf den sozio-kulturellen und sozio-strukturellen Kontext deduktiv zu überwinden. Der Einfachheit halber soll fortan die Rede vom sozialstrukturellen Kontext sein.[38]

Die deduktive Vervollständigung des VOC-Ansatzes gelingt Nauck zufolge durch die Rückbindung an den sozialstrukturellen Kontext, der auf drei Ebenen erfasst wird:

1. Auf der Ebene der sozialen Beziehungsstrukturen,
2. auf der Ebene sozialräumlicher Kontexte und
3. auf der Ebene der institutionellen Struktur der „Gesellschaft als Ganzer" (Nauck und Schönpflug 1997: 13).

---

[38] Dabei wird die Kulturdimension keinesfalls ausgespart – im Gegenteil: Eine sozialtheoretisch fundierte Sozialstrukturkonzeption vermag die Kulturdimension in sich aufzulösen.

Die Autoren konkretisieren die Ebenen wie folgt: Die Beziehungsstrukturen verbinden die Akteure mit anderen Akteuren, „an denen sie sich orientieren, mit denen sie interagieren und auf die sie durch ihr Handeln wechselseitig einwirken" (Nauck und Schönpflug 1997: 13). Familien sind in diesem Zusammenhang „exklusive Beziehungsstrukturen" (ebd.: 13). Die sozialräumlichen Kontexte bieten Gelegenheitsstrukturen und üben soziale Kontrolle aus. Die institutionelle Struktur der „Gesellschaft als Ganzer" gewährleistet die „Handlungskoordination der Akteure", „indem die Grenzen zwischen legitimen und nicht-legitimen Handlungen festgelegt und Wege der Zielerreichung organisiert werden" (ebd.: 13). Eine Lösung des theoretischen Problems der Logik der Situation ist den Autoren zufolge nur dann zu erwarten, „wenn interkulturell vergleichende Familienforschung systematisch in der Form von Mehrebenen-Kontextmodellen realisiert wird" (ebd.: 13).

Bis dato vorliegende Studien dieser Art konnten zeigen, dass sich die in der VOC-Replikationsstudie von 2002/2003 betrachteten Gesellschaften dahingehend unterscheiden, ob Kinder „primäre Zwischengüter" (Esser 1999: 98) zur Maximierung des individuellen Nutzens darstellen oder ob sie mit einem immanenten Wert ausgestattet sind. Dieser Punkt ist bereits in der Darstellung der Haushaltsökonomie aufgegriffen worden (vgl. Abschnitt III.1.1.3). Nauck und Kollegen argumentieren, dass Kindern in Abhängigkeit vom sozialstrukturellen Kontext ein instrumenteller oder eben ein immanenter Wert zukommen kann. Soweit auch die Argumentation von Hoffman und Hoffman (1973). In der Fortentwicklung im Rahmen der individualistisch-strukturtheoretischen Sozialtheorie gilt es, die Verbindung von der sozialstrukturellen Ebene zur Ebene der Werte von Kindern theoretisch zu schließen. Hierfür greifen sie zurück auf das Konstrukt *sozialer Produktionsfunktionen*[39] und konstatieren:

> „This empirical study of the value of children and fertility in various societies from Asia, Africa and Europe [gemeint ist die Replikationsstudie, die Autorin] has contributed two important results… Second, it has contributed the ‚missing link'[40] in the explanation by showing how ‚societal structures' transform into intermediate goods in the social production function in the case of children. The theory of the social production function makes it easy to classify societies according to their opportunity structures, to explain the resulting cross-sectional differences in VOC and, potentially, relate changes over time" (Nauck und Klaus 2007: 499).

---

[39] Zur Definition sozialer Produktionsfunktionen vgl. Esser (1999).
[40] Sie verweisen hier auf Kağıtçıbaşı (1982).

Damit wird es letztendlich auch möglich, die Forderung einzulösen, Kinder nicht allein als Güter zu betrachten, sondern darüber hinaus auch als Produzenten von Gütern (Kağıtcıbaşı und Esmer 1980; Nauck und Kohlmann 1999; Nauck 2001). Ein weiterer Vorzug der Arbeiten Naucks besteht darin, dass er den von Hoffman und Hoffman (1973) zwar angesprochenen aber in der Folge vernachlässigten Aspekt des Verhaltens gegenüber Kindern in Abhängigkeit vom Wert der Kinder explizit in seine eigenen Arbeiten aufgenommen hat, indem er den Wert von Kindern in seiner theoretischen und praktischen Relevanz für innerfamiliale Generationenbeziehungen ausgearbeitet hat (Nauck und Niephaus 2001, 2006).

Die Fortentwicklung des VOC-Ansatzes durch Nauck hat den ursprünglichen Ansatz nicht nur in seiner Anwendbarkeit ausgeweitet, sondern hat auch dazu beigetragen, ihn auf der Grundlage einer individualistisch-strukturtheoretischen Sozialtheorie theoretisch zu fundieren. Analytisch-abstrakt scheint damit das Theorieproblem des ursprünglichen Ansatzes gelöst, fraglich ist allerdings, inwiefern die individualistisch-strukturtheoretische Sozialtheorie tatsächlich in der Lage ist, die Genese gesellschaftlich definierter Zielsetzungen zu erklären. Dies ist letztendlich eine sozialtheoretische Frage, auf deren Existenz an dieser Stelle lediglich hinzuweisen ist. Keinesfalls kann sie ausführlich behandelt werden. Weitere kritische Hinweise, weniger theoretischer denn forschungspraktischer Art, finden sich bei Diefenbach (2005).

III.1.1.6 Theorie der säkularen Nachwuchsbeschränkung

Die theoretischen Überlegungen des deutschen Soziologen Hans Linde (geb. 1913) haben zum Ausgangspunkt die Ablehnung des eigenständigen analytischen Gehalts der Denkfigur des ersten demographischen Übergangs und der Annahme, dass die damit verbundene Bevölkerungsweise „ein notwendiges Strukturanalogon der neuen industriellen Wirtschaftsweise" (Linde 1984: 142) ist.[41] Seine Ablehnung begründet er unter Verweis auf die beobachtbare *differentielle Fertilitätsreduktion*:

> „Schon auf den ersten Blick bereitet es große Schwierigkeiten, das formale ‚früher' der Ausbildung der neuen industriellen Arbeitswelt und das ‚später' der generativen Neuorientierung im Kontext des Industrialisierungsprozesses mit unserer Datenanalyse in Übereinstimmung zu setzen. Und zwar einfach deshalb, weil danach zuerst

---

[41] Damit wendet er sich auch gegen die weiter oben skizzierte Bevölkerungslehre Mackenroths (vgl. Abschnitt III.1.1.2), die für ihn „der deutsche Prototyp einer Theorie des demographischen Übergangs" ist (ebd.: 9).

jene Teilbevölkerungen oder Sozialbestände von der als ‚industriell' gedeuteten Rationalisierung des generativen Verhaltens erfaßt worden sind, die zum – wie eng oder weit auch immer – als „industriell" bestimmbaren Geschehen neben der breiten landwirtschaftlichen Bevölkerung die größte Distanz hatten: das Bildungsbürgertum, die Beamtenschaft und die Freien (akademischen) Berufe, während bei jenen, die an der Ausbildung der neuen industriellen Wirtschaftsweise ... unmittelbar beteiligt waren ..., erst recht spät eine Abnahme der ehelichen Geburtenzahl eintrat" (Linde 1984: 142, Hervorhebung im Original).

Den ersten demographischen Übergang betrachtet Linde (ebd.) vielmehr eingelagert in einen chronologisch älteren, vorindustriellen Prozess der säkularen Nachwuchsbeschränkung, den er aus dem genannten Grund in nicht-ökonomischen Motiven begründet sieht. Zur Stärkung seines Argumentes greift er zurück auf die familienhistorischen Arbeiten von Flandrin (1976) und Ariès (1978), die die Moralisierung der Gesellschaft und auch der Familie, begleitet durch die Religionsreformen des 16. und 17. Jahrhunderts, aufzeigen. Für die Entwicklung in Deutschland verweist Linde (1984) auf den Reformator Martin Luther (1483–1546), in dessen Begriff der christlichen Ehe die Geschlechter mit gleichen Rechten und Pflichten ausgestattet und unmittelbar zu Gott gestellt sind.

„Es ist ganz fraglos eine noch zu leistende sozialgeschichtliche Forschungsaufgabe, zu prüfen, ob und wie das in der Reformation neu thematisierte Verhältnis von Gotteskindschaft und Welt auch einem zunehmend pädagogisierten Eltern-Kind-Verhältnis und einer Verinnerlichung des Verhältnisses der Ehegatten, und im weiteren Sinne der Geschlechter zueinander im deutschen Sprachraum den Weg zur Entwicklung neuer familialer Verhaltensmuster geöffnet oder sogar gewiesen hat" (Linde 1984: 172).

Die dargelegten Argumente wenden sich nicht allein gegen die Lehre vom ersten demographischen Übergang, sondern darüber hinaus auch gegen den „Glaube(n) an die Reversibilität der unerwünschten Geburtenentwicklung durch Mittel der Sozialpolitik" (Birg 1984:1), insofern diese die religiöse Normierung der Ehe- und Familienverhältnisse nicht aufzufangen vermag. Eine logisch korrekte Schlussfolgerung, die solange treffend ist, wie die Ausgangsannahme, dass religiöse Motive die Nachwuchsbeschränkung begründen, aufrecht erhalten werden kann. Ob dies je möglich war, ist aus den folgenden Gründen fraglich: Zum einen berücksichtigt Linde nicht die im Zuge der Industrialisierung abnehmende Religiosität (Acquaviva 1964). Auch stört er sich nicht an einer Rechtslage, die gegen einen starken normativen Gehalt der von ihm gesehenen religiösen Familienvorstellungen sprechen: Bis in das Jahr 1957 war durch § 1354 des Bürgerlichen Gesetzbuches (BGB) das Entscheidungsrecht des Ehemannes in allen familiären Belangen festgeschrieben. Das väterliche Entscheidungsrecht bezüglich gemeinsamer Kinder wurde sogar erst 1980 abgeschafft (§ 1628 BGB). Die weibliche Erwerbstätigkeit wurde in den §§ 1356 und 1360 geregelt, die im Zuge der Reform des Ehe- und Familienrechts von 1977 abgeschafft wurden. Bis dahin jedoch durfte die Frau einerseits nur erwerbstätig sein, falls die angestrebte Erwerbstätigkeit sich mit ihren häuslichen Pflichten vereinbaren ließ (§ 1356 BGB). Andererseits war sie für den Fall, dass das Einkommen ihres Ehemannes nicht ausreichend sein sollte, zur Erwerbstätigkeit verpflichtet (§ 1360 BGB). Seit 1977 erst wird beiden Ehegatten ein Recht auf Erwerbstätigkeit zugesprochen, wobei sie bei der Ausübung ihres Rechts Rücksicht aufeinander nehmen sollen (§ 1356,2 BGB). Darüber hinaus werden die Ehegatten aufgefordert, die Haushaltsführung in gegenseitigem Einvernehmen zu regeln (§ 1356,1 BGB). Erst Mitte der 1970er Jahre tritt an die Stelle des für Familienbelange allein verantwortlichen Familienvaters das Ehe- und Elternpaar.

Die Darstellung der Rechtslage zeigt, dass das von Linde zur Erklärung der differentiellen Fertilität angeführte Argument der religiös vorbereiteten Nachwuchsbeschränkung in Frage zu stellen ist. Während Linde anführt, dass das in der Reformation „neu thematisierte Verhältnis von Gotteskindschaft und Welt" (Linde 1984: 172) zur Entwicklung neuer familialer Handlungsmuster beigetragen hat, zeigt sich dieses Verhältnis nicht in der Rechtslage, ist damit auch schwerlich als Teil der Alltagskultur auszumachen.

Damit ist auch die von Birg (1984) angeführte Schlussfolgerung, dass dem Geburtenrückgang nicht mit sozialstaatlichen Mitteln zu begegnen sei, kritisch zu diskutieren. Birgs eigene theoretische Überlegungen werden nachfolgend vorgestellt.

III.1.1.7 Biographische Fertilitätstheorie

Die biographische Fertilitätstheorie des deutschen Bevölkerungswissenschaftlers Herwig Birg (geb. 1939), vereint Annahmen der Biographieforschung einerseits und der Lebenslaufforschung andererseits – Lebensereignisse werden eingebettet in die zeitliche Spanne des individuellen Lebens betrachtet. Auf metawissenschaftlicher Ebene hat die biographische Fertilitätstheorie mit der Biographieforschung gemeinsam die Betonung der subjektiven Deutung und Wahrnehmung von Lebensereignissen, mit der Lebenslauf- bzw. Lebensverlaufsforschung dagegen die Betonung des objektiven Aspektes der subjektiv zu deutenden Lebensereignisse, sprich ihre institutionelle Bedingtheit. Von beiden Ebenen des Sozialen ausgehend, der objektiven wie auch der subjektiven, versucht er Antwort zu geben auf die Frage, warum Handlungssituationen interindividuell variieren.

„Auch die biographische Theorie der Fertiliät beruht auf dem Prinzip der Wahlakte, aber im Unterschied zu den mikroökonomischen Verhaltensmodellen steht nicht die Frage im Vordergrund, wie aus einer gegebenen Menge an Alternativen eine optimale Entscheidung getroffen wird, sondern sie konzentriert sich auf die Frage, warum bei dem einen Individuum bestimmte Elemente in der Wahlmenge vorkommen und bei dem anderen nicht" (Birg 1992: 198).

Die zitierten Elemente bzw. *biographischen Elemente* sind die Grundbausteine des *Lebenslaufs*. Es handelt sich um „Abschnitte, Phasen und Zustände, in die der Lebenslauf aus ökonomischer, entwicklungspsychologischer, sozialer und demographischer Sicht untergliedert wird" (Birg 1992: 201). Dieserart definierte biographische Elemente sind das Verlassen des Elternhauses, die Eheschließung wie auch die Geburt eines Kindes. Diese Elemente ordnen sich zu *biographischen Sequenzen*, welche wiederum in ihrer Gesamtheit den *Lebenslauf* konstituieren. Bildungsbiographie, Erwerbsbiographie, Familienbiographie, Migrationsbiographie, Psychobiographie und Sozialisationsbiographie stellen in der Terminologie der biographischen Fertilitätstheorie *Subsequenzen des Lebenslaufs* dar. Der analytische Status dieser Subsequenzen des Lebenslaufs ist unklar, lassen sie sich doch nur schwer unterscheiden von den biographischen Sequenzen. Und sollten sie sich dadurch von biographischen Sequenzen unterscheiden, dass letztere unterschiedliche Dimensionen biographischer Elemente umfassen, ist die Frage zu stellen, wodurch sich dann noch biographische Sequenzen von Lebensläufen unterscheiden sollten.

Weitere Unklarheiten sind theoretischer Natur: Die biographische Fertilitätstheorie unterscheidet *biographische Universen* und *virtuelle Biographien*. Biographische Universen ergeben sich aus der theoretisch möglichen Menge aller biographischen Elemente. Die handlungsrelevante Teilmenge der Sequenzen konstituiert die virtuelle Biographie. Mindestens zwei Fragen müssen gestellt werden: Nach welchen Selektionsprinzipien ergeben sich virtuelle Biographien und nach welchen Kriterien erfolgt aus der Menge der handlungsrelevanten Sequenzen die konkrete Handlung? Diese und auch weitere Fragen drängen sich auf, was natürlich auch von Birg (1992) gesehen wird, doch ist die von ihm gegebene Antwort keineswegs zufriedenstellend:

„Das mit diesen Fragen umrissene Forschungsfeld ist groß, aber da es nicht Zweck der Theorieentwicklung sein kann, Forschungsfragen abschließend zu beantworten, sondern sie so zu stellen, daß beim Versuch, Antworten zu finden, Neues entdeckt wird, müssen am Anfang der Arbeit Hypothesen stehen, auch wenn der zur Prüfung der Hypothesen erforderliche Aufwand abschreckt" (Birg 1992: 202).

Bei den genannten Fragen handelt es sich keineswegs um Forschungsfragen. Vielmehr sind es theoretische Fragen, deren abschließende Beantwortung wohl nicht zu Beginn der Theoriebildung stehen muss, zu deren Beantwortung aber Ansätze und Überlegungen vorliegen sollten, auf deren Grundlage Hypothesen zu formulieren sind, deren empirische Überprüfung wiederum zur Fortentwicklung der theoretischen Überlegungen beitragen kann. Zwar nennt auch Birg (1992) Grundhypothesen, doch liegen diesen keinerlei theoretische Annahmen zugrunde, die die oben genannten Fragen auf der individuellen Ebene beantworten helfen könnten, was Birg (1992) selbst einfordert. Dagegen stellt er Überlegungen an über das in der Folge von ökonomischen Modernisierungsprozessen zu beobachtende Anwachsen biographischer Universen und den sich daraus ergebenden Risiken langfristig bindender Entscheidungen. Langfristig bindend ist die Entscheidung zur Familiengründung, welche in „konkurrenzwirtschaftlich" organisierten Gesellschaften nicht getroffen wird, so das Ergebnis einer empirischen Studie auf der Grundlage des 1986 durchgeführten biographischen Survey (Birg, Flöthmann und Reiter 1991). Die Autoren berichten beispielsweise, dass die altersspezifischen bedingten Geburtenwahrscheinlichkeiten[42] für ein zweites Kind höher liegen als die altersspezifischen bedingten Geburtenwahrscheinlichkeiten für ein erstes Kind und begründen dies über biographische Opportunitätskosten:

„Solange keine langfristig irreversible Festlegung in Form der Geburt des ersten Kindes getroffen wurde, sind die biographischen Opportunitätskosten wesentlich höher als nach der Geburt des ersten Kindes. Anders ausgedrückt: Die Kontraktion der virtuellen Biographie durch die Geburt des ersten Kindes ist größer als die Kontraktion durch die Geburt des zweiten Kindes" (Birg, Flöthmann und Reiter 1991: 336).

Die virtuelle Biographie wird demnach durch die Geburt eines ersten Kindes eingeschränkt, und zwar in weit größerem Maß als sie dies durch die Geburt eines zweiten oder weiteren Kindes werden würde. Implizit argumentieren die Autoren gleich dem mikroökonomischen Modell, welches die weibliche Erwerbstätigkeit und die in der Regel von Frauen übernommenen Erziehungsaufgaben als konfli-

---

[42] Im Unterschied zu den altersspezifischen Geburtenwahrscheinlichkeiten, bei denen alle Frauen der betrachteten Altersgruppe als Bezugsgröße dienen, werden zur Ermittlung der altersspezifischen bedingten Geburtenwahrscheinlichkeiten nur die Frauen berücksichtigt, die bisher keines, eins, zwei usw. Kinder hatten.

gierend betrachtet und über die sich daraus ergebenden Opportunitätskosten den Nutzen von Kindern bestimmen.

Die biographische Theorie der Fertilität hat einen groß angelegten Anspruch, den sie durch Explikation einer philosophischen Orientierung (Birg, Flöthmann und Reiter 1991) untermauert:

> „Die wichtigste theoretische Grundannahme der biographischen Theorie des generativen Verhaltens besteht in dem Postulat, daß es zwischen der beobachtbaren äußeren Lebensgeschichte eines Individuums und seiner im Innern erfahrenen Erlebnisgeschichte eine Einheit gibt, die in Zusammenhängen zwischen der Innen- und Außenwelt zum Ausdruck kommen" (Birg, Flöthmann und Reiter 1991: 8).

Abschließend muss man allerdings feststellen, dass ihr die Einlösung ihres Anspruchs und damit die Umsetzung der eben zitierten Grundannahme nicht gelungen ist. Die Gründe hierfür sind vielfältig und durchziehen das gesamte Forschungsprogramm: Die fehlende theoretische Umsetzung der oben zitierten Grundannahme, die keine theoretische, sondern eine metawissenschaftliche ist, entsprechend die aus meiner Sicht fehlerhafte Konzeption des demographischen Survey, der nicht wirklich darauf ausgelegt ist, die objektive und die subjektive Dimension des Sozialen, den Lebenslauf und die Biographie, zu erfassen. Entsprechend können die ermittelten Befunde nicht zu einer Fundierung und Erweiterung der theoretischen Annahmen herangezogen werden.

III.1.1.8 Wealth Flows-Theorie

Der Australier John C. Caldwell entwickelte die sogenannte Wealth Flows-Theorie (Caldwell 1982), derzufolge die Kinderzahl auf individueller Ebene und die Geburtenrate auf aggregierter Ebene Ausdruck ökonomisch rationalen Handelns sind. Weiter beschränkt er ökonomisch rationales Handeln nicht allein auf industrielle und/oder kapitalistische Produktionsweisen. Auch vorindustrielle Produktionsweisen führen zu ökonomisch rationalem Handeln.

> „The underlying assumption of this study is that all societies are economically rational" (Caldwell 1982: 121).

> „Much of the argument for demographic transition concepts as they are now widely held turns on the definition of rational. The term *economically rational* is frequently substituted so as to avoid having to judge *social rationality* with the possibility of having to agree that a certain mode of behaviour was rational in a given setting in

that it met the ends of religious beliefs or of community obligations. Even so, the criteria employed are highly ethnocentric and are laden with Western values" (Caldwell 1982: 120, Hervorhebung im Original).

Welcher Art ökonomisch rationales Handeln im Bereich der Fertilität ist, wird bestimmt über die vorherrschende Richtung sogenannter *intergenerationaler Wohlfahrtsströme*. Wohlfahrt, indiziert über Geld, Güter und Ressourcen, kann von der Kindergeneration zur Elterngeneration fließen oder umgekehrt von der Elterngeneration zur Kindergeneration. Solange Großfamilien existieren, so das Ergebnis zahlreicher anthropologischer Studien, die Caldwell gemeinsam mit seiner Frau von 1959 bis 1981 unternahm, fließt Wohlfahrt von der Kindergeneration zur Elterngeneration. Unter Rückgriff auf die Terminologie des value of children-Ansatzes kann man sagen, dass Kinder ökonomischen Nutzen stiften (Hoffman und Hoffman 1973; Nauck und Schönpflug 1997). So berichtet Caldwell aus seinen Studien des ländlichen Lebens Westafrikas:

„Observers from far more atomized societies often fail to realize the strengths and constraints of village life. There is an intimacy and interdependence in the small traditional community which the observer from the modern society finds difficult to credit. In a world of simple poverty where the possibility of riches and comfort hardly arose but where disasters were frequent and risks to life or to minimal comfort commonplace, it was important that people, especially relatives, should guarantee each other help particularly in times of real need. The emphasis in tropical Africa and other Third World societies tends to be far more on security and on being guaranteed survival through time of duress than it is on maximizing the profit in good times.

Such security was gained by establishing a network of personal relationships – perhaps at times even buying obligations. The most important network was that with relatives, which in size was largely dependent on the extent to which one's fertility (and that of one's relatives) overcame the ravages of mortality and on the extension of the network of relatives made possible by marriage. It is little wonder that high fertility and early marriage were highly esteemed" (Caldwell 1982: 33 ff.).

Mit dem Übergang von der Groß- zur Kleinfamilie („nuclear family") schlägt das Pendel um, Wohlfahrt fließt von der Elterngeneration zur Kindergeneration. Während es zuvor rational war, möglichst viele Nachkommen zu zeugen, gilt dies nun nicht mehr: „In this situation, being childless is the most rational economic behavior" (Kirk 1996: 372)!

Der Übergang von der Groß- zur Kleinfamilie ist Teil dessen, was er als Prozess der Verwestlichung bezeichnet. Im Unterschied zum Vorgang der Modernisierung ist Verwestlichung kein endogen verursachter, sondern ein exogen

verursachter Wandlungsprozess, innerhalb dessen es um die Kopie des unter dem Begriff der Modernisierung gefassten sozialen Wandels im Westen geht.
  Modernisierung definiert Caldwell (1982) als einen (ökonomisch verursachten) Prozess der Säkularisierung, der zunehmenden Umweltbeherrschung, des Fortschritts und des massenhaften Zugangs zu Bildung. Von diesem sozialen Prozess unterscheidet Caldwell den ökonomischen Wandlungsprozess. Während in der westlichen Welt der ökonomische Wandlungsprozess dem sozialen voranging – so Caldwell (1982) –, ist diese zeitliche Abfolge unter den Ambitionen der Verwestlichung nicht notwendig der Fall (Caldwell 1982).[43] Das bedeutet also, dass ein Rückgang der Fertilität einsetzen kann, ohne dass zuvor der Vorgang der Industrialisierung einsetzte.

> „Caldwell's argument is supported by the fertility declines which have occured at very low levels of modernization, as in Bangladesh and – more recently – in southern Africa" (Kirk 1996: 372).

Caldwells Argument wird darüber hinaus unterstützt von den weiter oben berichteten Befunden des European Fertility Project (vgl. Abschnitt II.1.1.1), die die sogenannte „threshold-Hypothese" widerlegen.
  In den nachfolgenden Abschnitten werden zunächst einige methodische Anmerkungen zur Messung des demographischen Prozesses der Fertilität angeführt und die Entwicklung der Fertilität in Deutschland und Europa dargelegt.

III.1.2 Die Messung von Fertilität

Nachfolgend werden sowohl kohortenspezifische als auch periodenspezifische Erfassungen der Fertilität vorgestellt. Oder anders formuliert: sowohl querschnittliche als auch längsschnittliche (vgl. Abschnitt II.1.3.1).
  Ganz allgemein ist die Geburtenrate bzw. die *rohe Geburtenrate* definiert als Quotient aus der Zahl der Geburten (G(t)) und der weiblichen Wohnbevölkerung eines zuvor festgelegten Gebietes im Jahresmittel (F(t)), multipliziert mit 1000:

(1) $f(t) = \frac{G(t)}{F(t)} \times 1000.$

> „Die Geburtenziffer wird oft als Wahrscheinlichkeit interpretiert, mit der eine Frau im Verlauf des Jahres t ein Kind bekommt" (Birg et al. 1984: 11).

---

[43] Dass das auch in Europa nicht der Regelfall war, zeigt Burke (1989).

Fertilität

Nun liegen die Dinge aber selten so einfach, denn, darauf weisen die zitierten Autoren hin, diese Wahrscheinlichkeit hängt entscheidend vom Alter und dem Familienstand der Frau ab. Diese letzte Aussage können wir heute zunehmend hinterfragen (vgl. Abschnitt III.2): Knapp 30 Jahre nach dieser Feststellung und der Zuname nichtehelicher Geburten ist der Familienstand als Kriterium von abnehmender Bedeutung, sicherlich aber nicht das Alter. Entsprechend ist eine Differenzierung der Geburtenziffer nach dem Alter nach wie vor sinnvoll. Die entsprechende Geburtenrate ist wie folgt definiert, wobei x das Alter der Frauen angibt und die weiteren Bestandteile der Gleichung den oben bereits genannten entsprechen:

(2) $f_x(t) = \frac{G_x(t)}{F_x(t)} \times 1000.$

Die nach dem Alter differenzierte Berechnung der Geburtenrate kann über zwei Messkonzepte erfolgen, von denen das eine das Alter konstant hält, das andere die Kohortenzugehörigkeit. Während das letztere in Deutschland lange verbreitet war, hat sich mittlerweile das erste Messkonzept durchgesetzt, welches in Großbritannien, den USA und den meisten anderen Ländern bereits lange vorherrschend ist. Während im deutschen Sprachgebrauch beide Geburtenziffern begrifflich nicht getrennt werden, erfolgt im englischen Sprachgebrauch eine begriffliche Trennung: es ist die Rede von der *age specific fertility rate/altersspezifische Geburtenrate* einerseits und der *cohort rate of fertility by age of the cohort/kohortenspezifische Geburtenrate* andererseits. Der letztgenannte Begriff bezeichnet die über die Konstanthaltung der Kohortenzugehörigkeit ermittelte altersspezifische Geburtenziffer, der erstgenannte die über die Konstanthaltung des Alters ermittelte.

Für die Berechnung der altersspezifischen Geburtenrate werden Frauen zweier Geburtsjahrgangskohorten zusammengefasst, während die zur Berechnung der kohortenspezifischen Geburtenrate betrachteten Frauen einer Geburtsjahrgangskohore angehören. Zur Berechnung der altersspezifischen Geburtenziffern werden die Geburten über die Geburtenpunkte im nachfolgend dargestellten Viereck ABCD gemessen – einer Ausschnittsvergrößerung aus dem Lexis-Diagramm. Die Zahl der Frauen in einem bestimmten Alter, die Grundgesamtheit der zur Berechnung herangezogenen Frauen, wird durch das arithmetische Mittel der Zahl der Schnittpunkte, die durch die Lebenslinien der Frauen auf den Geraden AC und BD gebildet werden, berechnet (Birg et al. 1984):

(3) Age specific fertility rate $= \frac{ABCD}{\left(\frac{AC+BD}{2}\right)} \times 1000.$

Abbildung 5 Ausschnittsvergrößerung eines Lexis-Diagramms
(Periodenperspektive)

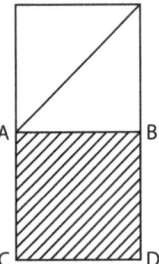

Quelle: Birg et al. (1984)

Anders dagegen die Ermittlung der *cohort rate of fertility by age of the cohort*:

(4) Cohort rate of fertility by age of cohort $= \frac{AECB}{\frac{(AC+BE)}{2}} \times 1000$.

Abbildung 6 Ausschnittsvergrößerung eines Lexis-Diagramms
(Kohortenperspektive)

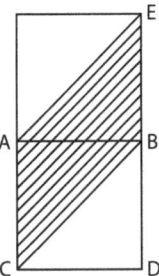

Quelle: Birg et al. (1984)

Bei der Ermittlung der *age specific fertility rate* wird die Zahl der Geburten über die Geburtenpunkte im Parallelogramm AECB gemessen. Die Zahl der Frauen in einem bestimmten Alter wird „durch das arithmetische Mittel der Zahl der Schnittpunkte berechnet, die durch die Lebenslinien dieser Frauen auf den Streckenabschnitten AC und EB gebildet werden" (Birg et al. 1984: 16).

Von den Geburtenziffern lassen sich die nachfolgend vorgestellten Maße zur Beschreibung des Geburtenziffernmusters, „der Abfolge der nach dem Alter geordneten Geburtenziffern" (ebd.: 21), unterscheiden. Das Geburtenziffernmuster kann zum einen als Periodenmuster dargestellt werden, zum anderen als Kohortenmuster. Im erstgenannten Fall werden die in einem bestimmten Kalenderjahr t gemessenen Geburtenziffern in der Folge betrachtet, im zweitgenannten Fall die Geburtenziffern einer Generation von Frauen über die Altersschritte hinweg:

Periodenmuster der Geburtenziffern: $f_{15}(t), f_{16}(t), ..., f_{45}(t)$

Kohortenmuster der Geburtenziffern: $f_{K,15}, f_{K,16}, ..., f_{K,45}$.

Über beide Vorgehensweisen werden jeweils Gesamtgeburtenziffern berechnet: im erstgenannten Fall die Gesamtgeburtenziffer des Periodenmusters, die periodenspezifische zusammengefaßte Geburtenziffer (*periode total fertility rate*, TFR), im zweitgenannten die Gesamtgeburtenziffer des Kohortenmusters, die kohortenspezifische zusammengefaßte Geburtenziffer (*completed fertility rate*, CFR). Die CFR informiert darüber, wieviele Kinder von 1000 Frauen einer bestimmten Generation geboren wurden. Die TFR dagegen zeigt das generative Verhalten sogenannter *synthetischer Kohorten* (vgl. Abschnitt II.1.3.1) an, da sie sich auf 31 verschiedene Frauengenerationen bezieht; nämlich die Frauen im Alter von 15 bis 45 in einem Kalenderjahr.

„Nur in dem hypothetischen Fall, daß das generative Verhalten bzw. die Geburtenziffern konstant sind, läßt sich die Total Fertility Rate als ein Maß interpretieren, das das generative Verhalten einer wohldefinierten Grundgesamtheit von Frauen beschreibt. In diesem Fall sind Periodenmuster und Kohortenmuster gleich; die Unterscheidung zwischen Periodenanalyse und Kohortenanalyse erübrigt sich hier" (Birg et al. 1984: 21 f.).

Ein weiteres Maß zur Kennzeichnung des Musters ist das *Medianalter bei Geburt*. Dieses informiert beispielsweise darüber, in welchem Alter die Hälfte einer Geburtskohorte von Frauen ihr erstes Kind zur Welt gebracht hat.

Nachdem nun die zur Messung von Fertilität vorhandenen Konzepte vorgestellt worden sind, erfolgt im nachfolgenden Kapitel eine Darlegung der Fertilitätsentwicklung auf dem Gebiet der heutigen Bundesrepublik seit dem Jahr 1950. Ergänzend zur deutschen Entwicklung wird die Entwicklung in einigen ausgewählten Vergleichsländern dargestellt.

III.1.3 Die Fertilitätsentwicklung seit 1950

Nachfolgend zunächst ein Blick auf die Fertilitätsentwicklung auf dem Gebiet der heutigen Bundesrepublik seit 1950. In einem zweiten Schritt erfolgt eine international vergleichende Betrachtung der deutschen Entwicklung. Die ausgewählten Länder gehören alle der Europäischen Union (EU) an. Ausnahme ist die Türkei. Ihre Auswahl erfolgte aus zwei Gründen: Zum einen kommt der Türkei im politischen Diskurs Europas eine Sonderstellung zu, weil diesem immer die Frage nach der Zugehörigkeit der Türkei zum politischen Konstrukt Europa zugrunde liegt. Daher scheint es mir von Interesse zu sein, konkrete demographische Entwicklungen in der Türkei zu betrachten. Darüber hinaus kommt den demographischen Handlungsweisen der Türken im gegenwärtigen populistisch-bevölkerungspolitischen Diskurs in der Bundesrepublik eine gewisse Bedeutung zu, insoweit dieser einen biologistisch begründeten Konflikt zwischen deutschen und nicht-deutschen bezüglich ihrer generativen Verhaltensweisen ausmacht (vgl. Abschnitt IV.2.4).

Die jeweiligen Entwicklungen werden über Periodenmuster der Geburtenziffern erfasst. Wenngleich diese Betrachtung natürlich den bereits genannten Nachteil hat, Stabilität im Handeln über Kohorten zu unterstellen, ist sie doch eine pragmatische Form, dem Problem unvollständiger Informationen über das generative Handeln jüngerer Kohorten zu begegnen.

Abbildung 7 Geburtenentwicklung auf dem Gebiet der heutigen Bundesrepublik (TFR, 1950 bis 2008)

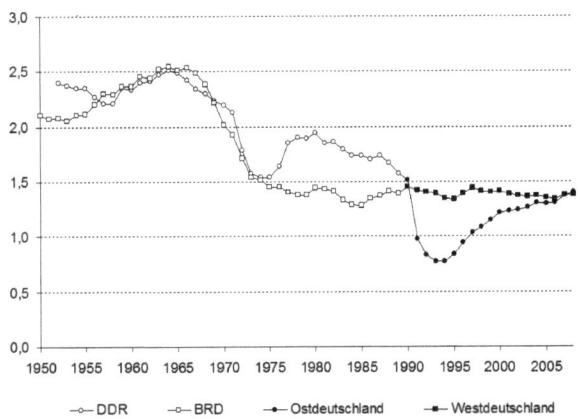

Quelle: Statistisches Bundesamt (2009)

Fertilität

Der Abbildung ist der in der Mitte der 1960er Jahre einsetzende Rückgang der Geburten in der Bundesrepublik zu entnehmen, der auch in der DDR zu beobachten war. Allerdings konnte dieser dort durch geeignete sozialpolitische Maßnahmen aufgefangen und die Fertilitätsentwicklung auf ein höheres Niveau rückverlagert werden – zumindest bis in die zweite Hälfte der 1980er Jahre: Während in beiden deutschen Staaten die Gründe für den Geburtenrückgang in der Unvereinbarkeit von Familien- und Erwerbsarbeit für Frauen lagen (Koch und Knöbel 1986), wurden in der DDR sozialpolitische Maßnahmen erlassen, um diesen Mangel zu beheben. Entsprechende Reaktionen blieben in der Bundesrepublik aus. Als Reaktion auf den Geburtenrückgang der 1960er Jahre wurde in der DDR zu Beginn der 1970er Jahre ein sozialpolitischer Kurswechsel eingeleitet, demnach u. a. die staatliche Verantwortlichkeit für die Sicherung der zumindest einfachen Reproduktion anerkannt wurde. In der Folge wurden entsprechende bevölkerungspolitische Maßnahmen erlassen, deren Ziel darin bestand, Familien- und Erwerbstätigkeit für Frauen vereinbar zu gestalten (Niephaus 2003). Die Maßnahmen waren insofern erfolgreich, als sich das Geburtenniveau in der DDR in der zweiten Hälfte der 1970er Jahre zunächst erholte. Entscheidend ist darüber hinaus, dass diese Maßnahmen zur Ausbildung von Normalitätsvorstellungen und Werten und Einstellungen bei ostdeutschen Frauen führten, die denen der westdeutschen Frauen der entsprechenden Geburtsjahrgänge entgegen stehen. Daten des Family and Fertility Survey (FFS) aus dem Jahr 1992 zeigen, dass ostdeutsche Frauen mehrheitlich eine Vereinbarkeit von Familien- und Erwerbstätigkeit präferieren, wohingegen diese Option der Lebensgestaltung nur für eine Minderheit der vor 1972 geborenen westdeutschen Frauen wünschenswert ist, wie die nachfolgende Tabelle zeigt.[44]

---

[44] Daten der Population Policy Acceptance Study (PPAS) aus dem Jahr 2003 zeigen, dass die aufgezeigten Differenzen auch ein Jahrzehnt später fortbestehen (http://www.bib-demografie.de/cln_099/nn_749852/SharedDocs/Publikationen/DE/Download/Bevoelkerungsforschung__Aktuell/Heft1__2007,templateId=raw,property=publicationFile.pdf/Heft1_2007.pdf, 07.10.2010).

Tabelle 5   Einstellungen ost- und westdeutscher Frauen der Geburtsjahrgänge 1953–1972 zu Familien- und Erwerbstätigkeit (Angaben in Prozent)

Einstellungen	ostdeutsche Frauen	westdeutsche Frauen
Vollzeit ohne Kinder	8	13
Vollzeit mit Kindern	37	9
Teilzeit ohne Kinder	1	2
Teilzeit mit Kindern	40	29
Hausfrau und Kinder	5	22
Unterbrechung der Erwerbstätigkeit mit Kindern	9	25

Quelle: Family and Fertility Survey (1992); eigene Berechnungen

Unter Rückgriff auf diese Befunde und den sich daraus ergebenden Widerspruch zwischen den institutionellen Rahmenbedingungen nach der deutschen Einigung und den Wertorientierungen der ostdeutschen Frauen ist es möglich, den Geburteneinbruch der frühen 1990er Jahre in Ostdeutschland zu erklären, der der obigen Abbildung 7 zu entnehmen ist. Entsprechende Analysen zeigen, dass sich die auf die Vereinbarkeit von Familien- und Erwerbstätigkeit abzielenden Lebenspläne der ostdeutschen Frauen unter den einigungsbedingten institutionellen Rahmenbedingungen, die nicht auf die Umsetzung dieser Lebenspläne hin ausgerichtet sind, negativ auf das generative Handeln der ostdeutschen Frauen auswirken – natürlich unter Kontrolle weiterer relevanter Faktoren (Niephaus 2002, 2003). Dieser mehr historisch-soziologischen Perspektive, die Sozialforschung als Rekonstruktion versteht, steht auch bei der Erklärung des Geburteneinbruchs in Ostdeutschlands nach 1990 eine kausalanalytische Perspektive gegenüber, die verschiedene theoretische Ausprägungen aufweist. Zusammenstellungen finden sich bei Kopp und Diefenbach (1994) und Sackmann (2000).

    Die vergleichende Darstellung der europäischen Fertilitätsentwicklung erfolgt unter Zuhilfenahme der von Esping-Andersen vorgelegten Typologisierung von Wohlfahrtsstaaten (Esping-Andersen 1990, 1999). Die Gründe wurden bereits zu Anfang dieses Kapitels (vgl. Abschnitt III) erläutert und sollen an dieser Stelle nicht wiederholt werden.

Abbildung 8 Geburtenentwicklung in sozialdemokratischen
Wohlfahrtsstaaten (TFR, 1970–2008)

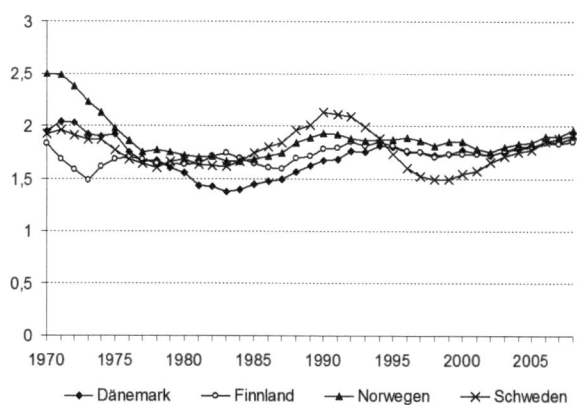

Quellen: http://epp.eurostat.ec.europa.eu/portal/page/portal/statistics/search_database (08.03.2010),
http://stats.oecd.org/Index.aspx (08.03.2010)

Abbildung 9 Geburtenentwicklung in liberalen Wohlfahrtsstaaten
(TFR, 1970–2006)

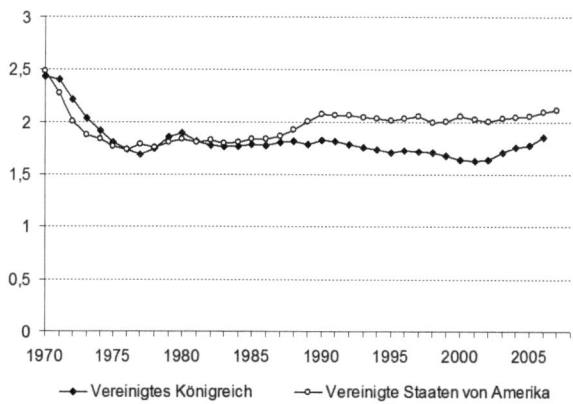

Quellen: http://epp.eurostat.ec.europa.eu/portal/page/portal/statistics/search_database (08.03.2010),
http://stats.oecd.org/Index.aspx (08.03.2010)

Abbildung 10 Geburtenentwicklung in konservativen Wohlfahrtsstaaten (TFR, 1970–2008)

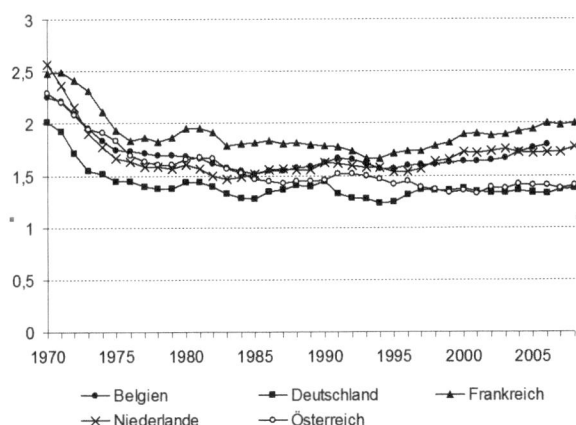

Quellen: http://epp.eurostat.ec.europa.eu/portal/page/portal/statistics/search_database (08.03.2010), http://stats.oecd.org/Index.aspx (08.03.2010)

Abbildung 11 Geburtenentwicklung in familialistischen Wohlfahrtsstaaten (TFR, 1970–2008)

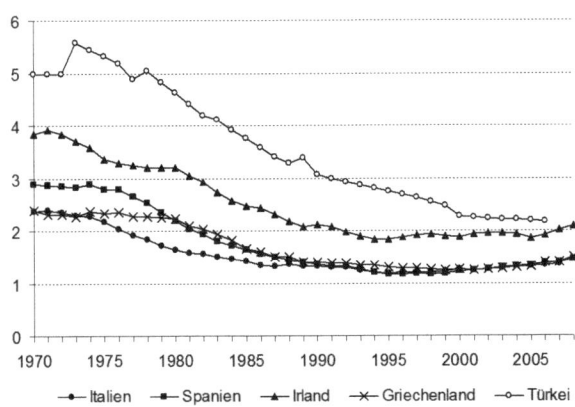

Quellen: http://epp.eurostat.ec.europa.eu/portal/page/portal/statistics/search_database (08.03.2010), http://stats.oecd.org/Index.aspx (08.03.2010)

Abbildung 12 Geburtenentwicklung in postsozialistischen Wohlfahrtsstaaten (TFR, 1970-2008)

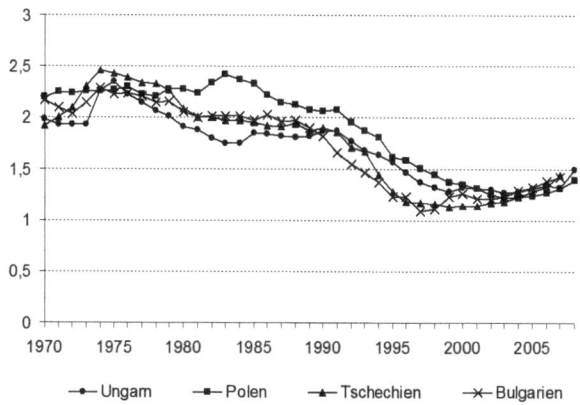

Quellen: http://epp.eurostat.ec.europa.eu/portal/page/portal/statistics/search_database (08.03.2010), http://stats.oecd.org/Index.aspx (08.03.2010)

Die Interpretation der obigen Abbildungen wird vor dem Hintergrund der Diskussion zum Sachverhalt der sogenannten *lowest-low-fertility* erfolgen. Daher zunächst einige Erläuterungen zu diesem Konzept: Kohler, Billari und Ortega (2002, 2006) wie auch Billari und Kohler (2004) schlagen für ein unterhalb einer periodenspezifischen zusammengefassten Geburtenziffer von 1,3 liegendes Geburtenniveau die Bezeichnung der *lowest-low-fertility* vor. Inhaltlich bedeutet dies, dass eine synthetische Kohorte von Frauen im Laufe ihres Lebens weniger als 1,3 Kinder zur Welt bringt. Auch wenn diese Schwelle willkürlich gesetzt ist, zudem zu der irreführenden Assoziation führen kann, dass damit eine niedrigst erreichbare Fertilität angezeigt werde, findet sie ihre Befürworter. Zur Verteidigung des Begriffes bemerken Goldstein, Sobotka und Jasilioniene (2009):

> „One might wish that Kohler et al. had used a different term but it is difficult to invent a better one: ‚extremely low fertility', ‚far below-replacement fertility', ‚sub-sub replacement fertility' and ‚ultra-low fertility' may all convey the same meaning but are not clearly better, and certainly none has the same catchiness" (Goldstein, Sobotka und Jasilioniene 2009: 2).

Zudem weisen sie darauf hin, dass sich stabile Bevölkerungen ohne Migration bei einer TFR von 1,3 innerhalb von 45 Jahren halbieren, wohingegen die Dauer einer Halbierung bei einer TFR von 1,6 bereits bei fast 90 Jahren liegt.

Die Genannten selbst bemerken hierzu:

„The choice of a threshold to define lowest-low fertility is to a certain extent arbitrary. Our choice of 1.3 serves to differentiate the extremely low levels of fertility that started to prevail on a country level only in the last decade from the category of below-replacement fertility, which characterizes many more countries. National TFR levels at or below 1.3 have never prevailed for extended periods in the Northern and Western European countries that were forerunners in the trend toward sustained below-replacement fertility. The only examples of lowest-low fertility on a national level in Northern and Western Europe were temporary and occurred in France during World War I, in West Germany in 1984–85, and in unified Germany in 1993–95" (Kohler, Billari und Ortega 2002: 642 f.).

Als denkbare Erklärung für das unter die Schwelle von 1,3 Kindern (die 1000 Frauen einer synthetischen Geburtskohorte im Laufe ihres Lebens zur Welt bringen) sinkende Geburtenniveau kommt zunächst eine Rückverlagerung der Geburten im weiblichen Lebenslauf in Betracht. Entsprechend ist es notwendig, die periodenspezifische Betrachtung um eine kohortenspezifische zu erweitern, was Kohler, Billari und Ortega (2002) machen und dabei feststellen, dass auch in der Kohortenperspektive ein Rückgang des Geburtenniveaus zu beobachten ist, womit sich der Sachverhalt der *lowest-low-fertility* nicht als timing-Problem dequalifizieren lässt, sondern substantiell zu einem Rückgang der Geburten führt. In ihren Analysen testen sie verschiedene Größen auf ihre Erklärungskraft bezüglich des substantiellen Rückgangs der Geburten. Zu diesen zählen das verfügbare Pro-Kopf-Einkommen, die durchschnittliche jährliche Inflationsrate, die Beteiligungsrate im Bereich der tertiären Bildung und das Ausmaß der Jugendarbeitslosigkeit. Dabei stellen sie fest, dass große ökonomische Unsicherheiten in der Jugendphase zu einem Aufschub der Familiengründung führen. Auch den durch den Wohlfahrtsstaat bereitgestellten institutionellen Rahmenbedingungen kommt bei der Erklärung von lowest-low-fertility eine eigenständige Bedeutung zu: So beispielsweise in den postsozialistischen Gesellschaften, in welchen im Zuge des gesellschaftichen Transformationsprozesses nach 1990 vormals bereitgestellte Leistungen zur erleichterten Vereinbarkeit von Familie und Erwerbsarbeit zurückgenommen worden sind.

Die obigen Abbildungen – wenngleich auf der Grundlage aggregierter Daten ermittelt – stützen diese Aussage. Und auch im Falle der familialistischen Wohlfahrtsstaaten sollte die Bedeutung der institutionellen Rahmenbedingungen für das generative Handeln nicht unterschätzt und zugunsten des Argumentes der ökonomischen Unsicherheiten, wie bei Kohler, Billari und Ortega (2002) angedeutet, aufgegeben werden. In Analogie zur Erklärung des Geburteneinbruchs in

Ostdeutschland (Niephaus 2002, 2003) ließe sich auch hier argumentieren, dass die durch den familialistischen Wohlfahrtsstaat bereitgestellten und für das generative Handeln relevanten institutionellen Rahmenbedingungen mit den Vorstellungen der Jugendlichen zur Vereinbarkeit von Familie und Beruf kollidieren, was in Zeiten hoher Jugendarbeitslosigkeit die Familiengründung zusätzlich erschwert – und vielleicht auch die Eheschließung.[45]

III.2 Nuptialität und Kohabitation

Der demographische Prozess der Nuptialität steht begrifflich für den Vorgang der Eheschließung. Dieser unterscheidet sich von den übrigen demographischen Prozessen, die der Bevölkerungsentwicklung zugrunde liegen, indem ihm lediglich eine indirekte Bedeutung für die Bevölkerungsentwicklung zukommt – sofern die Eheschließung für die Erzeugung von Nachwuchs, also den demographischen Prozess der Fertilität, bedeutsam ist. Dinkel (1989) stellt in diesem Sinne fest, dass dem demographischen Prozess der Nuptialität lediglich dann eine eigenständige Bedeutung zukommt, wenn die Eheschließung „einschränkende Bedingung für die Realisierung eines Wunsches nach Kindern ist" (Dinkel 1989: 9). Wie die vorangehenden Kapitel gezeigt haben, ist unter einer historischen Perspektive einzuräumen, dass der Eheschließung nicht immer diese in einem demographischen Sinne eigenständige Bedeutung zukam, wie dies beispielsweise während der Periode des *politischen Ehekonsenses* (Ehmer 1991) der Fall war (vgl. Abschnitt II.1.2.1). Seit den 1970er Jahren ist dagegen mit der nichtehelichen Lebensgemeinschaft bzw. Kohabitation das Erstarken einer weiteren Lebensform[46] zu beobachten, die sich neben der Ehe als Ort der Familiengründung etabliert hat. Entsprechend wird in dem hier vorliegenden Buch dafür plädiert, den Prozess der Nuptialität inhaltlich auszuweiten auf die nichteheliche Lebensgemeinschaft, mit welcher sich der vorliegende Abschnitt vorrangig beschäftigt.

Dabei wird deutlich, dass die vorwiegend familiensoziologisch motivierte Beschäftigung mit der Lebensform der nichtehelichen Lebensgemeinschaft bis in die jüngste Vergangenheit eine vorurteilsbehaftete war: Ehen und nichteheliche Lebensgemeinschaften wurden als qualitativ verschiedenartige Lebensformen betrachtet – selbst und insbesondere auf der Ebene der beteiligten Individuen. Noch

---

[45] Inhaltlich anschlussfähige Befunde zur Kinderlosigkeit liefern Neyer, Hoem und Andersson (2007).
[46] Unter dem Begriff Lebensform ist zu verstehen „die Art und Weise der Institutionalisierung v. a. der signifikanten privaten sozialen Beziehungen im Rahmen der privaten Lebensführung" (Schneider, Rosenkranz und Limmer 2000: 984). Zu mehr als den hier behandelten Lebensformen des ehelichen und nichtehelichen Zusammenlebens vgl. Peuckert (2008).

Ende der 1990er Jahre wurde der Vorschlag, Ehen und nichteheliche Lebensgemeinschaften als inhaltlich gleichwertige Lebensformen zu betrachten und damit die Forschungsperspektive grundlegend zu ändern (Niephaus 1999), heftigst kritisiert (Brüderl, Diekmann und Engelhardt 1999). Gegenwärtig ist die Tendenz zu beobachten, sich dem Gegenstand offen zu nähern und ad-hoc Urteile zu vermeiden. So wird beispielsweise mit dem bereits erwähnten Projekt „Panel Analysis of Intimate Relationships and Family Dynamics" (PAIRFAM) eine diesbezügliche Verbesserung der Datenlage angestrebt (Huinink und Feldhaus 2008). Allerdings liegen noch keine veröffentlichten Analysen der Daten vor, die in die nachfolgenden Ausführungen Eingang hätten finden können. Zu einer weiteren Verbesserung der Datenlage hat beigetragen, dass im Mikrozensus seit dem Jahr 1996 die Frage nach einer nichtehelichen Lebensgemeinschaft explizit gestellt wird. Seit dem Jahr 2006 werden auch nach dem Lebenspartnerschaftsgesetz (LpartG) von 2001 eingetragene Lebenspartnerschaften erfragt.

Unter einer nichtehelichen Lebensgemeinschaft wird in der Regel ein in einem gemeinsamen Haushalt lebendes unverheiratetes heterosexuelles Paar verstanden. Nach Burkart (2008) ist der Begriff der Kohabitation der korrektere, da er zum einen den institutionellen Charakter dieser Lebensform unterstreicht und zum anderen keine Abweichung vom als solchen angesehenen Normalfall der Ehe suggeriert. Aufgrund des technischen Charakters des Kohabitationsbegriffes wird im vorliegenden Lehrbuch zumeist der umgangssprachliche Begriff der nichtehelichen Lebensgemeinschaft verwendet.

III.2.1 Theoretische Betrachtungen zur Kohabitation

Wie die nachfolgenden Abschnitte zeigen, erfolgt die wissenschaftliche Beschäftigung mit der Lebensform der nichtehehlichen Lebensgemeinschaft in Form eines deduktiven Vorgehens zumeist vor dem Hintergrund des bereits existierenden Theorieangebotes zur Erklärung von Paarbeziehungen, speziell Ehen.[47] Dabei wurden nichteheliche Lebensgemeinschaften lange Zeit als nicht nur formal, sondern auch inhaltlich von der Ehe abweichende Paarbeziehungen betrachtet. Von nichtehelich Zusammenlebenden wurde angenommen, dass sie durch die Wahl der Lebensform die Ablehnung der grundlegenden Normen von Paarbeziehungen – „Dauerhaftigkeit, Exklusivität und Verbindlichkeit" (Burkart 2008: 172) – zum Ausdruck bringen. Die Ursachen hier sind m. E. vielfältigerer Art: Sie reichen von ungenügender Reflexivität auf Seiten der Wissenschaftler bis hin zu einer oftmals geschlossenen Forschungspraxis, die ihren Ursprung in der mangelnden

---

[47] Einen guten Überblick in diese Theorien bietet Burkart (2008).

Bereitschaft bei der Berücksichtigung alternativer wissenschaftstheoretischer Programme hat, wie beispielsweise dem der rekonstruktiven Sozialforschung. Die nachfolgend vorgestellten Ansätze zur Erklärung des Aufkommens nichtehelicher Lebensgemeinschaften in der zweiten Hälfte des 20. Jahrhunderts sind von diesen Vorwürfen nicht alle gleichermaßen betroffen.

III.2.1.1 Säkularer Individualismus

Die beiden bereits genannten Bevölkerungswissenschaftler Lesthaeghe und van de Kaa, die Begründer der Konzeption des zweiten demographischen Übergangs (vgl. Abschnitt II.1.1.2), sehen das Neuartige dieses Übergangs in einer Schwächung der Familie auf der Grundlage eines säkularen Individualismus; „individual autonomy, emanating in the weakening of the family institution" (Cliquet 1991: 13). Damit unterscheidet sich der zweite demographische Übergang grundlegend vom ersten demographischen Übergang, der zu einer Stärkung der Familie führte, die um „eine liebesorientierte, kindzentrierte Ehe" (Burkart 2008: 72; Ariès 1980) organisiert war. Ausdruck dieser Schwächung – so Lesthaeghe (1983, 1992) – sind der weitere Rückgang der Geburtenraten, die zunehmenden Scheidungszahlen, der Rückgang der Heiratsraten und die Zunahme der nichtehelichen Lebensgemeinschaften (vgl. Abschnitt II.1.1.2).

Lesthaeghe gilt als Vertreter einer normativen Position, die Handeln in Einstellungen und Werten begründet sieht. Folgerichtig führt er auch die handlungstheoretisch fassbaren Entwicklungen des ersten demographischen Übergangs auf eine Veränderung der Werte- und Einstellungsbasis zurück. Bereits diese Veränderung, so Lesthaeghe (1983), ist Ausdruck eines säkularen Individualismus gewesen, der primär im „ideational system" (Lesthaeghe 1983: 429) der Aufklärung begründet ist und durch zwei weitere historische Entwicklungen verstärkt wird: die kapitalistische Wirtschaftsweise und die Dominanz der Kleinfamilie. Zusammen genommen führen diese Entwicklungen zu „behavioral patterns that were orientated around the welfare of households instead of the welfare of larger kinship groups or the community" (Lesthaeghe 1983: 429). Der säkulare Individualismus, so Lesthaeghe weiter, führt zu einem Wandel der Geschlechterrollen, der Moralvorstellungen und der Lebensstile. Diesen Wandel hat bereits Inglehart 1977 als „Silent Revolution" der Werte beschrieben. Lestheaghe sieht diese auch in Osteuropa im Folge des Systemwechsels erfolgen und damit auch dort den säkularen Individualismus der Aufklärung präsent. Großzügig im Umgang mit historischen Daten und ohne die tatsächliche Chronologie des zweiten demographischen Übergangs in Mittelost- und Osteuropa zu berücksichtigen, fasst er zusammen:

"..., daß die eng mit *Ingleharts* ‚Schweigender Revolution' zusammenhängenden ideellen Variablen nicht aus dem historischen Bild der Entwicklung eines demographischen Wandels wegzudenken sind. Der Kern der Sache besteht in der Äußerung individueller Autonomie sowie im Recht der Entscheidungsfreiheit des einzelnen. Was zur Suche nach Demokratie in Osteuropa – auch in anderen Teilen der Welt – führte, ebnete auch dem zweiten demographischen Übergang den Weg. Die Ära wachsenden Einflusses religiöser oder politischer Doktrinen auf das Leben des einzelnen, die im Westen mit Reformation und Gegenreformation so stark einsetzte und bis zur zweiten Hälfte des 20. Jahrhunderts andauerte, ist beendet. Hierbei handelt es sich um ein Ereignis von größter historischer Bedeutung" (Lesthaeghe 1992: 350, Hervorhebung im Original).

Eine Studie zum Aufkommen nichtehelicher Lebensgemeinschaften in Bulgarien, Rumänien, Russland und Ungarn (Hoem, Kostova, Jasilioniene und Mureşan 2009) kann dagegen zeigen, dass beispielsweise in Bulgarien und Ungarn nichteheliche Lebensgemeinschaften bereits in den frühen 1980er Jahren Verbreitung fanden:

„Despite all commonalities, it is evident that the SDT [Second Demographic Transition, die Autorin], of which we have found some traces, is not a unitary movement that reached all the countries in Central and Eastern Europe roughly at the same time and had the same features throughout, no more than it was in Western Europe. If anything, such a transition did not start simultaneously in all of the four countries, and above all, it began well before the fall of communism and before the societal transition to a market economy got underway around 1990" (Hoem, Kostova, Jasilioniene und Mureşan 2009: 250).

Auch wenn die Autoren die Gründe für das Aufkommen nichtehelicher Lebensgemeinschaften in Mittelost- und Osteuropa aussparen, so zeigen ihre Analysen, dass die Bezugnahme auf eine Basis postmaterieller Werte, die nach Inglehart (1977) und auch Lesthaeghe (1983) an bestimmte Systemvoraussetzungen gebunden sind, fraglich ist. Unter Berücksichtigung der zunehmenden Zahl an Familiengründungen aus nichtehelichen Lebensgemeinschaften heraus verliert die Bezugnahme auf postmaterielle Werte zusätzlich an Plausibilität: Lesthaeghe selbst hat immer wieder darauf hingewiesen, dass seine normative Position mit dem mikroökonomischen Ansatz nicht unvereinbar ist:

„Although we shall stress an important sociological component and its historical development, one should not consider the evidence as incompatible with other subtheories that follow, for instance, the microeconomic approach... More specifically, if persons engage in an evaluation of utilities and disutilities, they operate on the basis of a preference map, and if such a preference structure exists, there must also be a meaning-giving or ideational system that directs it" (Lesthaeghe 1983: 411).

Demnach gehen Individuen Partnerschaften ein, um ihren Nutzen zu maximieren. Individualisten wählen als nutzenmaximierende Form der Partnerschaft nichteheliche Lebensgemeinschaften, Traditionalisten dagegen Ehen (Lesthaeghe 1992, Surkyn und Lesthaeghe 2004). Während Ehen verbindliche Partnerschaften darstellen, mangelt es nichtehelichen Lebensgemeinschaften an Verbindlichkeit, was Lesthaeghe (1992) darin bewiesen sieht, dass sie zumeist kinderlos sind. Diese Aussage hält dem zeitlichen und räumlichen Vergleich nicht stand.

III.2.1.2 Differenzierungstheorie

Ein weiterer theoretischer Ansatz zur Erklärung des Aufkommens speziell der kinderlosen nichtehelichen Lebensgemeinschaften stammt von der deutschen Familiensoziologin Rosemarie Nave-Herz (geb. 1935). Ihr zufolge ist die kinderlose nichteheliche Lebensgemeinschaft als Massenphänomen die Folge „funktionaler gesellschaftlicher Differenzierung" (Nave-Herz 1999: 38). Funktionale gesellschaftliche Differenzierung soll dabei auf einen Prozess der Systembildung verweisen, ausgelöst durch „Komplexitätssteigerungen und zunehmende Leistungsspezialisierungen" (Nave-Herz 1999: 38). Unter der eingenommenen differenzierungstheoretischen Perspektive ist die Familie ein soziales System (Neidhardt 1976; Tyrell 1976) bzw. ein Teilsystem, „daß im Zuge der funktionalen Differenzierung ... als gesellschaftlich spezialisiertes System mit einer spezifischen Sinn- und Handlungslogik für andere gesellschaftliche Teilsysteme spezialisierte Leistungen zu erbringen hat" (Nave-Herz 1999: 38). Die Familie entwickelte sich von der vorindustriellen Haushaltsfamilie, in deren Mittelpunkt der Haushalt stand, zur industriellen Gattenfamilie, deren einzig legitimer Grund das Ideal der romantischen Liebe zwischen den Ehegatten war.

> „Die Ehe erhielt eine, historisch gesehen zuvor nicht gekannte, eigene Sinnzuschreibung. Durch diese Sinnzuschreibung konnten erst Systemgrenzen zum erweiterten Familienverband, zu den Kindern und zu anderen Haushaltsmitgliedern, z. B. dem Hauspersonal, entstehen und konnten diese auch begründbar werden" (Nave-Herz 1999: 41).

Das Ideal der romantischen Liebe wurde ergänzt durch die Theorie sich ergänzender Geschlechterrollen, derzufolge der Mann für den Aussenbereich zuständig ist, die Frau für den Innenbereich (Nave-Herz 1999). In der Folge erfolgte eine Stigmatisierung der außerehelichen Sexualität (Luhmann 1982), eine normative Überhöhung der Mutterrolle (Schütze 1986; Nave-Herz 1997) wie auch eine Zuweisung von primären Sozialisationsleistungen auf die Kernfamilie (Nave-Herz 1999). Zunächst nur auf das Bürgertum beschränkt und an seiner Ausbreitung durch den II. Weltkrieg gehindert, fand dieses Familienmodell seine stärkste Verbreitung in den 50er und 60er Jahren des 20. Jahrhunderts. Kurz: Die Gattenfamilie war spezialisiert auf die Nachwuchssicherung sowie die psychische und physische Regeneration ihrer Mitglieder. Auf diese Leistungen sind die übrigen gesellschaftlichen Teilsysteme angewiesen.

Im Anschluss an die unmittelbare Nachkriegsepoche haben sich die Geschlechtsrollenvorstellungen gewandelt und die Leistungsanforderungen an die Familie haben zugenommen, die insbesondere das „Partnerschaftssystem" betreffen:

„Der Ehepartner soll gleichermaßen Freund/-in, Freizeitpartner/-in, Fürsorgegewährende(r) und *effektiver* Sexualpartner sein, den politischen Gedankenaustausch garantieren, hauswirtschaftliche Tätigkeiten ausführen und sich als *guter*, was immer man darunter versteht, Vater bzw. *gute* Mutter verhalten (Nave-Herz 1999: 48, Hervorhebung im Original).

Darüber hinaus erfordert das Erwerbsleben Mobilität, und die Gesellschaft ist zunehmend anonym geworden. All das, so Nave-Herz (1999: 49), ruft das „Bedürfnis nach Kleingemeinschaften" hervor, in denen sich der Einzelne „nicht als Rollenträger" definiert. Von diesen Kleingemeinschaften erhofft er sich „eine ganzheitliche Lebenswelt, Überschaubarkeit und ein personales Angenommensein". Und zu diesen Kleingemeinschaften zählt die nichteheliche Lebensgemeinschaft, die sich aus dem System der Familie ausdifferenziert hat und der emotionalen Bedürfnisbefriedigung der Partner dient. Die Leistung der Nachwuchssicherung übernimmt die Ehe.

Folgen wir der oben aufgezeigten Argumentation, so war die außereheliche Sexualität innerhalb des Bürgertums um die vorletzte Jahrhundertwende negativ sanktioniert, fand sich entsprechend nicht im individuellen Handlungsrepertoire wieder. Dass dem tatsächlich so war, ist anzuzweifeln (vgl. Abschnitt II.1.1.1). Gerade über bürgerliche Paarbildungsstrategien ist bekannt, dass sie der Besitzstandswahrung und persönlichen Karriere galten, entsprechend andere Kritierien als die romantische Liebe die Partnerwahl bestimmten. Dem Ideal der romantischen Liebe nahe kommende Bedürfnisse wurden entsprechend außerhalb der Ehe befriedigt:

"Geschicktere Männer, geübt im Unterscheiden der Sexualitätsarten, haben versucht, die verschiedenen Bedürfnisse durch Beziehungen zu verschiedenen Frauenarten zu befriedigen. Das scheint ein gesellschaftlich gangbarer Weg (er vermeidet die Betrugsszenarien, die peinlichen Verwechslungen der Personen und Liebesweisen; er vermeidet den *Tausch* – Austausch eines geliebten Objektes gegen ein anderes der *gleichen* Sexualitätsart –, der etwas Erniedrigendes und Selbsterniedrigendes hat und behält)" (Theweleit 1990: 38, Hervorhebung im Original).

Für die folgende Argumentation ist das insoweit wichtig, als dass man nicht unbedingt davon ausgehen muss, dass die Gattenfamilie ein Übermaß an Leistungen – sowohl für ihre Mitglieder als auch für die übrigen gesellschaftlichen Teilsysteme – zu erbringen hatte. Damit ist die Schlussfolgerung, dass die nichteheliche Lebensgemeinschaft das Ergebnis eines Systembildungsprozesses zur Komplexitätsreduktion darstellt, nicht plausibel. Darüber hinaus verliert sie an Plausibilität, wenn zu beobachten ist, dass zunehmend mehr Familiengründungen aus nichtehelichen Lebensgemeinschaften heraus erfolgen, dass also die nichteheliche Lebensgemeinschaft alle familialen Leistungen erfüllt (vgl. Abschnitt II.2.3).

III.2.1.3 Neue Haushaltsökonomie

Die deutschen Familiensoziologen Paul B. Hill und Johannes Kopp bemühen sich auf der Grundlage der Neuen Haushaltsökonomie (vgl. Abschnitt III.1.1.3)[48] einen theoretischen Zugang zur Wahl der Lebensform zu eröffnen. Auf der Grundlage der Neuen Haushaltsökonomie ist es nach meinem Dafürhalten allerdings nicht möglich, qualitativ zwischen beiden Lebensformen zu unterscheiden, da im Theoriekontext der Neuen Haushaltsökonomie beide Lebensformen über die Haushaltsgründung vergleichbar werden (Niephaus 1999). Entsprechend argumentieren Hill und Kopp (1999) auch nicht theorieimmanent, sondern betrachten beide Lebensformen bezüglich haushaltsökonomisch relevanter Merkmale und stellen fest:

"Zugleich aber unterscheiden sich diese Lebensgemeinschaften hinsichtlich eines wichtigen theoretischen Punktes von Ehen: Die Summe der spezifischen Investitionen ist im allgemeinen deutlich geringer. Typischerweise haben Kohabitierende keine gemeinsamen Kinder und auch kaum größere gemeinsame materielle Investitionen, etwa in Wohnungseigentum, getätigt" (Hill und Kopp 1999: 26).

---

[48] Sie verwenden die Bezeichnung „Familienökonomie".

Was unter Hinzuziehung institutioneller Rahmenbedingungen in einem erweiterten soziologischen Theoriekontext zu erklären wäre, wären die berichteten Unterschiede. Davon sehen die Autoren ab. Statt dessen leiten sie aus den genannten Differenzen ab, dass es sich bei der nichtehelichen Lebensgemeinschaft um eine Lebensform mit geringen „Austrittskosten" (Hill und Kopp 1999: 26) handelt; Austrittskosten aus einer Partnerschaft steigen mit den in die Partnerschaft getätigten spezifischen Investitionen.

Zur Erklärung der Wahl der Lebensform wenden sie sich explizit gegen das Argument eines säkularen Wertewandels, wie es von Lesthaeghe in seinen diversen Arbeiten vorgestellt wird. Statt dessen führen sie an, dass es speziell für formal hoch qualifizierte Frauen eine nutzenmaximierende Strategie der Partnerwahl ist, zunächst mit dem potentiellen Ehepartner nichtehelich zusammenzuleben, um zu testen, ob dieser dazu tendiert, sie auf eine traditionelle Rollenverteilung festzulegen, somit ihre Humankapitalinvestitionen zu entwerten. Damit ist die nichteheliche Lebensgemeinschaft für formal hoch qualifizierte Frauen eine „erweiterte Such- und Testphase" (Hill und Kopp 1999: 27) nach dem Partner, der sie nicht auf das Hausfrauenmodell festlegen wird:

„Innerhalb der Familienökonomie werden deshalb Nichteheliche Lebensgemeinschaften ganz generell ... als Phase der intensiven Suche auf dem Heiratsmarkt verstanden" (Hill und Kopp 1999: 27).

Das Argument, dass insbesondere formal hoch qualifizierte Frauen die nichteheliche Lebensgemeinschaft als Suche nach dem richtigen Partner nutzen, passt nicht zu der von Höpflinger (1999) stammenden Beobachtung, dass sich ehelich und nichtehelich Zusammenlebende bezüglich Geschlechtsrollenvorstellungen nicht unterscheiden. Es ist ebenso unvereinbar mit der Beobachtung, dass die nichteheliche Lebensgemeinschaft eine von allen Bildungsgruppen gelebte Lebensform darstellt (Burkart 2008).

III.2.1.4 Lebenslauftheorie

Der deutsche Soziologe Johannes Huinink (geb. 1952) geht von der Beobachtung aus, dass die Kohabitation „mehrere Bedeutungen und zahlreiche Formen" (Burkart 2008: 184) hat. Speziell beruft er sich auf die vor und nach 1990 zwischen Ost- und Westdeutschland zu beobachtenden Differenzen zwischen nichtehelichen Lebensgemeinschaften: Während sie im Osten Deutschlands zunehmend Alternativen zur Ehe darstellen, aus ihnen heraus auch Familiengründungen erfolgen, waren und sind sie im Westen Vorstufen zur Ehe. Zudem, und dass ist eine für theoretische Überlegungen zentrale Beobachtung, ist nach der deutschen Einigung, also nach dem Jahr 1990, keine Angleichung der Ausgestaltung nichtehelichen Zusammenlebens zwischen Ost und West zu beobachten. Huinink verweist auf Schätzungen, die auf dem Mikrozensus beruhen und denen zufolge im Jahr 1995 nach wie vor eine beachtliche Differenz zwischen nichtehelichen Lebensgemeinschaften lediger Partner in Ost- und Westdeutschland bezüglich der Anwesenheit von Kindern im gemeinsamen Haushalt besteht. So leben in Ostdeutschland zum besagten Zeitpunkt in etwa 50 Prozent der nichtehelichen Lebensgemeinschaften Kinder, in Westdeutschland dagegen gilt dies nur für etwa 20 Prozent der nichtehelichen Lebensgemeinschaften. Bezüglich der vorgenannten Theorieangebote kommt er daher zu dem folgenden Schluss:

„Der Vergleich zwischen der alten BRD und der DDR bzw. Ost- und Westdeutschland zeigt exemplarisch, daß es nicht die Form der Nichtehelichen Lebensgemeinschaft und nicht die Begründung für ihre steigende Attraktivität gibt. Eine Deutung der starken Zunahme der Nichtehelichen Lebensgemeinschaft in Ost und West mit eingängigen Formeln von der Individualisierung, De-Institutionalisierung oder dem Verweis auf einen Trend weg von der Familie ist unzureichend, um das Phänomen zu erklären" (Huinink 1999: 113).

Seine darauf folgenden Überlegungen kombinieren folgende theoretische Größen: Gesellschaftliche Rahmenbedingungen, individuelle Orientierungen und psychosoziale Dispositionen (ebd.). Zudem schlägt er vor, der Betrachtung dieser Größen eine Lebenslaufperspektive zugrunde zu legen. Der Lebenslauf, eine Kategorie der Sozialstrukturanalyse (Mayer 1990), definiert als die Summe der sozialen Positionen und daran gekoppelten sozialen Rollen, die die Gesellschaftsmitglieder diachron und synchron in unterschiedlichen sozialen Feldern einnehmen (Niephaus 2003), gilt Huinink (1999) „als Ergebnis eines selbstreferentiellen und simultan verschiedene Lebensbereiche betreffenden Entscheidungsprozesses individueller Akteure ..., der zudem in einen gesellschaftlichen Mehrebenenzusammenhang eingebettet ist" (ebd.: 122).

„Die individuellen Akteure versuchen unter den gegebenen objektiven situationalen Bedingungen (kulturelle, soziale und ökonomische Opportunitäten und Restriktionen, *äußere* Gelegenheitsstruktur), vor dem Hintergrund individueller Präferenzen (psychosoziale Dispositionen, *innere* Gelegenheitsstruktur) und individueller Ressourcen, eine nach subjektiven Maßstäben optimale Lebensgestaltung zu realisieren. Dazu gehört auch die Wahl einer bestimmten Lebensform" (Huinink 1999: 122, Hervorhebung im Original).

Den handlungstheoretischen Kern des Lebensverlaufs in der von Huinink vorgetragenen Variante stellt ein Modell rationalen Verhaltens (MRV) dar (Huinink 2005). Eine alternative theoretische Erfassung der Handlungskomponente könnte die soziale Praxeologie des französischen Soziologen Pierre Bourdieu (1930–2002) bieten.[49]

Seine Überlegungen führt Huinink dahingehend fort, dass er die bis dahin relativ abstrakt gehaltenen Größen durch Beispiele konkretisiert. Dabei führt er mit der allgemeinen Anreizstruktur eine weitere Größe ein. Mit Blick auf die Wahl einer Lebensform gehören dazu beispielsweise unterschiedliche Vorteile, die sich für die Befriedigung seelischer und emotionaler Bedürfnisse ergeben, wie auch Nachteile mit Blick auf das Ausmaß an sozialer Kontrolle, das mit der gewählten Lebensform nach Huinink variiert. Weitere Bestandteile solch einer allgemeinen Anreizstruktur sind die mit der Wahl der Lebensform variierenden Möglichkeiten effizienten Wirtschaftens im Haushalt. Die Liste der Nennungen Huininks ist länger, muss hier aber nicht umfassend wiedergegeben werden. Es folgen Beispiele für die äußere und innere Gelegenheitsstruktur. Zur ersten gehören der Partnermarkt, Partnerschafts-, Ehe- und Scheidungsgesetze, die lokale für Lebensformen und Familien relevante Infrastruktur, der Wohnungsmarkt wie auch der Arbeitsmarkt, soziale Netzwerke und soziokulturelle Normen, die Beziehungsqualität, die Ressourcenausstattung der beteiligten Personen, das Geschlecht, das Alter, die Persönlichkeitsmerkmale derselben wie auch ihre Beziehungskompetenzen. Dies alles zählt Huinink zur äußeren Gelegenheitsstruktur. Ganz offensichtlich sind die Bestandteile dieser Liste, die doch im Ganzen für die äußere Gelegenheitsstruktur stehen, welche wiederum die Wahl der Lebensform bestimmt, auf unterschiedlichen logischen Ebenen angesiedelt. Damit stellt sich zwangsläufig die Frage nach der Unterscheidbarkeit der äußeren von der inneren Gelegenheitsstruktur, die er zuletzt spezifiziert. Diese umfasst die Stärke des Bedürfnisses nach Nähe und Intimität, den Kinderwunsch, die Stärke des Bedürfnisses nach existentieller Lebenssicherung, die Stärke des Bedürfnisses nach einer sicheren Perspektive, Werte und Einstellungen, Überzeugungen religiöser und moralischer Art. Abschließend zu dieser ausufernden Nennung relevanter Aspekte für die Wahl einer Lebensform bemerkt Huinink:

„Damit ist ein komplexer theoretischer Rahmen vorgegeben, innerhalb dessen sich das Problem der Entscheidung zugunsten oder zuungunsten einer bestimmten Lebensform innerhalb des individuellen Lebenslaufs bearbeiten läßt" (Huinink 1999: 126).

---

[49] Vgl. hierzu Niephaus (2002, 2003).

Angewendet auf die Differenzen in der Bedeutung nichtehelicher Lebensgemeinschaften in Ost- und Westdeutschland bedeutet das: Für die Zeit der Zweistaatlichkeit Differenzen in der äußeren Gelegenheitsstruktur, für die Zeit nach 1990 Differenzen in der inneren Gelegenheitsstruktur. So gab es auf dem Gebiet der früheren DDR familienpolitische Regelungen, die beim ersten Kind eine nichteheliche Elternschaft gegenüber einer ehelichen bevorzugten. Unter diese Regelungen fallen die Möglichkeit einer bezahlten Freistellung von der Arbeit bis zum dritten Lebensjahr des Kindes – sofern kein Krippenplatz zur Verfügung steht, welche wiederum bevorzugt an ledige Elternteile vergeben wurden –, ein erhöhtes Kindergeld und „großzügige" Regelungen im Krankheitsfall (Huinink 1999: 127). Ab dem zweiten Kind waren die Vorteile nichtehelicher Elternschaft nicht mehr gegeben:

> „Im Fall einer Elternschaft gab es also konkrete Anreize für den Aufschub der Ehe zumindest bis zur Geburt des zweiten Kindes. ... Die Vorteile nichtehelicher Elternschaft waren dann nicht mehr gegeben und man konnte nur noch den günstigen Ehekredit, der bis zu einem bestimmten Lebensalter gewährt wurde, in Anspruch nehmen" (Huinink 1999: 127 f.).

Anders dagegen die äußeren Gelegenheitsstrukturen in der alten Bundesrepublik: Da westdeutschen Frauen anders als den ostdeutschen vor 1990 die Vollerwerbstätigkeit bei Anwesenheit von zu betreuenden Kindern im Haushalt nicht oder nur erschwert möglich ist (vgl. Abschnitt III.1.3), sind sie bei Familiengründung zur sozialen Absicherung auf eine Eheschließung angewiesen.

Für die Zeit nach der deutschen Einigung fragt Huinink (1999), was näher liegen würde, „als von einem rasanten Prozeß der Anpassung der Muster privater Lebensformen in Ost- und Westdeutschland auszugehen?" (ebd.: 130). Doch solch eine Angleichung ist bis heute noch nicht zu beobachten. Hier sieht Huinink „stichhaltige Hinweise auf die Relevanz nach wie vor bestehender Unterschiede in den strukturellen und soziokulturellen Handlungsbedingungen für die Differenz nichtehelicher Lebensformen und damit der Nichtehelichen Lebensgemeinschaft zwischen Ost- und Westdeutschland, ..." (ebd.: 132 f.). Als relevant nennt er die nach wie vor stark ausgeprägte Erwerbsorientierung der ostdeutschen Frauen und die bessere Versorgung mit Kinderbetreuungsmöglichkeiten im Osten, die die Synchronität von Erwerbsarbeit und Elternschaft ermöglichen.

Mittels einer multinomialen Logitanalyse auf der Grundlage der Familiensurveys vom DJI der Jahre 1988, 1990 und 1994/95 versucht er, die Bedeutung der inneren Gelegenheitsstruktur für die Wahl der Lebensform zu quantifizieren. Allerdings weist dieser Versuch methodische Mängel auf, da hierfür lediglich eine Einstellungsvariable in das Modell eingeführt wird. Diese gibt an, inwiefern die ost- und westdeutschen Frauen der Aussage, dass ein Kind die Erwerbsbeteiligung nachteilig beeinflusst, zustimmen. Dieser Kritikpunkt ist nicht überzubewerten, da Sekundäranalysen immer mit Problemen solcherart konfrontiert sind. Nicht zuletzt deshalb ist mit PAIRFAM ein Projekt gestartet worden, um die bisher unzureichende Datenlage zur Analyse der Wahl von Lebensformen zu verbessern (vgl. Abschnitt II.1.3.2). Beziehen wir uns auf diesen einen Indikator zur Messung der inneren Gelegenheitsstruktur ist als Ergebnis festzuhalten, dass die hierin auszumachenden Differenzen die Differenzen in der Wahl der Lebensform zu einem guten Teil ausmachen. Huinink weist darauf hin, dass die Ost-West-Differenzen im Modell durch Beachtung dieser Variablen wohl zurückgehen aber nicht verschwinden. Aus dem bisher Dargelegten wäre eine einfache Antwort darauf, dass im Modell die äußeren Gelegenheitsstrukturen nicht berücksichtigt sind. Darüber hinaus sind Befunde aus qualitativen Studien zu den Gründen des Übergangs von nichtehelichen zu ehelichen Lebensgemeinschaften in Westdeutschland von Interesse, die zeigen, dass mit der Familiengründung ein Wechsel des Familienstandes zur sozialen Absicherung erfolgt, wenn einer der beiden Partner – i. d. R. die Frau – ihre Erwerbstätigkeit unterbricht – aufgrund mangelnder Kinderbetreuungsmöglichkeiten oder auch aufgrund diesbezüglicher Präferenzen (Vaskovics und Rupp 1995; Vaskovics, Rupp und Hofmann 1997).

Nachfolgend wird der Wandel der Lebensformen seit den 1970er Jahren aufgezeigt. Doch zuvor noch einige Erläuterungen zur Messung von Nuptialität und Kohabitation.

III.2.2 Die Messung von Nuptialität und Kohabitation

Gleich den übrigen demographischen Prozessen können die Vorgänge der Nuptialität und Kohabitation sowohl unter einer periodenspezifischen wie auch unter einer kohortenspezifischen Perspektive erfasst werden.

Über Eheschließungen informiert die *rohe Eheschließungsziffer* bzw. *rohe Heiratsziffer*. Sie gibt das Verhältnis zwischen der Zahl der Eheschließungen (E(t)) und der Wohnbevölkerung im Jahresmittel (F(t)), multipliziert mit 1000, an:

(1) $f(t) = \frac{E(t)}{F(t)} \times 1000.$

Die Betrachtung kann weiter differenziert werden: zum einen nach dem Familienstand und zum anderen nach dem Alter oder auch nach dem Geschlecht. Die Differenzierung nach dem Familienstand führt zu der *Heiratsziffer der Ledigen* und zu der *Heiratsziffer der Nichtledigen* (Wiederheirat nach Tod oder nach

Scheidung). Darüber hinaus wird in den Statistischen Jahrbüchern das durchschnittliche Heiratsalter erfasst. Dieses zeigt die Einbettung der Eheschließung in den Lebensverlauf an und muss streng genommen um eine Kohortenperspektive ergänzt werden, will man zu Aussagen über die Entwicklung der Eheschließungsbereitschaft gelangen.

Beachtung findet im Zusammenhang mit dem demographischen Prozess der Nuptialität zudem die Ehescheidung, also die Ehelösung durch gerichtliches Urteil. Unter einer periodenspezifischen Perspektive werden die *allgemeine Scheidungsziffer* und die *spezifische Scheidungsziffer* betrachtet. Erstere gibt an die Zahl der Ehescheidungen je 10 000 Einwohner, letztere die Zahl der Ehescheidungen je 10 000 Ehen. Auch hier gilt, dass eine kohortenspezifische Perspektive, wie sie durch die Betrachtung der Scheidungshäufigkeit einzelner Ehejahrgänge zu erlangen ist, aussagekräftiger ist.

Dem Wandel der Lebensformen wird in der amtlichen Statistik seit 1996 mit dem *Lebensformenkonzept* Rechnung getragen. Seit dem Jahr 1996 wird im Mikrozensus die Frage nach einem Lebenspartner bzw. einer Lebenspartnerin im Haushalt gestellt. Während sich die Frage bis zum Jahr 2004 an alle nicht mit der Haushaltsbezugsperson verwandten oder verschwägerten Haushaltsmitglieder richtete, wurde sie im Mikrozensus 2005 erstmals allen Haushaltsmitgliedern gestellt, die mindestens 16 Jahre alt sind und keinen Ehepartner im Haushalt haben. Inhaltlich werden damit Ehen, heterosexuelle und homosexuelle nichteheliche Lebensgemeinschaften erfasst. Seit 2006 werden auch eingetragene Lebenspartnerschaften nach dem Lebenspartnerschaftsgesetz (LpartG) von 2001 erhoben. Datengrundlage zur Berichterstattung über nichteheliche Lebensgemeinschaften sind ausschließlich Umfragedaten, da sie in Standesamtsregistern nicht geführt werden.

III.2.3 Der Wandel der Lebensformen seit den 1970er Jahren

Die nachfolgende Darlegung des Wandels der Lebensformen seit den 1970er Jahren unter besonderer Berücksichtigung des Geschehens in der Bundesrepublik erfolgt sowohl auf der Grundlage amtlicher Daten wie auch auf der Grundlage von Umfragedaten, da allein sie über das Vorkommen nichtehelicher Lebensgemeinschaften informieren können. Zur Erinnerung: Nichteheliche Lebensgemeinschaften werden in der Bundesrepublik nicht staatlich registriert.

Die nachfolgende Tabelle zeigt die Entwicklung der absoluten Zahlen an nichtehelichen Lebensgemeinschaften auf.

Tabelle 6   Entwicklung der Zahl nichtehelicher Lebensgemeinschaften in der Bundesrepublik (1972–2008)

Jahr	Ostdeutschland	Westdeutschland
1972		137
1978		348
1982		516
1985		686
1986		731
1987		778
1988		820
1989		842
1990		963
1991	327	1066
1992	338	1147
1993	362	1220
1994	377	1282
1995	404	1337
1996	505	1296
1997	527	1353
1998	539	1415
1999	564	1463
2000	583	1499
2001	598	1596
2002	620	1620
2003	634	1691
2004	657	1755
2005	642	1775
2006	627	1740
2007	628	1782
2008	656	1851

Quelle: Statistisches Bundesamt (2010)

Nuptialität und Kohabitation 101

Die Tabelle zeigt, dass die Zahl der nichtehelichen Lebensgemeinschaften seit dem Jahr 1972, für welches erstmals Schätzungen vorliegen, angestiegen ist.[50] Die für das Jahr 1972 angegebene Zahl nichtehelicher Lebensgemeinschaften liegt bei 136 000. Den jüngsten Zahlen zufolge gibt es 2 500 000 nichteheliche Lebensgemeinschaften in der Bundesrepublik.

Der Anstieg der Zahl der nichtehelichen Lebensgemeinschaften wird begleitet von einer Zunahme nichtehelicher Geburten.

Tabelle 7   Geburten nach Familienstand in Deutschland 1970 bis 2008 (in %)

Jahr	Lebendgeborene	
	ehelich	nicht-ehelich
1970	93	7
1980	88	12
1990	85	15
1995	84	16
1996	83	17
1997	82	18
1998	80	20
1999	78	22
2000	77	23
2001	75	25
2002	74	26
2003	73	27
2004	64	36
2005	71	29
2006	70	30
2007	69	31
2008	68	32

Quellen: Gender Datenreport (2005)[51], Statistisches Jahrbuch für die Bundesrepublik (2009); eigene Berechnungen

---

[50] Grundlage für die Schätzungen ist der Mikrozensus. Dieser enthält erst seit 1996 abgefragte Informationen zur Lebensform der Befragten.
[51] http://www.bmfsfj.de/Publikationen/genderreport/01-Redaktion/PDF-Anlagen/gesamtdokument, property=pdf,bereich=genderreport,sprache=de,rwb=true.pdf (05.02.2010)

Die Zahlen zeigen einen Anstieg des Anteils der nichtehelichen Geburten an der Gesamtzahl der Lebendgeborenen von 7 Prozent im Jahr 1970 auf 32 Prozent im Jahr 2008 an. Nach Ost- und Westdeutschland getrennte Betrachtungen zeigen, dass die nichtehelichen Geburten in den ostdeutschen Bundesländern gegenüber den ehelichen Geburten mittlerweile in der Überzahl sind.

Abbildung 13 Anteile der von nicht verheirateten Frauen geborenen Kinder an den Geborenen insgesamt in Ost- und Westdeutschland in Prozent (1950 bis 2002)

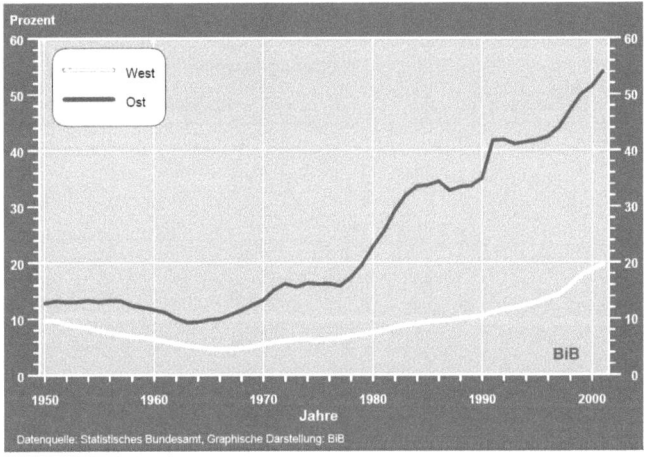

Quelle: Bundesinstitut für Bevölkerungsforschung (2004)

Von Weiß (2003) stammt der Hinweis, dass die „Ehe als organisatorischer Rahmen der Familie" (ebd.: 120) in der DDR schon früh an Bedeutung verloren hatte. Zur Diskussion stellt er die Annahme, dass diese fehlende organisatorische Rahmung der Familie durch die Ehe zurückzuführen sein könnte auf einen starken Frauenüberschuss in der unmittelbaren Nachkriegsperiode (vgl. Abschnitt IV.2.1). Und Konietzka und Kreyenfeld (2005) führen die oben berichteten Ost-West-Differenzen darauf zurück, dass vor dem Hintergrund der finanziellen Förderung von an der traditionellen Rollenaufteilung orientierten Ehen im familialistischen Wohlfahrtsstaat, der bei den ostdeutschen Frauen stärker ausgeprägte Wunsch nach ökonomischer Unabhängigkeit, eine Eheschließung zur Erlangung staatlicher Subventionen und sozialversicherungsrechtlichen Absicherung der nicht-erwerbstätigen Hausfrau von ostdeutschen Paaren weniger häufig angestrebt wird. Ihre empirischen Analysen bestätigen diese Hypothese allerdings nicht. Zur „Rettung" des theoretischen Argumentes, zumindest des Teils, der auf die Bedeutung der Ehe zur Absicherung von am traditionellen Rollenmodell orientierten Frauen abzielt, muss man sagen, dass dieses nicht ohne Berücksichtigung des Erwerbsstatus der Partner auf seine Gültigkeit hin analysiert werden kann. So mag es wohl sein, dass eine formal hoch qualifizierte Frau, die – der Operationalisierung von ökonomischer Unabhängigkeit von Konietzka und Kreyenfeld (2005) folgend – eine Ehe eingeht, da ihr Partner arbeitslos ist, um somit dessen finanzielle Absicherung durch die Eheschließung zu gewährleisten. Gerade im Ost-West-Vergleich und den divergierenden Arbeitslosenquoten zwischen Ost- und Westdeutschland ist dieses Argument aus meiner Sicht nicht zu vernachlässigen und wird gestützt durch die Befunde der Autoren zu den Quellen, aus denen der überwiegende Lebensunterhalt bestritten wird: Während nur 9 Prozent der ostdeutschen Frauen angeben, dass sie vorwiegend durch den Partner bzw. Angehörige unterstützt werden, gilt dies immerhin für 54 Prozent der westdeutschen Frauen.

Trotz der genannten Zahlen sind die Szenarien vom Untergang der Familie übertrieben. Zum einen, da sie ohne Grund aus der formalen Differenz zwischen Ehen und nichtehelichen Lebensgemeinschaften auf eine inhaltliche Differenz schließen, zum anderen, da im Querschnitt betrachtet, lediglich etwas weniger als 12 Prozent der Lebensformen nichteheliche Lebensgemeinschaften darstellen.

Abbildung 14 Anteil von Ehen und nichtehelichen Lebensgemeinschaften an allen Paargemeinschaften (1996–2008)

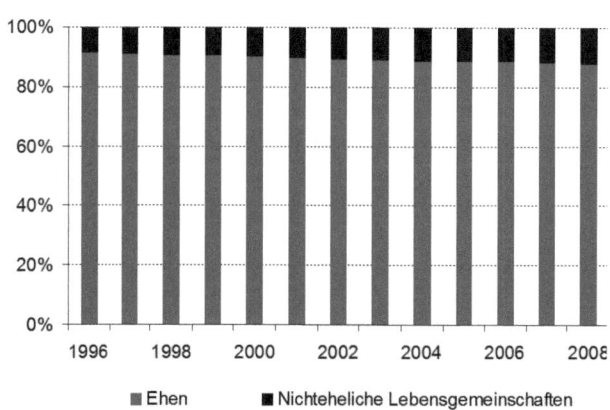

Quelle: Statistisches Bundesamt (2010)

Die nichteheliche Lebensgemeinschaft scheint in der Bundesrepublik tatsächlich nicht mehr als ein „biographisches Übergangsphänomen" (Burkart 2008: 183) zu sein.

Der internationale Vergleich zeigt auch hier, dass die Bedeutung, die der Lebensform im Lebensverlauf zukommt, nicht unbeeinflusst ist von der gesellschaftlichen Bedeutung des familialen Feldes: Wird die Familie als Wohlfahrtsproduzent konzipiert, womit eine geschlechtsspezifische Arbeitsteilung verbunden ist, ist die nichteheliche Lebensgemeinschaft als Alternative zur Ehe weniger attraktiv als in Gesellschaften, in denen der Familie diese Rolle nicht zukommt.

Abbildung 15 Anteile ausgewählter Lebensformen im Vergleich

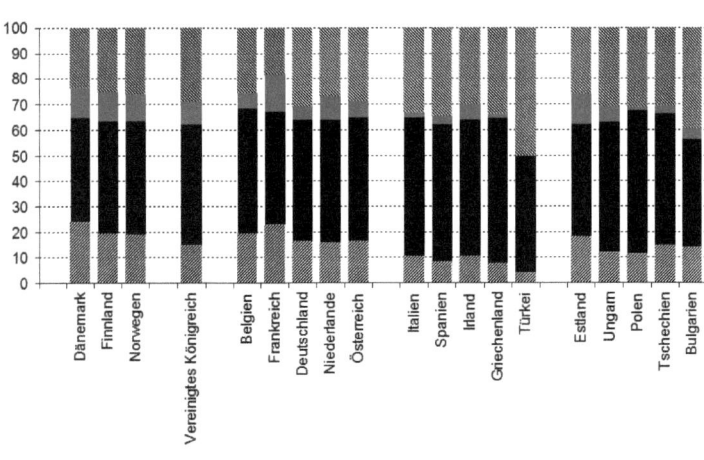

Quelle: http://www.oecd.org/document/4/0,3746,en_2649_34819_37836996_1_1_1_1,00.html (08.03.2010)

Betrachten wir zur Vervollständigkeit des demographischen Geschehens der Nuptialität noch das Eheschließungs- und Ehescheidungsgeschehen: So lag das durchschnittliche Heiratsalter für Männer 1995 bei 33,2 Jahren und für Frauen bei 30,3 Jahren. Seither ist es für Männer auf 36,7 Jahre angestiegen, für Frauen auf 33,5 Jahre. Wir beobachten also weiterhin eine Verlagerung der Eheschließung in höhere Alter (Statistisches Bundesamt 2006). Ob die Eheschließungsbereitschaft generell abnimmt, kann lediglich eine kohortenspezifische Betrachtungsweise zeigen, die darüber informiert, ob und wie sich die Anteile der Erstheiraten über die Kohorten hinweg verändert haben. Aus Umfragedaten ist bekannt, dass sich die Eheschließungsbereitschaft über die Kohorten hinweg verringert hat: Analysen der Daten des ALLBUS für die Geburtsjahrgänge 1946–1955, 1956–1965 und 1966 bis 1981 belegen dies (Statistisches Bundesamt 2006). Auch sind die kumulierten Anteile geschiedener Ehen ausgewählter Ehejahrgänge gestiegen: Während dieser Anteil bei dem westdeutschen Eheschließungsjahrgang 1950 bei knapp über 10 Prozent lag, liegt er für den westdeutschen Eheschließungsjahrgang 1990 bereits jetzt bei 26 Prozent (Böttcher 2006). Natürlich ist dabei zu beachten, dass für beide Vorgänge abschließende Beurteilungen erst mit dem Tod des letzten Kohortenmitgliedes möglich sind. Hinter dieser Entwicklung steht nicht allein eine erhöhte Scheidungsbereitschaft, sondern auch die zunehmende Lebenserwartung, mit der die Ehedauer und damit auch das Scheidungsrisiko ansteigen (Burkart 2008).

III.3 Migration

Die Bevölkerungsbewegung wurde in der Geschichte der Bevölkerungswissenschaft die meiste Zeit als natürliche Bevölkerungsbewegung, die demographischen Prozesse der Fertilität, Nuptialität und Mortalität umfassend, betrachtet. Ihr räumlicher Aspekt gelang als letzter ins bevölkerungswissenschaftliche Bewusstsein. So hat beispielsweise noch Mackenroth (1953) den demographischen Prozess der Migration aus dem Konzept der Bevölkerungsweise (vgl. Abschnitt III.1.1.2) ausgeblendet. Gleichwohl zählen Migrationsbewegungen laut Wörterbuch der Soziologie „zu den elementaren Bevölkerungsprozessen und waren in Geschichte und Gegenwart stets ein wesentlicher Faktor des Bevölkerungsaufbaus" (Nauck 2002: 362). Und Bade et al. (2007: 19) bemerken in ihrer *Enzyklopädie. Migration in Europa vom 17. Jahrhundert bis zur Gegenwart:* „Migration gehört zur Conditio humana wie Geburt, Vermehrung, Krankheit und Tod; denn der Homo sapiens hat sich als Homo migrans über die Welt ausgebreitet". Aus der genannten Enzyklopädie stammt folgende Definition für den Begriff der Migration:

> „Der Begriff Migration bezieht sich auf räumliche Bevölkerungsbewegungen, sowohl über Staatsgrenzen (grenzüberschreitende bzw. transnationale Migration) wie innerhalb eines politisch-territorialen, sozialen oder kulturellen Raumes (interne Migration). Er schließt den Prozess der Wanderungsentscheidung ein, sowohl für Migration mit dauerhafter Bleibeperspektive wie mit offenem Zeithorizont oder auch Wanderungen auf Zeit mit der Absicht, im Zielgebiet eine Zeitlang zu leben und zu arbeiten. Von solcher Arbeitswanderung wird Kurzzeitmobilität wie tägliches oder wöchentliches Pendeln, touristische oder geschäftliche Reisen unterschieden. Allerdings kann aus diesen Mobilitätsformen Migration werden, wie zum Beispiel

bei deutschen Touristen, die nach mehrfachen Urlauben am Mittelmeer zur Zeit ihres Berufslebens im Rentenalter dauerhaft in diese Urlaubsregionen abwandern. Migration wird darüber hinaus von Kurzstreckenmobilität, wie zum Beispiel bei Umzug innerhalb einer Gemeinde, unterschieden. Diese Mobilitätsformen sind Teil sozialräumlicher Veränderungen, werden jedoch – in der Regel – nicht als Teil des Phänomens Migration eingeordnet" (Hoerder, Lucassen und Lucassen 2007: 36).

Die Autoren empfehlen, zwischen dem Prozess der Migration und den hierfür möglichen Analysekategorien zu unterscheiden. So kann der Prozess unterschiedliche Formen annehmen: Arbeitsmigration, Heiratsmigration, Transhumanz oder koloniale Siedlungswanderung (Hoerder, Lucassen und Lucassen 2007). Im Fall des Nomadentums sprechen sie von „Migration als Sozialstruktur" (ebd.: 36) – ein interessanter Vorschlag, wenn man bedenkt, dass Sozialstruktur nichts anderes als die gesellschaftliche Ordnung bedeutet und diese im Fall von Nomadengesellschaften tatsächlich durch die Wanderung bestimmt und um diese organisiert wird. Die Analysekategorien werden bestimmt durch die analytischen Ansätze zur Erfassung des Prozesses: „Sie umfassen unterschiedliche Forschungsfragen (zum Beispiel in den Wirtschafts-, Rechts- oder Sprachwissenschaften), thematisieren Schwerpunkte (zum Beispiel Familie, Generationen, Religion) und Prozesse in der Empfängergesellschaft (zum Beispiel Diskriminierung, Diasporabildung, Integration, staatliche Kontrolle)" (ebd.: 36).

III.3.1 Migrationstheorien

Die nachfolgend vorgestellten Migrationstheorien haben zumeist den Prozess der Arbeitsmigration zum Gegenstand. Seine Ursprünge liegen im 17. Jahrhundert. Üblicherweise wird damit der Zeitraum zwischen 1598 und 1715 bezeichnet (Wallerstein 1980). Innerhalb dessen hat sich in Europa die letzte Phase des Übergangs zur kapitalistischen Produktionsweise vollzogen (Hobsbawm 1954). Durch die Ablösung feudaler Gesellschaftsformationen durch liberale oder kapitalistische wird räumliche Mobilität gefördert wenn nicht sogar erzwungen (Hoerder, Lucassen und Lucassen 2007). In diese Zeit fällt auch die Ausbildung erster liberaler Migrationsregime in der niederländischen und der venezianischen Republik: „Diese Regionen waren durch ein hohes Maß an Urbanisierung und geringe Hemmnisse für Zuwanderer gekennzeichnet" (ebd.: 40). Gegenwärtig – in Zeiten ökonomisch dominierter Globalisierungsprozesse – unterliegt der Prozess der Arbeitsmigration einem „liberalen Paradox" (Hollifield 2003: 35): „Die ökonomische Logik des Liberalismus verlangt Offenheit, die politische und rechtliche Logik verlangen eher Abschottung" (ebd.: 37). Oder anders formuliert:

Migration

„Ökonomisch betrachtet *erfordert* die Globalisierung eine wachsende internationale Migration, technologisch gesehen *ermöglicht* sie die verstärkte Mobilität und Kommunikation, sozial *beschleunigt* sie die Migration durch wachsende Ungleichheiten. Politisch aber wird die Migration im Zuge der Globalisierung zunehmend *begrenzt*" (Scharenberg 2006: 76, Hervorhebung im Original).

Mit dem Manifestwerden dieses liberalen Paradox hat sich der Gegenstand der Migrationsforschung grundlegend gewandelt: Der Prozess der Migration ist nicht mehr allein ein Prozess der Arbeitsmigration, er ist heterogener geworden. Politische Flüchtlinge, Umweltflüchtlinge und aus ethnisch-religiösen Motiven Geflohene und Vertriebene bestimmen ihn. Alles in allem sind Migrationsbewegungen vielfältiger geworden. Es ist sogar die Rede von „the chameleon-like nature of our subject of interest" (Salt 1989: 431). Die Reaktionen der theoretisch orientierten Migrationsforschung auf diese Neuerungen werden durchweg als ein Perspektivenwechsel betrachtet (Zolberg 1989; Hödl, Husa, Parnreiter und Stacher 2000; Parnreiter 2001).

Die lange anhaltende Dominanz von in der neoklassischen Ökonomik verwurzelten Migrationstheorien wurde abgelöst durch historisch-soziologische Ansätze. Die Gründe für diesen Perspektivenwechsel sind einfach zu bestimmen: Während für den Prozess der Arbeitsmigration gilt, dass er trotz aller mit der Differenzierung in „freiwillige Migration" und „unfreiwillige Migration" verbundenen Schwierigkeiten (Bade 2002) i. d. R. als eine Form der freiwilligen Migration angesehen wird, gilt dies für die neuen Migrationsprozesse nicht. Sie sind Formen der unfreiwilligen Migration, in diesem Sinne unter Zugrundelegung einer neoklassischen Axiomatik nicht reflektierbar.

„Der Mensch wird in der Ökonomik als *frei und selbständig* angesehen. Er ist frei von Sozialisations- und anderen sozialen Zwängen (...). Diese Vorstellung von einem freien Individuum entstammt der Aufklärung, die ein Menschenbild von selbstbestimmten Akteuren propagierte. ... Folglich werden in der Mikroökonomik und der Rational Choice-Theorie lediglich mündige Menschen behandelt. Kinder oder unfreie Personen werden hingegen nicht berücksichtigt, da sie aus rechtlichen Gründen nicht frei entscheiden können" (Etzrodt 2003: 13, Hervorhebung im Original).

Zugang zur Erfassung solcher Wanderungsbewegungen bieten die historisch-soziologischen Ansätze. Hierzu zählen ansatzweise die Arbeiten Piores, der nachfrageseitig argumentierend den Bedarf an eingewanderten Arbeitskräften als Strukturmerkmal kapitalistisch verfasster Ökonomien konzipiert (vgl. Abschnitt III.3.1.1.4). Auf der Strukturebene ähnlich, doch mit dem Anspruch einer weltumspannenden Perspektive, argumentiert der Weltsystemansatz von Wallerstein, indem dieser nationale verfasste Gesellschaften und damit auch Ökonomien nicht als unabhängig operierende Einheiten konzipiert, sondern als Teile eines interdependenten Weltsystems, welches unter dem Primat kapitalistisch verfasster Ökonomien asymmetrische Interdependenzen schafft, entlang derer Wanderungsbewegungen stattfinden. Diese müssen nicht allein ökonomisch motiviert sein. Auch ethnisch, ökologisch, politisch und religiös motivierte Wanderungsbewegungen sind mit diesem Ansatz erfassbar. Entsprechend stellt sich dieser Ansatz als der geeignetste zur Erklärung internationaler Migrationsbewegungen dar:

> „Internationale Migration (entsteht) typischerweise nicht aufgrund individueller Kosten-Nutzen-Rechnung ..., sondern im Rahmen umfassender sozialer, ökonomischer und politischer Umwälzungen, die mit dem Übergreifen kapitalistischer Märkte auf nicht marktwirtschaftlich oder vormarktwirtschaftlich organisierte Gesellschaften einhergehen (wie es den Annahmen der Weltsystemtheorie entspricht)" (Massey 2000: 55, Hervorhebung im Original).

Dieser Befund ist das Ergebnis der Arbeiten eines interdisziplinären Komitees, eingesetzt von der International Union for the Scientific Study of Population (IUSSP).

Wie bisher auch werden die Theorien in chronologischer Folge vorgestellt. Dabei werde ich mich an den Gepflogenheiten der englischsprachigen Literatur orientieren und zwischen Theorien zu den Ursachen von Wanderungsprozessen und solchen zur Perpetuierung von Wanderungsprozessen unterscheiden (Massey et al. 1993, 1998).[52]

---

[52] Aus Platzgründen wird auf die Darlegung sogenannter Distanz- oder Gravitationsmodelle wie auch die von Push-Pull-Regressionsmodellen verzichtet. Nachzulesen sind diese bei Albrecht (1972), der ihnen kritisch gegenüber steht, und Kalter (2000). Keine Erwähnung finden weiterhin die soziologischen und sozial-psychologischen Arbeiten von Shmuel N. Eisenstadt und Hans-Joachim Hoffmann-Nowotny, da ihnen für die gegenwärtigen Diskussionen in der Bevölkerungswissenschaft und auch der Soziologie keine Bedeutung zukommt. Auch diese Arbeiten sind nachzulesen bei Albrecht (1972). Ebenfalls unberücksichtigt bleiben Überlegungen zum transnationalen Migrationsgeschehen, da es sich hierbei weniger um theoretische Überlegungen zu den Ursachen und der Fortdauer von Migrationsbewegunngen handelt, sondern vielmehr der Bewegung von Migranten in sozialen (nicht in geographischen) Räumen Beachtung geschenkt wird und Fragen der transnationalen Staatsbürgerschaft und Integration diskutiert werden (Bauböck 2003). „Global Population" (Smith 1995: 251), „transnational communities" (Kearney 1995: 231) oder „deterritorialized nation-states" (Glick Schiller, Basch und Szanton Blanc 1997: 124) sind die relevanten Stichwörter in diesem Forschungskontext. Diese Ansätze sind stark gegenwartsorientiert und übersehen oftmals, „daß es auch bei historischen Migrationsprozessen transnationale soziale Räume, transnationale Netzwerke und transnationale Migrantenidentitäten gab" (Bade 2002: 28 f.).

Migration

III.3.1.1 Die Auslöser von Migrationsbewegungen

Die nachfolgenden Theorieangebote erörtern Auslöser von Migrationsbewegungen. Insofern im Fokus der Prozess der Arbeitsmigration steht, sind dies zumeist ökonomische Faktoren, welche angesiedelt werden können auf der gesellschaftlichen Makroebene wie auch auf der gesellschaftlichen Mikroebene. Die Randbedingungen werden festgelegt durch ökonomische Entwicklungsgefälle zwischen Regionen bzw. Staaten, so dass also Wanderungsbewegungen von sogenannten Entwicklungsländern in westliche Industriegesellschaften betrachtet werden.

III.3.1.1.1 Ernest Georg Ravensteins Wanderungsgesetze

Im Jahr 1885 legte Ernest Georg Ravenstein, ein deutscher Geograph und Kartograph (1834–1912), der Royal Statistical Society unter dem Titel „The Laws of Migration" ein vielfach als Ursprung der theoretisch orientierten Wanderungsforschung genanntes Papier mit dem Titel *The Laws of Migration* vor. Darin geht er auf der Grundlage von Zensusdaten der Jahre 1871 bzw. 1881 der Frage nach, ob Wanderungen, im konkreten Fall analysiert er Binnenwanderungen im Vereinigten Königreich[53], Gesetzmäßigkeiten unterliegen. Eine Frage, die er mit der Nennung von sieben „mechanistische(n), nach sozialen Naturgesetzen tastende(n)" (Bade 2002: 32) Wanderungsgesetzen bejaht. Die Gesetze benennen statistische Regelmäßigkeiten, deren Ursache Ravenstein als ökonomische identifiziert und die er auch als gültig für Außenwanderungen erklärt (Ravenstein 1972b, 1889):

> „Es kann kein Zweifel darüber bestehen, daß der Ruf nach Arbeitskräften in unseren Industrie- und Handelszentren die primäre Ursache jener Wanderungsströmungen ist, die aufzuzeigen der Gegenstand dieser Untersuchung ist. Wenn wir daher vielleicht etwas anmaßend von *‚Gesetzen der Wanderung'* sprechen, so meinen wir damit lediglich die Art und Weise, wie der Bedarf an Arbeitskräften in einem Teil des Landes von anderen Teilen mit Überfluß an Bevölkerung gedeckt wird" (Ravenstein 1972a: 51, Hervorhebung im Original).

Sieben Wanderungsgesetze deckt er auf (Ravenstein 1972a, 1885):

1. Wanderungen erfolgen zumeist über kurze Entfernungen.
2. Wanderungen erfolgen in Etappen (Absorptionsprozess): „Die Landbewohner in unmittelbarer Umgebung einer Stadt mit schnellem Wachstum ziehen

---

[53] Das Zahlenmaterial umfasst Wanderungen in England, Schottland und Irland.

in großer Zahl hinzu: Die so entstehenden Lücken in der ländlichen Bevölkerung werden von Wanderern aus entlegenen Bezirken ausgefüllt, bis schließlich die Anziehungskraft einer unserer rasch wachsenden Städte, Schritt für Schritt, ihren Einfluß bis in den entferntesten Winkel des Königreichs ausdehnt" (Ravenstein 1972a: 51 f.).

3. Der Dispersionsprozess verhält sich umgekehrt zum Absorptionsprozess.
4. Wanderungsbewegungen erzeugen kompensierende Gegenbewegungen.
5. Wanderungen über weite Entfernungen erfolgen zumeist in Industriezentren.
6. Die ländliche Bevölkerung ist mobiler als die städtische.
7. Frauen sind mobiler als Männer.

Ravensteins Gesetze der Wanderung waren bereits zu seiner Zeit Gegenstand von Kritik. Zum einen wurde von vielen Kollegen der Vorwurf erhoben, er gebrauche fälschlicherweise den Begriff des Gesetzes; in einem streng wissenschaftlichen Sinne würde er keine Gesetze aufdecken. In den im Neuabdruck gesammelten Kritikpunkten und Anregungen ist nachzulesen:

„Herr S. Bourne gab zu, die Anwendung des Wortes ‚Gesetz' seitens Herrn Ravensteins stoße bei ihm auf ähnliche Verständnisschwierigkeiten wie bei Herrn Hamilton. Er habe den Eindruck, daß man aufgrund des Untersuchungsergebnisses genau genommen nichts irgendwie Gesetzähnliches aufdecken könne, was die Bevölkerungswanderung von einem Landesteil in den andern reguliere, es sei denn das simple Gesetz von Angebot und Nachfrage" (Ravenstein 1972a: 61).

Daneben wurde kritisiert, dass Ravenstein nur ökonomische Wanderungsmotive ausmacht. Dennoch war damit die Grundlegung der Wanderungsforschung bis in die zweite Hälfte des 20. Jahrhunderts vollzogen.

In seinen soziologischen Betrachtungen zu Wanderungsbewegungen stellt Heberle bereits 1955 mit Blick auf Ravenstein fest:

„Mehr als zwei Menschenalter sind vergangen, seit Ravenstein … seine beiden Vorträge über die Gesetzmäßigkeit der Wanderungen hielt. Obwohl Ravenstein … einem Kritiker erwiderte, die von ihm nachgewiesenen ‚Wanderungsgesetze' seien natürlich nicht so exakt wie die physikalischen Gesetze, muß er doch geglaubt haben, daß seine ‚Gesetzmäßigkeiten' einen absoluten Geltungsbereich hätten, sonst würde er sie nicht zur Grundlage ziemlich sonderbarer und unrealistischer Vorschläge für die von ihm erwartete Besiedlung Afrikas durch die Europäer gemacht haben… Tatsächlich waren sowohl die sozialen Bedingungen wie das wissenschaftliche Klima damals günstig und verlockend für die Aufstellung sozialer Gesetze im allgemeinen und für die Formulierung von Wanderungsgesetzen im besonderen… Seitdem haben sich ... unsere Anschauungen von der Bedeutung und Gültigkeit des Gesetzesbegriffs für die Sozialwissenschaften geändert, während gleichzeitig Veränderungen in der sozialen Wirklichkeit eintraten, die das Aufstellen allgemeiner Gesetze sinnlos erscheinen lassen: die Freiheit der Wanderungen zwischen den Staaten wurde beschränkt und bald darauf begann ein Zeitalter politischer Verfolgungen, Austreibungen von Minderheiten, zwangsmäßiger Verschickung von Arbeitern, Massenfluchten und staatlich regulierter Wanderungen von Refugiés und ‚D. P-s.'. Mit anderen Worten, die wissenschaftlichen und gesellschaftlichen Voraussetzungen, auf die Ravenstein und seine Nachfolger ihre Wanderungsgesetze gestützt hatten, wurden hinfällig" (Heberle 1955: 1 f., Hervorhebung im Original).

III.3.1.1.2 Neoklassische Wanderungstheorien

Aus der neoklassischen Ökonomie stammende Überlegungen zu Wanderungsbewegungen betrachten zur Erklärung derselben zwischen Ländern existierende Lohndifferenzen wie auch Differenzen in den Arbeitsbedingungen. Zudem betrachten sie die auf der individuellen Ebene mit der Wanderung verbundenen Kosten und den aus ihr resultierenden Nutzen. Die Axiomatik für die mikroökonomischen Modelle ist die bereits mehrfach genannte eines Kosten minimierenden und Nutzen maximierenden individuellen Akteurs, der je nach Modifikation des Modells Rationalen Verhaltens (MRV) unter gegebenen Präferenzen und Restriktionen diese Abwägung vornimmt. Die makroökonomsichen Modelle arbeiten zudem unter der Prämisse eines langfristig stabilen Gleichgewichtes zwischen Ökonomien.

„Neoclassical economics focuses on differentials in wages and employment conditions between countries, and on migration costs; it generally conceives of movement as an individual decision for income maximization" (Massey et al. 1993: 432).

III.3.1.1.2.1 Neoklassik: Makroökonomische Ansätze

Die bekannteste Theorie zu internationalen Migrationsbewegungen wurde ursprünglich entwickelt, um die Wanderung von Arbeitskräften im Prozess ökonomischer Entwicklung zu erklären (Lewis 1954, Ranis und Fei 1961). Die Frage der Mobilität von Arbeitskräften wird gleich der Frage nach Faktormobilität behandelt und ist Teil internationaler Handelstheorien, die auf dem „Heckscher-Ohlin-Theorem" und einer seiner Ableitungen, dem Theorem sich angleichender Faktorpreise, beruhen (Borjas 1989). Das „Heckscher-Ohlin-Theorem", benannt nach dem schwedischen Wirtschaftshistoriker Eli Heckscher (geb. 1919) und dem schwedischen Ökonomen Bertil Ohlin (1899–1979), besagt vereinfacht, dass Volkswirtschaften mit einem Überhang an Kapital kapitalintensive Güter produzieren, wohingegen jene mit einem Überhang an Arbeit arbeitsintensive Güter produzieren. Freier Handel, so die weiterführenden Überlegungen, führt zu besagter Angleichung der Faktorpreise. Gleichwohl die genannten Theoreme in ihrer ursprünglichen Version von der Immobilität von Arbeitskräften ausgehen, ändert die Einführung von Migrationsbewegungen die Ergebnisse der Analysen wenig.

> „These two theorems imply that since a labor abundant country is exporting those goods that are relatively intensive in the production of labor, it is, in a sense, exporting labor. The export of labor intensive goods leads to the equalization of wage rates across countries even if labor itself is immobile. In other words, the trading of goods subsitutes for the trading of people. The introduction of immigration into the Hecksher-Ohlin-Samuelson framework, therefore, does not fundamentally alter the results of the analysis since the international immigration of income-maximizing persons is simply another way of ensuring the factor prices are equalized across countries" (Borjas 1989: 459).

In diesem Theoriekontext ist Migration ein zwischen Ländern bzw. Regionen existierende Lohndifferenzen ausgleichender Mechanismus. Arbeitskräfte aus Niedriglohnländern bzw. -regionen wandern aus in Hochlohnländer und Hochlohnregionen, wodurch in diesen das Angebot an Arbeitskräften ansteigt, in den Herkunftsländern sinkt es, so dass dort die Löhne ansteigen, in den Zielländern diese dagegen sinken.

Zentraler Punkt der Kritik an unter neoklassischen Vorzeichen operierenden makroökonomischen Modellen ist die zugrunde gelegte Axiomatik langfristig stabiler Gleichgewichte zwischen Ökonomien. Lohndifferenzen haben sich in Folge von Wanderungsbewegungen keineswegs angeglichen, wie von der neoklassischen Makroökonomie vorausgesagt: „… leading, at equilibrium, to an international wage differential that reflects only the costs of international movement, pecuniary and psychic" (Massey et al. 1993: 433).

> „Wenn es vor allem Elend wäre, das Migrationen auslöst, warum wandern dann Hunderte Millionen völlig verarmter Menschen nicht aus Ländern der ‚Dritten Welt' aus? Warum ist die türkische Emigrationsrate doppelt so hoch wie jene von Bangladesh, dem ‚Armenhaus' der Welt? Warum hatte Deutschland zwischen 1850 und 1900 eine dreizehnmal höhere Auswanderung als Frankreich? War es dreizehnmal so arm? Wenn alleine Lohnunterschiede Migrationen verursachen würden, warum begannen Türk(inn)en in den frühen 1960er Jahren, Thailänder(innen) aber erst in den späten

1980er Jahren die Verdienstmöglichkeiten in der Bundesrepublik Deutschland bzw. in Japan wahrzunehmen und auszuwandern, obwohl die Lohnunterschiede auch schon zuvor riesig waren? Warum stammt die US-Einwanderung im wesentlichen aus einem Dutzend Ländern und nicht aus allen 137 Staaten, die die OECD als Entwicklungsländer zählt?" (Parnreiter 2001: 55, Hervorhebung im Original).

Entsprechend haben empirische Untersuchungen gezeigt, dass Arbeitsmigranten ihre Herkunftsgebiete nicht zum Zwecke der Erzielung höherer Lohneinkommen verlassen, sondern um das im Zuge ökonomischer Entwicklungen in ihren Herkunftsgebieten zu beobachtende Versagen des Marktes zu überwinden (Massey et al. 1998) – eine Beobachtung, die von den new economics of migration (vgl. Abschnitt III.3.1.1.1.3) gestützt wird.

III.3.1.1.2.2 Neoklassik: Mikroökonomische Ansätze

Ausgangspunkt für die ersten mikroökonomischen Wanderungsmodelle sind die Überlegungen Sjaastads (1962), die die Humankapitaltheorie (vgl. Abschnitt III.1.1.3) bereits vorausahnen lassen und weiterentwickelt wurden von Todaro (1969) und Harris und Todaro (1970).

Sjaastads Überlegungen liegt die Beobachtung sich nicht angleichender Lohndifferenzen in Folge von Wanderungsbewegungen zugrunde:

> „Migration research has dealt mainly with the forces which affect migration and how strongly they have affected it, but little has been done to determine the influence of migration as an equilibrating mechanism in a changing economy. The movements of migrants clearly are in the appropriate direction, but we do not know whether the numbers are sufficient to be efficient in correcting income disparities as they emerge. There is a strong presumption that they are not" (Sjaastad 1962: 80).

Sein Anliegen ist es, Konzepte und Instrumente zu entwickeln, um das letztgenannte Problem zu lösen. Sein Vorschlag beruht auf einem Perspektivenwechsel, der es ermöglicht, Individuen als Analyseeinheiten zu behandeln. Die Entscheidung zur Migration betrachtet er als ein Problem der Ressourcenallokation.

> „A resource allocation framework ... treats migration as a means in promoting efficient resource allocation and because migration is an activity which requires resources" (Sjaastad 1962: 80).

Migration wird betrachtet als eine Investition, die darauf abzielt, die Produktivität menschlicher Ressourcen zu erhöhen.[54] Verbunden ist diese Investition mit Kosten und Nutzen. Kosten und Nutzen unterteilt Sjaastad (ebd.) in monetäre und nicht-monetäre. Zu den monetären Kosten gehören die für die Reise zu tätigenden Aufwendungen, zu den nicht-monetären beispielsweise psychische Kosten. Monetärer Nutzen ist ein realer Einkommensgewinn, nicht-monetärer Nutzen wäre eine Präferenz für den neuen Wohnort. Aufgrund dieser Überlegungen ist eine Nutzenfunktion modellierbar, die über die wahrscheinliche Wanderungsentscheidung informiert.

In der Folge ist diese Nutzenfunktion immer weiter modifiziert worden, auf theoretischer Ebene ist das MRV offener gestaltet worden. So beispielsweise durch die Einführung des Konzeptes eines „immigration market" (Borjas 1987), der Individuen über Aufnahmeländer verteilt.

> „Individuals residing in any source country consider the possibility of remaining there or of migrating to a number of potential host countries. Individuals make the migration decision by considering the values of the various alternatives, and choosing the option that best suits them given the financial and legal constraints that regulate the international migration process" (Borjas 1989: 460).

Damit werden Restriktionen rechtlicher Art erfassbar, die dem Wanderungsprozess in bestimmte Richtungen im Wege stehen. Und es wird weiterhin die Streuung der Wanderungskosten über Individuen hinweg diskutierbar – gemäß ihren Fähigeiten, ihrem Gesundheitszustand etc. (Borjas 1987, 1989). Die von Parnreiter (2001) vorgebrachte Kritik am makroökonomsichen Modell (vgl. Abschnitt III.3.1.1.2.1) zu der zeitlichen Platzierung von Wanderungsströmen wird damit auch in diesem Theoriekontext reflektierbar. Doch nicht nur das: auch interindividuelle Wanderungswahrscheinlichkeiten werden erfassbar. Weitere Modifikationen des mikroökonomischen Modells sind nachzulesen bei Massey et al. (1993, 1998), Kalter (2000) und Straubhaar (2002).

III.3.1.1.3 New Economics of Migration

Gleich den vorgestellten makroökonomischen Überlegungen (vgl. Abschnitt III.3.1.1.2.1) beschäftigen sich die new economics of migration des US-amerika-

---

[54] Die Argumentation Sjaastads, in die auch empirische Fakten aus der US-Volkszählung des Jahres 1950 eingehen, kann hier nicht in vollem Umfang wiedergegeben werden, ist aber in der zitierten Arbeit nachzulesen (Sjaastad 1962).

nischen Ökonomen Oded Stark mit dem Prozess der Arbeitsmigration zwischen Ländern unterschiedlicher ökonomischer Entwicklungsstufen (Stark 1993, zuerst 1991). Sie grenzen sich allerdings von den vorgenannten Überlegungen ab, indem Stark die Gültigkeit der Annahme, dass Wanderungsbewegungen durch Lohndifferenzen ausgelöst werden, bezweifelt:

> „..., there is more to labor migration than a response to wage differentials. Thus migration in the absence of (meaningful) wage differentials, does not imply irrationality. Migration is fundamentally dissimilar to the flow of water, which will always be observed in the presence of height differentials" (Stark 1993: 3).

Die konkreten empirsch-theoretischen Betrachtungen Starks zielen auf weniger entwickelte Länder, die einen ökonomischen Strukturwandel – weg von agrarisch dominierten hin zu industriell dominierten Ökonomien – durchlaufen. Im Fokus des Interesses stehen Familien, die an diesem ökonomischen Strukturwandel teilhaben:

> „Consider a model agricultural family, assumed to be the decision-making entity, which attempts to transform ‚familial' into ‚capitalist' production" (Stark 1993: 11, Hervorhebung im Original).

In seinen empirischen Arbeiten beobachtet Stark (1993) ein imperfektes Funktionieren von Arbeitsmärkten wie auch Versicherungsmärkten in den Herkunftsgesellschaften der Migranten. Durch die dadurch entstehenden materiellen Unsicherheiten steigt die Wahrscheinlichkeit, dass Familien als Strategie zur Streuung von Risiken Familienmitglieder zur Arbeit in ökonomisch entwickelte Länder entsenden. Als weiteren Anreiz zur Migration nennt Stark den ungenügend entwickelten Markt für Investitions- und Verbraucherkredite:

> „… a great many migratory phenomena would not have occured if the set of markets and financial institutions were perfect and complete" (Stark 1993: 4).

Familien, die Kapital benötigen, um am ökonomischen Strukturwandel teilzuhaben, haben kaum Zugang zu hierfür notwendigen Krediten, so dass Familienmitglieder ins Ausland entsendet werden, wodurch der verbleibende Haushalt Ersparnisse tätigt und zudem noch Geldflüsse aus dem Ausland erhält.

> „In the absence of smoothly functioning credit markets or appropriate institutional facilities, and when insurance markets either do not exist or charge prohibitive premiums, the family must reorganize the utilization of its *own* resources. It is here

> that rural-to-urban migration by the most suitable family member – a mature son or daughter (especially if educated) – comes into the picture. In bypassing the credit and insurance markets (with their bias against small farmers) migration facilitates the transformation; it succeeds in doing this via its dual role in the accumulation of investment capital (...), usually generating significant urban-to-rural flows of remittances, and, through diversification of income sources, controlling the level of risk. This ‚portfolio investment' in urban earning activity (migration by a maturing family member) as a risk – alleviating device assumes, in particular, that the urban sector is statistically independent of agricultural production" (Stark 1993: 11, Hervorhebung im Original).

Zudem nimmt Stark in die der Wanderung zugrunde liegende Nutzenfunktion (das MRV wird also beibehalten) des Haushaltes in der ökonomischen Theorie bis dahin nicht weiter berücksichtigte Variablen auf, wie das Ausmaß relativer Deprivation und die Unsicherheit über das im Wanderungsziel zu erzielende Einkommen. In Vorarbeiten haben Stark und Taylor (1989) zeigen können, dass Wanderungsbewegungen von Mexiko in die USA nicht so sehr mit Blick auf das Absoluteinkommen des wandernden Individuums getroffen werden, sondern auf Grundlage der relativen Einkommensposition des Individuums bzw. des Haushalts, der Familie und der diesbezüglich wahrgenommenen relativen Deprivation.

> „Note that this approach demonstrates the efficiency, flexibility, and what we might call the dynamic comparative advantage of the family. In other words, it does not view the family as an entity that is split apart as its independence-seeking younger members move away in an attempt to dissociate themselves from familial and traditional bondage, regardless of the negative externalities thereby imposed upon their families. Moreover, this approach shifts the focus of migration theory from individual independence (optimization against nature) to mutual interdependence (optimization against one another), that is, it views migration as a ‚calculated strategy' and not as an act of desperation or boundless optimism" (Stark 1993: 25 f., Hervorhebung im Original).

III.3.1.1.4 Die Theorie des dualen Arbeitsmarktes

Einen von der neoklassischen Makroökonomik abweichenden Zugang zur Erklärung von Wanderungsbewegungen wählt der US-amerikanische Ökonom Michael J. Piore (geb. 1940). Während die oben genannten am neoklassischen Modell orientierten makroökonomischen Theorien angebotsseitig argumentieren, verweist Piore (1979) auf nachfrageseitige Aspekte von Wanderungsbewegungen,

auf die Funktionalität der Immigration von Arbeitskräften für kapitalistisch organisierte Wirtschaften und segmentierte Arbeitsmärkte.
Arbeitsmärkte in kapitalistisch verfassten Gesellschaften sind in ein primäres und ein sekundäres Arbeitsmarktsegment gespalten: Während im primären Arbeitsmarktsegment die guten Jobs, charakterisiert durch gute und stabile Arbeitsbedingungen, hohe Löhne und hohes Sozialprestige angesiedelt sind, befinden sich im sekundären Segment des Arbeitsmarktes jene Positionen, die sich durch schlechte und instabile Arbeitsbedingungen, niedrige Löhne und ein niedriges Sozialprestige auszeichnen. Nimmt man den sozialen Status und nicht die Einkommensaspiration als maßgebliche Motivation für die Arbeitsaufnahme, ist es schwierig, Arbeitsplätze im sekundären Arbeitsmarktsegment zu besetzen, wodurch sich dieses durch einen permanenten Mangel an Arbeitskräften weitergehend charakterisieren lässt und der Anwerbung von Zuwanderern eine zentrale Bedeutung bei der Entstehung von Arbeitsmigration zukommt:

> „Thus, it is the employers, not the workers, and the jobs, not the incomes, that are strategic. Certain conditions in the donor country are required for the process to take place at all. But the active agent seems to be the evolution of the developed country and the forces emanating from it.
> This is almost impossible to see once a migration flow has become well established because by then it is almost completely self-sustaining. It is difficult to distinguish recruitment efforts from the voluminous information that flow back and forth between people *here* and people *there*" (Piore 1979: 19, Hervorhebung im Original).

Und weiter:

> „Recruitment explains why one region develops significant out-migration, and another, essentially comparable in terms of income, transportation costs, culture, and labor-force characteristics, never does so" (Piore 1979: 24).

Für die Migranten gilt, dass diese, solange sie ihr Engagement am Arbeitsmarkt des Ziellandes als temporär betrachten, aus der dort aufgenommenen Lohnarbeit keinen identitätsstiftenden Nutzen erwarten, demzufolge auf den durch diese erzielbaren Statusgewinn verzichten: „Migranten sind also *target earners*, die ein instrumentelles Verhältnis zur Lohnarbeit am Zielland haben und deshalb Jobs auf das durch sie lukrierte Einkommen reduzieren können" (Parnreiter 2001: 60, Hervorhebung im Original).

III.3.1.1.5 Weltsystemtheorie und neomarxistische Ansätze

Der US-amerikanische Soziologie Immanuel Wallerstein (geb. 1930) hat eine neue Perspektive in die Analyse sozialen Wandels eingeführt (Wallerstein 1974, 1980, 1989): Nicht länger der einzelne (National-)Staat, sondern das Weltsystem ist die Einheit der Analyse, ansonsten ist ein adäquates Verständnis sozialen Wandels – so Wallerstein – nicht möglich.

> „... I abandoned the idea altogether of taking either the sovereign state or that vaguer concept, the national society, as the unit of analysis. I decided that neither one was a social system and that one could only speak of social change in social systems. The only social system in this scheme was the world-system" (Wallerstein 1974: 7).

Den angesprochenen Wandel auf der Ebene der Analyseeinheiten sieht Trezzini (1996) als „Bruch mit jener modernisierungstheoretischen Sichtweise ..., die von einer rein einzelgesellschaftlichen und temporalen Interpretation der (Unter-)Entwicklungsproblematik ausging. Neu sollten *Entwicklung* und *Unterentwicklung* als unmittelbar zusammenhängende Phänomene und nicht mehr bloß als die zwei Endpunkte eines Kontinuums verstanden werden" (Trezzini 1996: 21, Hervorhebung im Original). Dabei wurde der zeitlichen Dimension eine räumliche hinzugefügt:

> „Die vorherrschende Betonung des Zeitfaktors [durch Modernisierungstheorien, die Autorin] wurde durch eine räumliche Sichtweise und die Analyse der gesellschaftlichen Arbeitsteilung analog durch eine solche der räumlichen ergänzt. Als grundlegendstes Paradigma fungierte dabei die Vorstellung von der Existenz sowohl eines gesellschaftlichen wie auch räumlichen Zentrums einerseits und einer ebensolchen Peripherie andererseits. Ausbeutung wurde somit nicht nur zwischen sozialen Klassen innerhalb eines Landes, sondern auch zwischen Ländern angenommen. Die Bourgeoisie beutet die Arbeiterschaft aus – und die reichen Länder des Zentrums jene der Peripherie. Reichtum und Macht konzentrieren sich als Endresultat folglich im ‚Zentrum des Zentrums'" (Trezzini 1996: 21).

Von der Weltsystemtheorie Wallersteins sind wichtige Anstöße für die Migrationsforschung ausgegangen. Autoren wie Portes und Walton (1981), Petras (1981), Castells (1989), Sassen (1988, 1991) und Morawska (1990) haben darauf aufbauend internationale Wanderungsbewegungen nicht mehr länger als Folge dualer Arbeitsmärkte innerhalb nationaler Ökonomien konzipiert (vgl. Abschnitt III.3.1.1.4), sondern auf das seit dem 16. Jahrhundert expandierende kapitalistische Weltsystem zurückgeführt:

„In this scheme, the penetration of capitalist economic relations into peripheral, non-capitalist societies creates a mobile population that is prone to migrate abroad.
Driven by a desire for higher profits and greater wealth, owners and managers of capitalist firms enter poor countries on the periphery of the world economy in search of land, raw materials, labor, and new consumer marktes. In the past, this market penetration was assisted by colonial regimes that administered poor regions for the benefit of economic interests in colonizing societies. Today it is made possible by neocolonial governments and multinational firms that perpetuate the power of national elites who either participate in the world economy as capitalists themselves, or offer their nation's resources to global firms on acceptable terms" (Massey et al. 1993: 444 f.).

Dieser theoretische Rahmen erlaubt es, Migration nicht allein als Arbeitsmigration zu erfassen, sondern auch politisch und ökologisch motivierte Flüchtlingsströme theoretisch zu diskutieren: Politisch motivierte Flüchtlingsströme sind zurückzuführen auf politische und militärische Aktivitäten kapitalistisch verfasster Staaten (Massey et al. 1993, 1998) und ökologisch motivierte[55] auf deren Praktiken, die Ressourcen der Länder der Peripherie auszubeuten.

Und die US-amerikanische Soziologin und Wirtschaftswissenschaftlerin Saskia Sassen (geb. 1949) stellt in ihrem Buch *The Mobility of Labor and Capital* (2001, zuerst 1988) die Frage, ob es einen Zusammenhang zwischen dem als Globalisierung bezeichneten ökonomischen Prozess und der Zunahme von Migrationsbewegungen gibt:

„Capital mobility has created new conditions for the mobility of labor. Economic practices and technology have contributed to the formation of a transnational space for the circulation of capital. Policies, many originating in the United States, delimit, regulate and make this space viable. What economic theory as well as governments define as movement between countries is also movement within one single entity encompassing those countries. The central question ... concerns the impact of such a transnational space for the circulation of capital on the formation and directionality of international labor migrations" (Sassen 2001: 1).

Sie kann u. a. zeigen, dass in den Ländern der Peripherie eine durch ausländische Direktinvestitionen forcierte exportorientierte Industrialisierung einsetzt, welche wiederum Migrationsprozesse in Bewegung setzt – beispielsweise durch die Freisetzung insbesondere junger Frauen aus traditionellen Formen der Arbeit. Gleichzeitig entsteht in den Zentren der globalisierten Ökonomie ein Bedarf an

---

[55] Zu den Ursachen und Folgen ökologisch motivierter Flüchtlingsströme vgl. Wöhlcke (1992).

niedrig bis nicht qualifizierten Arbeitskräften, diese auf das Angebot an billigen Arbeitskräften angewiesen sind. Doch nicht allein unqualifizierte Arbeit wird nachgefragt, auch die Nachfrage nach qualifizierten Arbeitskräften steigt: Migration ist ein Subsystem des Weltmarktes, ein „labor supply system" (Sassen 2001).

III.3.1.2 Die Perpetuierung von Migrationsbewegungen

Die nachfolgend genannten Überlegungen und theoretischen Ansätze berücksichtigen, dass „immigration may begin for a variety of reasons ... But the conditions that initiate international movement may be quite different from those that perpetuate it across time and space" (Massey et al. 1993: 448). Diese Ansätze schenken Migrationsnetzwerken, Organisationen, die Migranten unterstützen Beachtung, wodurch – so das Argument – zusätzliche Wanderungsbewegungen ausgelöst werden.

III.3.1.2.1 Migrationsnetzwerke

Netzwerke von Migranten, konstituiert über interpersonelle Beziehungen zwischen Migranten, früheren Migranten und Nicht-Migranten erhöhen die Wahrscheinlichkeit zu internationalen Wanderungsbewegungen, so die zentrale Aussage der Netzwerktheorie im Bereich der Migrationsforschung. Diese Netzwerke stellen eine spezifische Form sozialen Kapitals dar, das behilflich bei der Arbeitsaufnahme in einem fremden Land sein kann (Hugo 1981; Taylor 1986; Massey und García España 1987; Massey et al. 1993, 1998): Zum einen verringern Netzwerke die mit einer Migration verbundenen Kosten, zum anderen verringern sie die damit verbundenen Risiken, beispielsweise indem sie die Neuankömmlinge mit Arbeit versorgen.

III.3.1.2.2 Migration und Organisationen

In der Literatur werden die nachfolgend vorgestellten Überlegungen als institutionelle Theorie (Massey et al. 1993, 1998) bezeichnet. Es ist aus einer soziologischen Perspektive angemessener, nicht von Institutionen, sondern von Organisationen zu sprechen, die nach der Etablierung von Wanderungsbewegungen entstanden sind. Ausmachen lassen sich zwei Arten von Organisationen: profitorientierte und humanitäre. Während erstere einen Schwarzmarkt der Migration aufbauen, sind letztere in Folge dieser Entwicklung bemüht, ohne anerkannten Aufenthaltsstatus lebende Migranten[56] zu unterstützen und für ihre Rechte einzutreten[57]:

> „Over time, individuals, firms, and organizations become well-known to immigrants and institutionally stable, constituting another form of social capital that migrants can draw upon to gain access to foreign labor markets" (Massey et al. 1993: 450 f.).

III.3.1.2.3 Das Prinzip der kumulativen Verursachung

Das Prinzip der kumulativen Verursachung – „cumulative causation" – geht zurück auf den schwedischen Ökonomen Gunnar Myrdal (1898–1987), der gegen die neoklassische Axiomatik eines stabilen Gleichgewichtes zwischen nationalen Ökonomien Position bezieht (vgl. Abschnitt III.3.1.1.2.1):

> „I have suggested that the principle of interlocking, circular interdependence within a process of cumulative causation has validity over the entire field of social relations. It should be the main hypothesis when studying economic underdevelopment and development" (Myrdal 1957: 23)

Douglas S. Massey greift dieses Konzept auf und bringt es zur Verbindung der unterschiedlichen theoretischen Ansätze in die Migrationsforschung ein:

> „I first consider traditional cost-benefit models and bring a social structural perspective to bear within a diachronic framework, arguing that specific contextual factors interact with migration decisions to reduce the costs of movement over time, thereby giving migration a dynamic, self-feeding momentum. I then consider more recent theoretical treatments of family and household decision-making, and again show how structural variables acting longitudinally give migration a cumulative causation that builds over time. I next survey recently developed multilevel migration models and expand their reasoning to include feedback mechanisms that further reinforce the self-feeding character of migration. Finally, I consider macroeconomic and historical-structural perspectives that provide additional evidence on the cumulative causation of migration through relationships operating at the aggregate level" (Massey 1990: 5).

---

[56] In der Literatur wird dafür plädiert, den „denunziatorischen" Begriff der „illegalen Migration" durch den der „un- oder nicht-dokumentierten Migration" zu ersetzen (Hödl, Husa, Parnreiter und Stacher 2000: 16).
[57] Zu den bestehenden internationalen Migrationsorganisationen und deren Aufgaben vgl. Angenendt (2003).

Beispielsweise können Wanderungsbewegungen auf die Einkommensverteilung im Herkunftsland rückwirken („feedback mechanisms"), wodurch wiederum die Koordinaten relativer Deprivation und die sich daraus ergebende Migrationsmotivation verändert werden (vgl. Abschnitt III.3.1.1.3). Ebenso werden durch Wanderungsbewegungen die Verteilung von Land, die Organisation der Landwirtschaft, Kultur, die regionale Verteilung von Humankapital und die soziale Bedeutung von Arbeit im Herkunftsland beeinflusst. Die Zunahme potentieller Käufer (Emigranten) von Land hat Einfluss auf die Verteilung von Land. Allerdings erhöhen diese Käufe den Druck zur Emigration, insofern das erworbenen Land in aller Regel dem landwirtschaftlichen Produktionsprozess entzogen wird. Der kulturelle Aspekt betrifft die sich im Zuge von Wanderungsprozessen wandelnde Bewertung von Wanderungen etc. (Stark, Taylor und Yitzhaki 1986).

III.3.1.2.4 Migrationssysteme

Das Konzept der Migrationssysteme ist in den 1980er Jahren (aufgrund der damals starken Zunahme internationaler Wanderungsbewegungen) verstärkt aufgegriffen worden. Gleichwohl – so Fawcett (1989) – ist es so alt wie die Migrationsforschung selbst. Inhaltliche Gründe, die für seine Bedeutung sprechen, sind vor allem die Nähe des Konzeptes zu dependenztheoretischen Überlegungen, wie sie auch in Weltsystemmodellen zum Ausdruck kommen (vgl. Abschnitt III.3.1.1.5). Nachteil des Konzeptes der Migrationssysteme ist die Schwierigkeit bei der Bestimmung des damit Gemeinten. Der Versuch einer Systematik ist nachzulesen bei Fawcett (1989). Auf die Präsentation derselben wird an dieser Stelle verzichtet, da es sich hierbei keineswegs um eigenständige theoretische Überlegungen handelt:

> „Rather, the framework is intended to have heuristic value in the further development of both theory and research in international migration" (Fawcett 1989: 678).

Die bereits mehrfach angesprochene Zunahme der Migrationsbewegungen wird im übernächsten Abschnitt aufgezeigt. Zuvor folgt ein Abschnitt zur Messung von Migration.

III.3.2 Die Messung von Migration

Der Prozess der Migration wird in der Bevölkerungswissenschaft zumeist unter einer querschnittlichen Perspektive betrachtet. Grund hierfür sind Analysekategorien, die sich auf Fragen nach dem quantitativen Umfang der Migration beschränken. Entsprechend erfolgt in diesem Abschnitt zur Messung von Migration eine Beschränkung auf diese Perspektive, der zumeist amtliche Daten zugrunde liegen.

Die amtliche Erfassung der Migration erfolgt zunächst entlang verschiedener Kategorien: Ganz allgemein werden Außenwanderungen von Binnenwanderungen unterschieden. Als Außenwanderer gelten alle Personen, die eine Wohnung beziehen und sich bei den zuständigen Meldebehörden anmelden (Zuwanderer). Die zeitliche Dauer bzw. die beabsichtigte zeitliche Dauer des Aufenthaltes werden nicht berücksichtigt. Ferner werden als Fortzüge (Auswanderer) nur die Fälle gezählt, die mit einer Aufgabe der bisherigen Wohnung im Bundesgebiet verbunden sind. Wird die bisherige Wohnung nicht aufgegeben, ist laut Melderecht keine Abmeldung notwendig. Als Binnenwanderung gilt das Beziehen einer Wohnung als alleinige Wohnung oder Hauptwohnung. Auch die Änderung des Wohnungsstatus – Umwandlung einer Haupt- in eine Nebenwohnung oder einer Nebenwohnung in eine Hauptwohnung – gilt als Wanderung. Umzüge innerhalb von Gemeinden werden in der amtlichen Statistik nicht ausgewiesen (http://www.destatis.de/jetspeed/portal/cms/Sites/destatis/SharedContent/Oeffentlich/AI/IC/Publikationen/Jahrbuch/Bevoelkerung,property=file.pdf, 11.03.2010).

Im Gegensatz zur internationalen amtlichen Statistik informiert die deutsche nicht über Arbeitsmigration. Unter den Zuzügen werden lediglich Deutsche und Nicht-Deutsche unterschieden. Asylsuchende und Aussiedler[58] sind Unterkategorien. Bis 1990 erfolgte zudem eine Erfassung der Übersiedler von der DDR in die Bundesrepublik. Als Asylsuchende gelten „Ausländer und Ausländerinnen, die Schutz als politisch Verfolgte nach Art. 16 Abs. 2 Satz 2 GG beantragt haben und über deren Antrag noch nicht rechtskräftig entschieden ist" (http://www.destatis.de/jetspeed/portal/cms/Sites/destatis/SharedContent/Oeffentlich/AI/IC/Publikationen/Jahrbuch/Bevoelkerung,property=file.pdf, 11.03.2010). Als Aussiedler gelten „deutsche Staats- und Volkszugehörige, die nach Abschluss der allgemeinen Vertreibungsmaßnahmen, d. h. ab 1951, aus osteuropäischen Gebieten zugezogen sind" (Statistisches Bundesamt zitiert nach Hoffmeyer-Zlotnik 2000: 918). Rechtliche Grundlage für den Zuzug von Aussiedlern ist das 1953 verabschiedete und 1993 modifizierte Bundesvertriebenengesetz (BVFG).

Neuerdings wird über den Migrationshintergrund der Bevölkerung informiert. Ermöglicht wurde dies durch eine Erweiterung des Fragenkataloges des Mikrozensus ab dem Jahr 2005:

---

[58] Der Begriff Aussiedler umfasst auch den der Spätaussiedler, der nach der umfassenden Modifikation des Bundesvertriebenengesetzes des Jahres 1993 geprägt wurde (Dietz 2007).

"Bei den Personen mit Migrationshintergrund handelt es sich um solche, die nach 1949 auf das heutige Gebiet der Bundesrepublik Deutschland zugezogen sind, sowie alle in Deutschland geborenen Ausländer/-innen und alle in Deutschland als Deutsche Geborene mit zumindest einem zugezogenen oder als Ausländer in Deutschland geborenen Elternteil.

Dies bedeutet, dass in Deutschland geborene Deutsche einen Migrationshintergrund haben können, sei es als Kinder von Spätaussiedlern, als Kinder ausländischer Elternpaare (so genannte ‚ius soli-Kinder') oder als Deutsche mit einseitigem Migrationshintergrund. Dieser Migrationshintergrund leitet sich dann ausschließlich aus den Eigenschaften der Eltern ab. Die Betroffenen können diesen Migrationshintergrund aber nicht an ihre Nachkommen ‚vererben'. Dies ist dagegen bei den Zugewanderten und den in Deutschland geborenen Ausländer/-innen der Fall. Nach den heutigen ausländerrechtlichen Vorschriften umfasst diese Definition somit üblicherweise Angehörige der 1. bis 3. Migrantengeneration" (http://www.destatis.de/jetspeed/portal/cms/Sites/destatis/Internet/DE/Content/Statistiken/Bevoelkerung/MigrationIntegration/Migrationshintergrund/Aktuell,templateId=renderPrint.psml, 20.02.2010).

Es wird unterschieden zwischen Personen mit Migrationshintergrund im engeren und solchen mit Migrationshintergrund im weiteren Sinn. Zur ersten Gruppe gehören alle Zugewanderten und in Deutschland geborenen Nicht-Deutschen. Zur zweiten die verbleibenden Personen mit Migrationshintergrund.

Die Messung des Wanderungsgeschehens erfolgt zumeist durch sogenannte *absolute Ereignismaße* (Müller 2000), die die Zahl der Ereignisse angeben, in diesem Fall Wanderungen, in einem bestimmten Zeitraum. Von ihnen zu trennen sind die absoluten Zustandsmaße, die die Zahl der in Deutschland lebenden Nicht-Deutschen angeben. Diese ist keineswegs das Resultat allein des Wanderungsgeschehens, sondern wird auch von Geburten von Nicht-Deutschen in Deutschland und von Todesfällen von Nicht-Deutschen in Deutschland wie auch von Einbürgerungen beeinflusst. Gleichwohl beide Arten der Berichterstattung aus den genannten Gründen keinesfalls gleichgesetzt werden dürfen und das Wanderungsgeschehen selbst über Ereignismaße zu ermitteln ist, werde ich bei der nachfolgenden Skizze der Entwicklung der Migration das Bild durch eine ergänzende Betrachtung von Zustandsmaßen abrunden.

III.3.3 Die Entwicklung der Migration seit 1945

Neben Daten zur Migration – also den Zu- und Abwanderungszahlen – möchte ich nachfolgend die Zahl der in Deutschland lebenden Nicht-Deutschen betrachten. Mit dem letztgenannten Punkt werde ich beginnen und hierzu in Erinnerung rufen, dass die Ursprünge der Arbeitsmigration im 17. Jahrhundert liegen. Innerhalb dessen hat sich in Europa die letzte Phase des Übergangs zur kapitalistischen Produktionsweise vollzogen (Hobsbawm 1954). Feudale Gesellschaftsformationen wurden durch liberale oder kapitalistische ersetzt, welche räumliche Mobilität nicht nur förderten, sondern erzwangen (Hoerder, Lucassen und Lucassen 2007). Erste sogenannte liberale Migrationsregime bildeten sich aus in der niederländischen und der venezianischen Republik: „Diese Regionen waren durch ein hohes Maß an Urbanisierung und geringe Hemmnisse für Zuwanderer gekennzeichnet" (ebd.: 40). In der Folge breitete sich bis in das 19. Jahrhundert eine liberale Migrationspolitik aus, wodurch das 19. Jahrhundert als eine Epoche gilt, die in einem „bis dahin nicht und seither nicht wieder erlebten Maße durch die Freiheit der Wanderung über Grenzen bestimmt" (Bade 2000: 15) war. Diese „Laisser-faire-Politik" des 19. Jahrhunderts (Hoerder, Lucassen und Lucassen 2007: 43) erfuhr durch den I. Weltkrieg ein Ende und wurde seither auch nicht wieder aufgenommen.

Das Deutsche Reich galt bis zur letzten großen Ausreisewelle der Jahre 1890 bis 1893 als Auswanderungsland. Haupteinwanderungsland waren die USA. In der Folgezeit nahm deren Attraktivität ab, und das Deutsche Reich selbst wurde zum Einwanderungsland – wenngleich es offiziell nicht so genannt und Einwanderung als „transnationale Saisonwanderung" (Bade und Oltmer 2007: 150) reguliert wurde.

Abbildung 16 Anteile ausländischer Bevölkerung (1871–1933, Deutsches Reich und Weimarer Republik)

Quelle: Statistisches Bundesamt (2010)

In der obigen Abbildung sind die Anteile ausländischer Bevölkerung vom Deutschen Reich über die Weimarer Republik bis in das Jahr 1933 nachzulesen. Entsprechend den vorangestellten Erläuterungen ist zu sehen, dass die Anteile der ausländischen Bevölkerung in den Jahren 1871 bis 1910 kontinuierlich angestiegen sind. Besonders stark fällt der Anstieg aus im Übergang von 1895 zum Jahr 1900, also der Periode, in der das Deutsche Reich selbst zum Einwanderungsland wurde. Der I. Weltkrieg stellt eine Zäsur dar und das Jahr 1933, das Jahr der nationalsozialistischen Machtergreifung, läutet diesbezüglich eine Epoche eigener Qualität ein.

Nach dem II. Weltkrieg nahm der Anteil der nicht-deutschen Bevölkerung in der Bundesrepublik zu.

Abbildung 17 Anteile nicht-deutscher Bevölkerung (1961–2008, Bundesrepublik)

Quelle: Statistisches Bundesamt (2008)

Hinter den oben angegeben Zahlen verbirgt sich u. a. die Zuwanderung der sogenannten *Gastarbeiter:*

> „Von der Mitte der 1950er bis in die 1970er Jahre entwickelte sich ein neues Regime, das durch die ‚Gastarbeiter'-Zuwanderung geprägt war. Die Migranten kamen aus dem gesamten südlichen Europa von Portugal bis zur Türkei. In den Aufnahmegesellschaften West-, Mittel- und Nordeuropas wurden Migranten in die sozialen Sicherungssysteme eingebunden, ohne aber Partizipationsrechte am politischen System zu erlangen. Deshalb kann man sie eher als Bewohner denn als Einwohner der

Migration

Anwerbeländer bezeichnen (,,denizens', nicht ,citizens')" (Hoerder, Lucassen und Lucassen 2007: 44, Hervorhebung im Original).

Anwerbeabkommen wurden 1955 mit Italien, 1960 mit Spanien und Griechenland, 1961 mit der Türkei, 1963 mit Marokko, 1964 mit Portugal, 1965 mit Tunesien und 1968 mit Jugoslawien geschlossen. Der Bedarf nach Arbeitskräften resultierte aus der Expansion des Arbeitsmarktes in der Nachkriegsperiode. Der Bedarf wurde nach 1961, als durch den Mauerbau die Zuwanderung aus der DDR gestoppt wurde, noch verstärkt. Bade und Oltmer (2007) rechnen vor, dass von 1961 bis 1973, dem Jahr der ersten Ölkrise, die ausländische Erwerbsbevölkerung von 550 000 auf 2 600 000 anstieg:

> „Vom Ende der 1950er Jahre bis zum Anwerbestopp 1973 kamen rund 14 Millionen ausländische Arbeitskräfte nach Deutschland, rund 11 Millionen kehrten wieder zurück, die anderen blieben und holten ihre Familien nach" (Bade und Oltmer 2007: 159).

Abbildung 18 Arbeitsmigration in die Bundesrepublik (1960, 1972 und 1981)

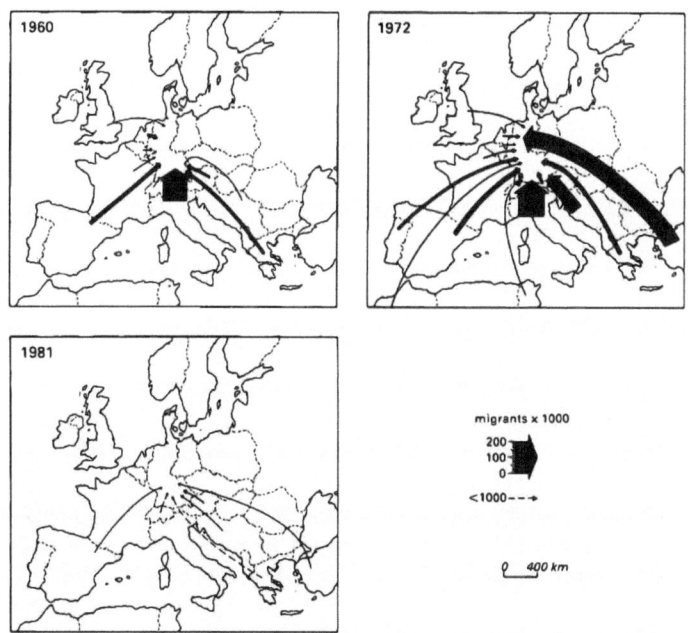

Quelle: Salt (1989)

Im Jahr 1973 wurde ein Anwerbestopp verhängt. Dieser hatte interessanterweise zur Folge, dass die Zahl der Beschäftigungsverhältnisse von Migranten sank, aber auch die Fluktuation der nicht-deutschen Arbeitskräfte beschränkt wurde:

> „… weil seither aus freiwilliger Rückkehr in die Anwerbeländer auf Zeit ein unfreiwilliger Abschied auf Dauer werden konnte; denn ausländische Arbeitskräfte, die ihre Arbeitsverhältnisse beendeten, um für einige Zeit in ihre Heimat zurückzukehren, hatten in der Regel keine Chance mehr, erneut als Arbeitswanderer zugelassen zu werden. Die Folge war, daß die Zahl der ‚neuen', arbeits- und sozialrechtlich weniger gesicherten ausländischen Arbeitskräfte schrumpfte, während die Zahl derer stieg, die blieben und ihre Familien nachzogen" (Bade und Oltmer 2007: 160).

Neben den Arbeitsmigranten bilden Asylsuchende und Aussiedler die Gruppe der Zuwanderer. Die nachfolgende Abbildung informiert über die Entwicklung der Zuwanderung von Asylsuchenden und Aussiedlern in die Bundesrepublik.

Abbildung 19 Asylsuchende und Aussiedler in der Bundesrepublik (1950– 2009)

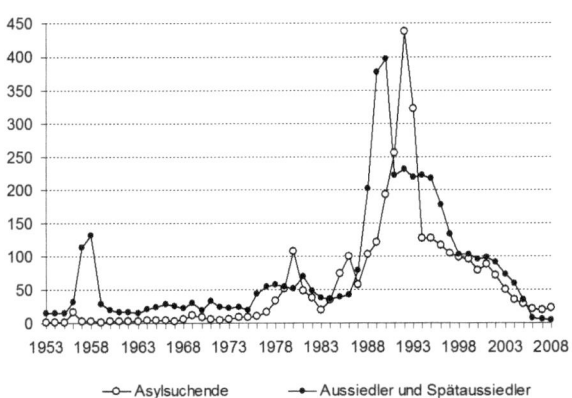

Quelle: Statistisches Bundesamt (2009)

Die Zahlen machen mit Blick auf die Gruppe der Aussiedler deutlich, dass diese erst nach 1990 zu einer bedeutenden Gruppe innerhalb der Zuwanderer in die Bundesrepublik wurden[59]:

---

[59] Die große Wanderungsbewegung der „Vertriebenen" zwischen 1945 und 1950 ist von den Erörterungen ausgenommen.

„Während die Aussiedlermigration bis zum Ende des Ost-West-Konflikts – aufgrund der Ausreisebarrieren in den Herkunftsländern – keine große Rolle im Zuwanderungsgeschehen Deutschlands spielte, veränderte sich dies mit der Öffnung des ‚Eisernen Vorhangs'. Aufgrund der hohen Zuzugszahlen sind Aussiedler in den 1990er Jahren zu einer bedeutenden Zuwanderergruppe in Deutschland geworden. Anders aber als die durch ökonomische Motive initiierte Arbeitsmigration wurde die Aussiedlerzuwanderung vornehmlich von ethnischen und politischen Faktoren bestimmt, die auch die Integration dieser Gruppe maßgeblich beeinflussen" (Dietz 2007: 398, Hervorhebung im Original).

Der bereits zu Beginn der 1990er Jahre wieder einsetzende Rückgang der Zahlen der Aussiedler ist auf verschiedene Verfahrensänderungen zurückzuführen. Die erste Etappe des Rückgangs, eingeleitet durch das Kriegsfolgenbereinigungsgesetz (KfbG) vom 01. Januar 1993, ist dem darin geforderten und individuell zu erbringenden Nachweis für erlittene Diskriminierungen geschuldet. Ausgenommen davon sind Antragsteller aus den Nachfolgestaaten der Union der sozialistischen Sowjetrepubliken (UdSSR). An weiteren Regelungen folgten der Nachweis der Kenntnis der deutschen Sprache und die Ausweitung dieser Regelung auf Ehegatten nicht-deutscher Herkunft und Kinder von Antragstellern im Januar 2005.

Auch die Gruppe der politischen Flüchtlinge ist in den letzten Jahren kontinuierlich zurückgegangen. Von den Asylsuchenden erhielten 2009 28,2 Prozent der Bewerber die Rechtsstellung eines Flüchtlings nach der Genfer Flüchtlingskonvention (http://www.bamf.de/cln_180/nn_442016/DE/DasBAMF/Home-Teaser/erster-teaser-startseite.html?__nnn=true, 09.03.2010). Bis 1965 waren in der Asylbewerberstatistik meist nur Flüchtlinge aus den früheren Ostblockstaaten erfasst. In dem Zeitraum zwischen 1953 und 1960 stellten etwa 26 000 Menschen einen Asylantrag. Nach dem Aufstand von 1956 wurden zusätzlich ungefähr 15 000 ungarische Flüchtlinge aufgenommen. In den Jahren darauf haben sich die Herkunftsländer der Flüchtlinge und deren Zahl geändert.

„Die Veränderungen der Asylbewerberzahlen und die Herkunftsländer der Flüchtlinge in den Folgejahren zeichnen dann ein Bild der weltweiten politischen und wirtschaftlichen Umwälzungen. Kriege, Bürgerkriege, Menschenrechtsverletzungen und die Zunahme staatlicher oder staatlich geduldeter Gewalt schlugen sich in steigenden Asylbewerberzahlen nieder" (http://www.mi.niedersachsen.de/master/ C454681_L20_D0_I522.html, 09.03.2010).

Aufgrund stark angestiegener Asylbewerberzahlen trat am 01. Juli 1993 eine Änderung der Rechtsgrundlage des Asylrechts in Kraft, derzufolge Personen, die Asyl in der Bundesrepublik suchen, aber über dritte Länder einreisen, in denen keine Verfolgung stattfindet, nicht als Asylberechtigte anerkannt werden (Drittstaatenregelung).

Abbildung 20 Zusammensetzung der Gruppe der Zuwanderer in die Bundesrepublik (2001–2008)

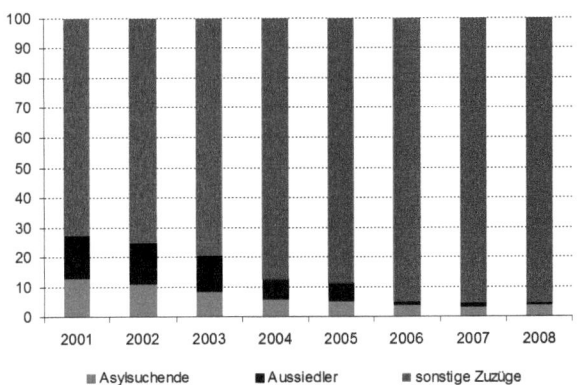

Quelle: Statistisches Bundesamt (2010)

Abbildung 21 Zu- und Fortzüge aus der Bundesrepublik (1950–2008)

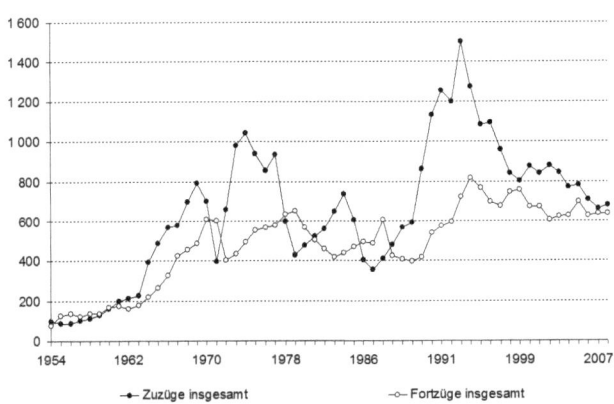

Quelle: Statistisches Bundesamt (2009)

Migration

Das Migrationsgeschehen seit den 1990er Jahren lässt sich wie folgt zusammenfassen:

„Kurz nach der Wiedervereinigung Ende 1990 hatte Deutschland 79,8 Millionen Einwohner. Aufgrund der hohen Zuwanderung in Folge der Öffnung der osteuropäischen Länder und des Bürgerkriegs in Jugoslawien stieg die Einwohnerzahl rapide auf 82,0 Millionen Einwohner im Jahr 1996 an. Der höchste Bevölkerungsstand wurde 2002 mit 82,5 Millionen Einwohnern erreicht. Seitdem geht die Bevölkerung kontinuierlich zurück, da es mehr Sterbefälle als Geburten gibt und die rückläufige Zuwanderung, anders als in den 1990er Jahren, das Geburtendefizit nicht ausgleichen kann" (http://www.destatis.de/jetspeed/portal/cms/Sites/destatis/Internet/DE/Presse/pm/2009/11/PD09__417__12411,templateId=renderPrint.psml, 29.03.2011).

Im Jahr 2007 leben 15 411 000 Menschen mit Migrationshintergrund in der Bundesrepublik, davon 10 534 000 mit Migrationshintergrund im engeren Sinn (http://www.destatis.de/jetspeed/portal/cms/Sites/destatis/SharedContent/Oeffentlich/AI/IC/Publikationen/Jahrbuch/Bevoelkerung,property=file.pdf, 11.03.2010).

Abbildung 22 Altersaufbau der Bevölkerung in der Bundesrepublik nach Migrationshintergrund (2007)

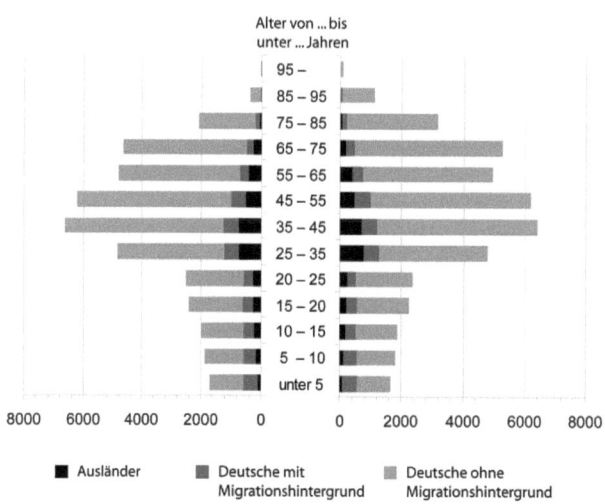

Quelle: Statistisches Bundesamt (2010)

Seit der zweiten Hälfte der 1990er Jahre sind die Anteile der ausländischen Bevölkerung rückläufig. Zurückzuführen ist dies sicherlich nicht auf den Erwerb der deutschen Staatsangehörigkeit. Ein Beispiel: Im Jahr 2007 lag die Zahl der Einbürgerungen bei 113 030 (http://www.destatis.de/jetspeed/portal/cms/Sites/destatis/SharedContent/Oeffentlich/AI/IC/Publikationen/Jahrbuch/Bevoelkerung,property=file.pdf, 11.03.2010). Viel eher ist die rückläufige Entwicklung zurückzuführen auf die bereits angesprochenen rechtlichen Regelungen der Zuwanderung. Hoerder, Lucassen und Lucassen (2007) gehen vor diesem Hintergrund und der zunehmenden Einflussnahme auf nationale Politik durch supranationale Organisationen wie die EU und die UN soweit, zu fragen, ob diese Änderungen, die sie als grundlegend ansehen, nicht sogar auf ein neues Migrationsregime gegen Ende des 20. Jahrhunderts und zu Beginn des 21. Jahrhunderts verweisen.

Abbildung 23 Regionale Verteilung internationaler Migranten (1960–2010)

	1960			2010		
	Total migrants (millions)	Share of world migrants	Share of population	Total migrants (millions)	Share of world migrants	Share of population
World (excluding the former Soviet Union and former Czechoslovakia)	74.1		2.7%	188.0		2.8%
BY REGION						
Africa	9.2	12.4%	3.2%	19.3	10.2%	1.9%
Northern America	13.6	18.4%	6.7%	50.0	26.6%	14.2%
Latin America and the Caribbean	6.2	8.3%	2.8%	7.5	4.0%	1.3%
Asia	28.5	38.4%	1.7%	55.6	29.6%	1.4%
GCC states	0.2	0.3%	4.6%	15.1	8.0%	38.6%
Europe	14.5	19.6%	3.5%	49.6	26.4%	9.7%
Oceania	2.1	2.9%	13.5%	6.0	3.2%	16.8%
BY HUMAN DEVELOPMENT CATEGORY						
Very high HDI	31.1	41.9%	4.6%	119.9	63.8%	12.1%
OECD	27.4	37.0%	4.2%	104.6	55.6%	10.9%
High HDI	10.6	14.2%	3.2%	23.2	12.3%	3.0%
Medium HDI	28.2	38.1%	1.7%	35.9	19.1%	0.8%
Low HDI	4.3	5.8%	3.8%	8.8	4.7%	2.1%

Quelle: United Nations Development Programme (2009)

Im Jahr 2010 lebten rund 188 Millionen Menschen außerhalb ihres Geburtslandes. Gegenüber dem Jahr 1960, in dem lediglich etwas mehr als 74 Millionen Menschen außerhalb ihres Geburtslandes lebten, bedeutet das eine Steigerung um 2,54 Prozent. Dagegen ist der Anteil der Migranten an der Gesamtbevölkerung mit einer Zunahme von 2,7 Prozent im Jahr 1960 auf 2,8 Prozent im Jahr 2010 kaum gestiegen. Aus methodischen Überlegungen sind von der Betrachtung die frühere UdSSR wie auch die frühere Tschechoslowakei ausgenommen: Deren

Beachtung hätte zu einer künstlichen Erhöhung der Migrationszahlen geführt, ohne dass Individuen sich im geographischen Raum bewegt hätten:

> „Bewegungen von Menschen über Grenzen (sind) häufig die Folge der Bewegung von Grenzen über Menschen" (Bade 2002: 23).

Gründe für die Stagnation der Anteile der im Ausland lebenden Menschen sind rechtlicher Art:

> „This *lack of liberalization* is consistent with the observed stability in the global share of migrants. As shown in table 2.1, this share (…) has inched up from 2.7 to 2.8 percent between 1960 and 2010" (United Nations Development Programme 2009: 30, Hervorhebung der Autorin).

Auffallend an den berichteten Zahlen ist, dass im Jahr 2010 fast zwei Drittel aller Migrationsbewegungen von Menschen aus Ländern mit hohem Entwicklungsstand stammen, operationalisiert über den Human Development Index (HDI), der über Lebenserwartung, Zugang zu Bildung und Lebensstandard Auskunft gibt.

Abbildung 24 Anteile von Migranten aus sich entwickelnden Gesellschaften in entwickelten (1960–2010)

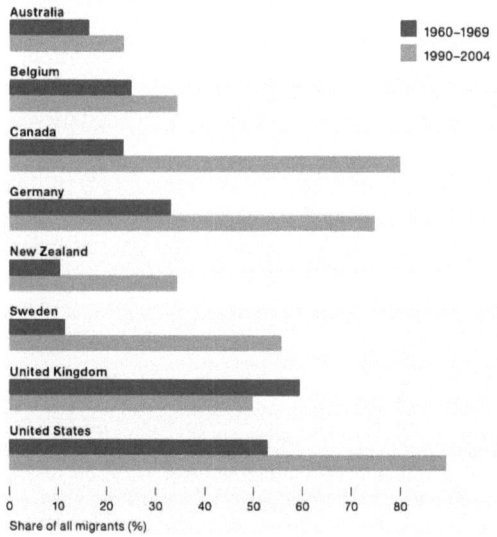

Quelle: United Nations Development Programme (2009)

„In sum, the period since 1960 has been marked by a growing concentration of migrants in developed countries against a background of aggregate stability in overall migration. How do we explain these patterns? Our research shows that three key factors – trends in income, population and transport costs – tended to increase movement, which simultaneously faced an increasingly significant constraint: growing legal and administrative barriers" (United Nations Development Programme 2009: 32).

Die dargelegten empirischen Befunde zeigen zweierlei: Erstens hat sich das Ausmaß des Wanderungsgeschehens über die Zeit hinweg nicht verändert. Was sich verändert hat, ist seine Qualität. Zum einen ist es heterogener geworden, zum anderen wird es zunehmend bestimmt von Ländern mit hohem Entwicklungsstand.

III.4 Mortalität

Der demographische Prozess der Mortalität (bzw. der Sterblichkeit) ist der noch ausstehende der vier der Bevölkerungsbewegung zugrunde liegenden demographischen Prozesse. Eng mit ihm verbunden ist das Morbiditäts- oder auch Krankheits- bzw. Gesundheitsgeschehen.[60]

Mit der Analyse des demographischen Prozesses der Mortalität beginnt demographisches Forschen. So finden sich bereits im 17. Jahrhundert Sterbetafeln, die den heute üblichen vergleichbar sind (Höhn 2000). Und natürlich wurde auch schon vor unserer Zeit die Frage gestellt, welches die Gründe für den Umfang der menschlichen Lebensspanne sind. Luy (2006) schreibt: „Vor allem im 19. und in der ersten Hälfte des 20. Jahrhunderts wurden verschiedene Werke verfasst, die sich ausschließlich dieser Frage widmeten" (ebd.: 1). Zu diesen zählt *Die Lehre von der Mortalität und Morbilität. Anthropologisch-statistische Untersuchungen* (1882) des dänischen Ökonomen und Statistikers Harald Ludwig Westergaard (1853–1936), den ich stellvertretend für viele andere seiner Zeit nennen möchte. Entstehungskontext der genannten Schrift ist die von der Universität Kopenhagen im Jahr 1879 gestellte Aufgabe, „eine Darstellung und Verwerthung der in neuerer Zeit veröffentlichten Untersuchungen über die Sterblichkeit in den verschiedenen Bevölkerungsklassen zu liefern" (Westergaard 1882: V), mit deren

---

[60] Weder für Gesundheit noch für Krankheit liegen allgemein anerkannte Definitionen vor. Schumacher und Brähler (2004) zeigen, dass beide Begriffe je nach Bezugssystem unterschiedlich definiert werden. Drei solcher Bezugssysteme sind auszumachen: Die naturwissenschaftlich-biologisch orientierte Medizin, die Gesellschaft und das Individuum. Während unter Zugrundelegung des erstgenannten Bezugssystems Gesundheit als ein physiologisches Gleichgewicht definiert wird, ist Gesundheit aus der gesellschaftlichen Perspektive gleichzusetzen mit der Fähigkeit, soziale Normen einzuhalten. Aus der individuellen Perspektive geht es um das Erleben von Gesundheit.

Bearbeitung er begann. Wie er selbst schreibt, war diese Bearbeitung recht begrenzt, so dass in ihm der Wunsch erwachte, „die betreffenden Untersuchungen zu erweitern, zu ergänzen und ein Lehrbuch über Mortalität und Morbidität zu verfassen" (Westergaard 1882: V). Tatsächlich systematisiert er das empirische Material und fragt nach den Zusammenhängen zwischen Geschlecht, Alter, Familienstand, Religionszugehörigkeit und Beschäftigungsarten – um nur einige wichtige der betrachteten sozio-ökonomischen und sozio-demographischen Faktoren zu nennen – und Sterblichkeit. Zu seiner Zielsetzung bemerkt er:

> „Wir verfolgten dabei den Zweck einen Massstab zu gewinnen für die Bedeutung der einzelnen das gesellschaftliche Leben so vielfach beeinflussenden Faktoren; wir hofften hierdurch zugleich auf die Mängel in unseren heutigen Culturverhältnissen hinweisen, wie auch andererseits die Mittel, derartige Mängel zu beseitigen, ausfindig machen zu können" (Westergaard 1882: 1).

Von Crimmins (1993) stammt der Vorwurf, dass die Arbeiten zum Prozess der Mortalität wenig bis nicht theoriegeleitet sind. Dies mag unter einem eng gefassten Theoriebegriff zutreffen, doch nicht, wenn man bereit ist, auch die Analyse der Strukturen sozialer Ungleichheit, wie sie bereits bei Westergaard (1882) anklingt, als theoriegeleitet zu verstehen. Entsprechend werde ich nachfolgend im Abschnitt Mortalitätstheorien einige Überlegungen und Befunde aus dem Forschungsbereich der Analyse der Strukturen sozialer Ungleichheit aufnehmen. Doch zuvor werde ich einen Versuch zu einer *ganzheitlichen Theorie der Sterblichkeit* präsentieren, den Höpflinger in seiner *Einführung in die Bevölkerungssoziologie* (1997) diskutiert und der von Jürg A. Hauser stammt. Ansonsten gleicht der Aufbau des vorliegenden Kapitels zum demographischen Prozess der Mortalität dem Aufbau der vorangehenden Kapitel: Es werden folgend an die Darlegung der theoretischen Überlegungen Hausers und einiger relevanter Überlegungen aus dem Bereich der theoretisch-empirischen Analyse der Strukturen sozialer Ungleichheit die Messung der Mortalität und die Entwicklung der Mortalität nach 1945 aufgezeigt (mit einem Rückblick auf den ersten demographischen Übergang).

III.4.1 Mortalitätstheorien

Bei Höpflinger (1997) können wir zum Stand einer Theorie der Sterblichkeit Folgendes nachlesen:

> „Während zur Erklärung von Geburtenrückgang oder Migrationsbewegungen eine Vielzahl soziologischer Erklärungsmodelle entwickelt wurde, zeigen sich bei der

theoretischen Aufarbeitung des Sterblichkeitsverlaufs auffallende Defizite. *Eine umfassende Gesellschaftstheorie der langfristigen Sterblichkeitsentwicklung fehlt"* (ebd.: 143, Hervorhebung im Original).

Solch eine Theorie, so Höpflinger (1997) weiter, muss nicht allein die Entwicklung der Sterblichkeit erklären können, sondern darüber hinaus ihre Konstanten: Geschlechts- und Schichtdifferenzen.

III.4.1.1 Versuch einer ganzheitlichen Theorie der Sterblichkeit

Der im Zuge des sozialen Wandels zu beobachtende Sterblichkeitsrückgang – so der Schweizer Bevölkerungswissenschaftler Jürg A. Hauser – ist ein nicht anzuzweifelndes Faktum, dessen theoretische Erfassung, so Hauser (1983) weiter, keinesfalls gelungen ist. Entsprechend beschreibt er seinen 1983 vorgestellten Ansatz zur Entwicklung einer ganzheitlichen Theorie der Sterblichkeit als einen Weg,

„der zu einer möglichst konsistenten und ‚holistischen' Theorie der Sterblichkeit führen kann. Das heißt, wir entwickeln ein *systemanalytisches* Rahmengebäude, in welches sich bestehende und zukünftige empirische sowie theoretische Partialanalysen einordnen lassen und sich so zu einem sinnvollen Ganzen, zu einer Theorie der Sterblichkeit ergänzen" (Hauser 1983: 159, Hervorhebung im Original).

Solch eine Theorie muss die Ergebnisse bestehender „Partialanalysen" erklären können. Zu diesen zählt Hauser (1983) neben der bereits genannten Zunahme der Lebenserwartung die bestehenden Differenzen in der Lebenserwartung zwischen Männern und Frauen (vgl. Abschnitt III.4.1.2.1).

Nachfolgend eine Zusammenfassung der theoretischen Überlegungen Hausers, die er selbst als „Ideen- und Diskussionsgrundlage" (Hauser 1983: 160) verstanden wissen möchte. In diese fließen der soziale Wandel als ein „globaler, makrohistorischer Entwicklungsprozess"[61] und die „forces of morbidity and mortality" (Hauser 1983: 159) ein. Zu diesen zählt er genetische und umweltspezifische Faktoren einerseits und sozio-kulturelle und sozio-ökonomische Faktoren wie auch das individuelle Verhalten andererseits (ebd.). Beide Faktorenbündel durchdringen die Entscheidungseinheit der Familie und wirken vermittelt über diese auf die individuelle wie auch die aggregierte Lebenserwartung. Dem biologisch-natürlichen Faktorenbündel kommt darüber hinaus noch ein eigenständiger Einfluss auf beide Zielgrößen zu (Hauser 1983). Innerhalb der Entscheidungsein-

---

[61] Zu einer Kritik vgl. Burke (1989).

heit der Familie trennt Hauser die „demand-side" von der „supply-side" (ebd.: 161). Während erstere die individuellen Einstellungen und Motivationen umfasst, entscheidet die Angebotsseite („supply-side") über die Umsetzungsmöglichkeiten dieser Einstellungen und Motivationen. Zu ihr gehören der Staat, Institutionen und der allgemeine „Entwicklungsstand" (ebd.: 161) einer Gesellschaft. Dieses sind nach Hauser (1983) Makrogrößen, wie auch die biologisch-natürlichen Faktoren, was für ihn bedeutet, dass sie unabhängig von der individuellen bzw. familialen Ebene wirken. Der soziale Wandel wirkt selbstständig auf die Entscheidungseinheit der Familie gemäß des jeweiligen gesellschaftlichen „Entwicklungsstandes". Die durchschnittliche Lebenserwartung selbst übt wiederum einen Einfluss auf die gesellschaftliche Entwicklung aus. Damit sind die wichtigsten Größen und die zwischen diesen angenommenen Verbindungen dargelegt.

Bislang ungenannt ist der eigentliche Mechanismus, der die Sterblichkeitsentwicklung erklärt. Diesen siedelt Hauser (1983) auf der Ebene der Familie, der Entscheidungseinheit an und möchte seine theoretischen Überlegungen in diesem Sinne verstanden wissen als einen „Mikroansatz" (Hauser 1983: 168).

„Ein wesentlicher Teil der für den M/M-Verlauf [der Morbiditäts- und Mortalitätsverlauf, die Autorin] wichtigen Entscheidungen fallen innerhalb der Familie. ...

Um die Verhaltenskomponente in den Griff zu bekommen, konzentrieren wir uns zunächst auf die Entscheidungseinheit ‚Familie'. Das m/m-relevante Verhalten des Individuums richtet sich zu einem großen Teil nach Rolle und Stellung dieses Individuums innerhalb der Familie. Es ist oft zu einem beträchtlichen Teil fremdbestimmt und unterscheidet sich je nachdem, ob es sich um Kinder oder Eltern, um weibliche oder männliche Familienangehörige handelt.

Wichtig für das m/m-relevante Individualverhalten ist der zwischen den Generationen sich vollziehende geschlechtsspezifische Nettofluß von Reichtum (wealth) und Emotionen (emotions)" (Hauser 1983: 168).

Unter Reichtum „verstehen wir die ökonomischen Werte vorwiegend, aber nicht ausschließlich, materieller Dinge, wie Geld, Güter, Arbeitsleistung, Dienste aller Art, Sicherheiten und Garantien" (ebd.: 168) und unter Emotionen „das Resultat eines auf Rolle und Rollenverständnis der Familienmitglieder gerichtete(n) Konglomerat(s) von Werten, Ideen, Vorstellungen und Präferenzen sowie kurz- und langfristiger Ziele" (ebd.: 168).

In der Konzeption Hausers (1983) fließen Emotionen und Reichtum – mit Blick auf Generationen ähnlich übrigens wie bei Caldwell (vgl. Abschnitt III.1.1.8) – zwischen den Geschlechtern und den Generationen.

„Verlauf und Größe von E [Emotionen, die Autorin] und W [Reichtum bzw. Wealth, die Autorin] sind für M/M insofern von entscheidender Wichtigkeit, als sie – innerhalb des gegebenen soziokulturellen und sozioökonomischen Rahmens – bestimmen, welchem Familienmitglied welche m/m-relevante Ressourcen resp. Aktivitäten zufließen" (Hauser 1983: 169).

Und der soziokulturelle wie auch der sozioökonomische Rahmen sind in der Zeit Wandlungsprozessen unterworfen; dem sozialen Wandel, den Hauser (1983:162) in sieben Phasen unterteilt:

I. Phase: „Statisches Gleichgewicht"
In Europa ist dies die Phase vor Einsetzen der industriellen Revolution. Ausserhalb Europas die Phase vor dem Kontakt mit der europäischen Zivilisation.

II. Phase: „Beginn der kulturellen Erosion"
Diese Phase ist bestimmt durch das Aufbrechen traditioneller Strukturen durch endogene und/oder exogene „Erosionkräfte" (Hauser 1983: 172).

III. Phase: „Phase starken ökonomischen Wachstums mit beginnendem Dualismus"
Kennzeichen dieser Phase sind ein starkes Wirtschaftswachstum und die Zunahme sozialer Ungleichheiten.

IV. Phase: „Phase der ‚Entwicklung'"
Der Grundbedarf breiter Bevölkerungsmassen wird gedeckt, und soziale Ungleichheiten nehmen ab.

V. Phase: „Angleichen der geschlechtlichen Rollenteilung"
Angleichungsprozesse zwischen den Geschlechtern finden statt – beispielsweise im Erwerbsleben.

VI. Phase: „Konsolidierung zum dynamischen Gleichgewicht"
Soziale Ungleichheiten werden weiterhin abgebaut – sowohl zwischen gesellschaftlichen Großgruppen als auch zwischen den Geschlechtern.

VII. Phase: „Neue Phase"
Diese Phase ist inhaltlich noch unbekannt, sie deutet allerdings an, „daß der Prozeß der Sterblichkeitsentwicklung noch nicht abgeschlossen ist" (Hauser 1983: 174).

Die nachfolgende, der Arbeit von Hauser (1983) entnommene Abbildung macht graphisch deutlich, wie sich die Entwicklung der Lebenserwartung als Funktion des sozialen Wandels darstellt.

Abbildung 25 Entwicklung der Lebenserwartung im Verlauf des sozialen Wandels

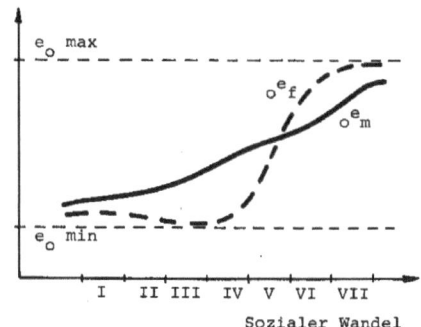

Quelle: Hauser (1983: 163)

Die sogenannte Lebenserwartung bei Geburt kann variieren zwischen $e_0 min$ und $e_0 max$: empirisch ermittelbaren Minimal- und Maximalwerten. Aus der Abbildung wird ersichtlich, dass bis zur Phase V des sozialen Wandels die Lebenserwartung bei Geburt für beide Geschlechter auf einem relativ niedrigen Niveau schwankt, welches maßgeblich von der weiblichen Lebenserwartung bei Geburt ($o^e f$) gehalten wird. Mit dem Ende der Phase V, die wie oben dargelegt durch eine Angleichung der Geschlechtsrollen gekennzeichnet ist, übersteigt die Lebenserwartung der Mädchen bei Geburt ($o^e f$) die der Jungen ($o^e m$). Als ursächlich hierfür wäre ein „spezifisches Individualverhalten" (Hauser 1983: 167) auszumachen, das zwischen den Geschlechtern divergiert – ein Punkt, der in den nachfolgenden Abschnitten, die sich dem Zusammenhang von Mortalität und sozialen Ungleichheiten widmen, erneut aufgegriffen wird.

Der Ansatz Hausers (1983) lässt sich wie folgt zusammenfassen: Die Sterblichkeit wird bestimmt durch natürliche und soziale Faktoren und durch individuelle Verhaltensweisen. Während die natürlichen Faktoren relativ konstant sind, sind die sozialen einem Wandlungsprozess sowohl auf kultureller wie auch auf ökonomischer Ebene unterworfen. Dieser bestimmt die Richtung, in welche Reichtum und Emotionen innerhalb von Familien zwischen den Generationen und den Geschlechtern verlaufen. Innerhalb dieses Handlungsrahmens gibt es die Möglichkeit der interindividuellen Variation des für die Sterblichkeit wie auch die Morbidität relevanten Verhaltens. Hauser (1983) gelingt es damit, das Sammelsurium sozialtheoretischer Parameter in seine Überlegungen aufzunehmen – allerdings um den Preis einer gewissen analytisch-theoretischen Unschärfe.

III.4.1.2 Mortalität und soziale Ungleichheiten

Soziale Ungleichheit liegt laut Geißler (1994) bei jeder Form der Ungleichverteilung von Lebenschancen vor – einem Konzept, das von Dahrendorf (1979) stammt, und das dieser einführte, um die Beurteilung sozialer Ungleichheiten unabhängig von subjektiven Bewertungen zu ermöglichen, insofern er festlegte, dass Lebenschancen von sozialen Strukturen festgelegte Möglichkeiten individueller Entfaltung sind. Nach Geißler (ebd.) sind Lebenschancen „Chancen auf die Verwirklichung von Lebenszielen, die in einer Gesellschaft im allgemeinen als erstrebenswert angesehen werden" (Geißler 1994: 4). Hierzu gehören die Chancen auf einen sicheren Arbeitsplatz, auf eine gute Ausbildung, auf die Teilhabe an Herrschaft ebenso wie die Chance auf Gesundheit. Bedeutsam bei der Erlangung dieser Chancen sind die üblichen vertikalen Ungleichheitsdeterminanten wie Einkommen und berufliche Stellung, welche wiederum in Klassen und/oder Schichten zu gruppieren sind. Daneben ist das Geschlecht als horizontale Ungleichheitsdeterminante bedeutsam. All das gilt vermittelt über die Morbidität – also Krankheit – ebenso für die Sterblichkeit: Wir beobachten geschlechts- und sozialgruppenpezifische Mortalitätsdifferenzen (Unger 2003). Damit wirken auch für die Sterblichkeit die hinlänglich bekannten Determinanten sozialer Ungleichheit. Townsend schlägt in seiner Studie „Poverty in the United Kingdom" (1979) vor, Morbidität und Mortalität als Indikatoren für Armut, welche eine extreme Form sozialer Ungleichheit ist, zu verwenden. Sterblichkeit könnte konzipiert werden als eine objektive Dimension sozialer Ungleichheit, entsprechend die auf dieser Dimension zu beobachtenden Varianzen rückgeführt werden auf jeweils gegebene Sozialstrukturen. In diesem Sinne relevant wären Qualität und Quantität wohlfahrtsstaatlicher Regelungen. In dem Maße, in dem diese zunehmend abgebaut werden, müssen – so die ableitbare Annahme – schicht- und klassenspezifische Mortalitätsdifferenzen an Bedeutung gewinnen. Die dieser Annahme zugrunde liegenden Generierungsmechanismen gesundheitlicher Ungleichheit werden von Hurrelmann (2006) aufgezeigt.

Die gesundheitlichen Bedingungsfaktoren liegen Hurrelmann (2006) folgend im personalen, ökonomischen und im sozialen Bereich. Darüber hinaus liegen sie im Bereich des Gesundheitssystems. Alle diese Bereiche beeinflussen sowohl direkt als auch indirekt den Gesundheitszustand und werden wiederum – das ist in diesem Zusammenhang entscheidend – beeinflusst durch sozio-ökonomische und sozio-demographische Merkmale. An diese knüpfen Unterschiede in den gesundheitlichen Belastungen, in den zur Verfügung stehenden Bewältigungsressourcen und in den Unterschieden in der medizinisch-gesundheitlichen Versorgung an (Mielck und Helmert 1998). Einfluss auf diesen Zusammenhang nehmen Unterschiede im Gesundheits- und Krankheitsverhalten, welche selbst auch durch die eben genannten Differenzen in den gesundheitlichen Belastungen, den Bewältigungsressourcen und den Unterschieden in der medizinisch-gesundheitlichen Versorgung zu erklären sind. Diese drei Faktoren wirken somit sowohl direkt als auch indirekt auf die Herausbildung gesundheitlicher Ungleichheiten. Zu den gesundheitlichen Belastungen zählen beispielsweise Umweltbelastungen in der Wohnumgebung wie auch Stress am Arbeitsplatz. Unterschiede in den Bewältigungsressourcen ergeben sich u.a. durch unterschiedliche Möglichkeiten der Freizeitgestaltung, durch unterschiedlich vorhandene soziale Unterstützungen. Die medizinisch-gesundheitliche Versorgung gestaltet sich über die Versorgungsangebote des Gesundheitssystems, den Zugang zu den therapeutischen, rehabilitativen und pflegerischen Leistungen, die zwischen Arzt und Patient stattfindende Kommunikation und dergleichen mehr.[62]

Nachfolgend werden die drei sozio-demographischen Ungleichheitsdeterminanten Geschlecht, Migration und regionale Zugehörigkeit mit Blick auf ihre Relevanz für die Lebenserwartung bei Geburt gesondert behandelt.

III.4.1.2.1 Lebenserwartung und Geschlecht

Die geschlechtsspezifischen Differenzen in der Lebenserwartung bei Geburt (vgl. Abschnitt III.4.3) bewegen sich in der Bundesrepublik in der für Industrieländer bekannten Spannbreite von vier bis zehn Jahren (Feldmann 1997). Zur ursächlichen Erklärung dieser Differenzen werden in der Literatur zwei Ursachenbündel genannt: ein medizinisch-biologisches und ein soziales. Während das erstere sich zusammensetzt aus immunbiologischen und hormonellen Faktoren, umfasst das zweite Lebens- und Arbeitsbedingungen wie auch das individuelle Gesundheitsverhalten. Was die Gewichtung der beiden Ursachenbündel anbelangt, konnte Luy (2002) über die Analyse der ferneren Lebenserwartung (vgl. Abschnitt III.4.2.1) von Mönchen und Nonnen zeigen, dass medizinisch-biologischen Faktoren zur Erklärung geschlechtsspezifischer Mortalitätsdifferenzen eine geringere Bedeu-

---

[62] Dieser Argumentation folgend sollte der eben angesprochene Abbau wohlfahrtsstaatlicher Regelungen zu einer Steigerung der Sterblichkeit führen. Mit Blick auf die Morbidität erörtern diesen Zusammenhang Buhr (2006) und Niephaus (2009).

tung zukommt und geschlechtsspezifische Mortalitätsdifferenzen vorwiegend soziale Ursachen haben. Der Vorteil dieser Studien – auch Klosterstudien genannt –, die die Lebenserwartung der Klosterbevölkerung mit der der Allgemeinbevölkerung vergleichen, liegt darin, dass sie die sozialen Bestimmungsfaktoren der Lebenserwartung zwischen den Geschlechtern bei der Klosterbevölkerung konstant halten können. Nach Konstanthaltung der sozialen Bestimmungsfaktoren der Lebenserwartung beträgt die Differenz zwischen der Lebenserwartung der weiblichen Bevölkerung (Nonnen) und der männlichen Bevölkerung (Mönche) nur noch ein bis zwei Jahre. Für diese ein bis zwei Jahre können biologische Faktoren verantwortlich sein, nicht aber soziale.[63] Die sozialen Bestimmungsfaktoren der Lebenserwartung setzen sich zusammen aus dem zwischen den Geschlechtern divergierenden Gesundheits- und Krankheitsverhalten wie auch divergierenden Lebensweisen und Arbeitsbedingungen (Feldmann 1997).

III.4.1.2.2 Lebenserwartung und Migration

Trotz der sozio-ökonomischen Benachteiligung von Migranten werden sowohl aus der nationalen (Razum 2006; Ronellenfitsch et al. 2006) wie auch aus der internationalen (Kouris-Blazos 2002) Forschung systematische Sterblichkeitsdifferenzen zwischen Migranten und Nicht-Migranten berichtet: So lag beispielsweise die Lebenserwartung bei Geburt (unter konstanten Rahmenbedingungen) im Jahr 2006 für Migranten aus den ehemaligen Anwerbeländern (vgl. Abschnitt III.3.3) um 4,6 Jahre höher als die der deutschen Männer und die der Frauen um 2,9 Jahre (Kohls 2008). Dieses Ergebnis widerspricht dem bekannten negativen Zusammenhang zwischen sozio-ökonomischer Positionierung und Mortalität (vgl. Abschnitt III.4.1.2) und stellt insofern ein Paradox dar, welches hauptsächlich auf die selektiven Auswahlprozesse bei der Zu- und auch der Rückwanderung zurückgeführt wird. In diesem Zusammenhang ist die Rede vom Healthy-Migrant-Effect oder auch dem Salmon-Bias-Effekt. Darüber hinaus ist bei der Erklärung dieser Differenzen die Möglichkeit von Problemen bei der statistischen Erfassung von Migranten in Erwägung zu ziehen:

> „So ist die Sterblichkeit von Migrantinnen und Migranten mit amtlichen Daten nicht adäquat zu analysieren, weil die Daten der örtlichen Melderegister gerade in der Gruppe der Migranten erhebliche Verzerrungen aufweisen" (Kohls 2008: 10).

---

[63] Vgl. auch Luy und Di Giulio (2005).

Daher unternimmt Kohls (ebd.) den Versuch, durch eine Kombination unterschiedlicher Datensätze, unverzerrte Mortalitätsanalysen von Migranten und Nicht-Migranten zu betreiben. Gerade für die älteren Migranten stellt die amtliche Statistik keine geeignete Datengrundlage dar, da Rückwanderungen nicht gemeldet werden, die Personen somit im AZR verbleiben, was möglicherweise zu einer überhöhten Schätzung der Lebenserwartung von Migranten führt. Für diese spezielle Altersgruppe von Migranten liefern die Daten der Gesetzlichen Rentenversicherung eine valide Datengrundlage. Auch seine Analysen führen zu dem Ergebnis einer geringeren Sterblichkeit von Migranten – allerdings auf einem geringeren Niveau als auf der Grundlage der amtlichen Statistik. Gleichwohl fügt er hinzu, dass ein Teil dieser Sterblichkeitsdifferenzen noch immer auf Datenartefakten beruhen kann. Darüber hinaus konnten die Sterblichkeitsdeterminanten nicht in den Blick genommen werden, so dass bezüglich der Existenz des *Healthy-Migrant-Effects* keine eindeutige Aussage möglich ist:

„So kann es ... durchaus der Fall sein, dass die durch den Healthy-Migrant-Effect bedingten Sterblichkeitsvorteile mit fortschreitender Aufenthaltszeit in Deutschland zunehmend geringer und nunmehr vor allem durch die soziale Benachteiligung von Migrantengruppen beeinflusst werden" (Kohls 2008: 44).

III.4.1.2.3 Lebenserwartung und regionale Zugehörigkeit

Neben den bereits berichteten Differenzen in der Lebenserwartung bei Geburt nach den sozio-demographischen Merkmalen Geschlecht und Migrationserfahrung existieren für den männlichen Teil der Bevölkerung regionale Differenzen: Die Lebenserwartung bei Geburt liegt gegenwärtig für die männliche Bevölkerung Ostdeutschlands um 1,5 Jahre unter der für Männer in Westdeutschland. Die nachfolgende Abbildung macht diese regionalen Differenzen in Form der relativen Übersterblichkeit deutlich.

Abbildung 26 Relative Übersterblichkeit in der früheren DDR bzw. in Ostdeutschland (1954 bis 1999)

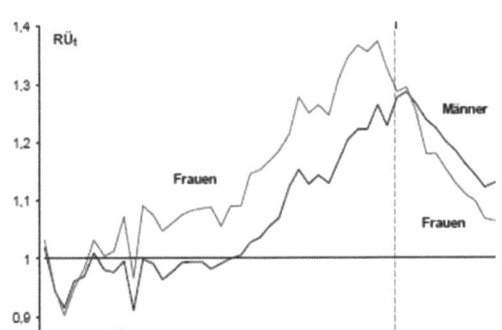

Quelle: Dinkel (2003)

Die relative Übersterblichkeit auf dem Gebiet der ehemaligen DDR gibt das Verhältnis zwischen der standardisierten Sterberate in Ostdeutschland und der in Westdeutschland wieder. Ein Wert größer 1 sagt aus, dass die Sterblichkeit im Osten um den Nachkommawert über der im Westen liegt und vice versa. Ein Wert von 1,3 der relativen Übersterblichkeit würde anzeigen, dass die Sterblichkeit im Osten um 30 Prozent höher als die im Westen ist. Der obigen Abbildung ist zum einen zu entnehmen, dass die ostdeutsche Übersterblichkeit für Frauen bereits Mitte der 1960er Jahre einsetzte, für Männer ein Jahrzehnt später. Zum Ende der 1980er Jahre lag die Sterblichkeit der Frauen im Osten um knapp 30 Prozent über der der Frauen im Westen und die der Männer lag um ungefähr 25 Prozent über der der Männer im Westen.[64]

Nach 1990 nahm die relative Übersterblickeit beider Geschlechter ab – allerdings für Frauen stärker als für Männer: Während für Frauen seit der Einigung der beiden deutschen Staaten eine Angleichung der Lebenserwartung bei Geburt stattgefunden hat, beträgt die Differenz bei den Männern noch 1,5 Jahre. Die nachfolgenden Abbildungen zeigen auf, von welchen Altersgruppen diese Differenz getragen wird.

---

[64] Vgl. zu den in der Literatur diskutierten Ursachen der relativen Übersterblichkeit der Bevölkerung in der früheren DDR Dinkel (2003).

Abbildung 27 Genutzter Anteil (gA) in den abgekürzten Sterbetafeln 1998/2000 der Männer gegenüber der Sterbetafel 1986/88 der Männer in der alten Bundesrepublik

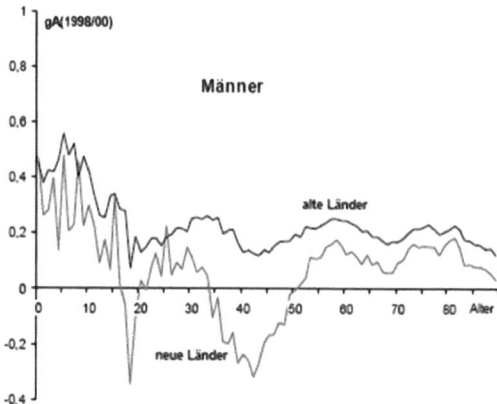

Quelle: Dinkel (2003)

Abbildung 28 Genutzter Anteil (gA) in den abgekürzten Sterbetafeln 1998/2000 der Frauen gegenüber der Sterbetafel 1986/88 der Frauen in der alten Bundesrepublik

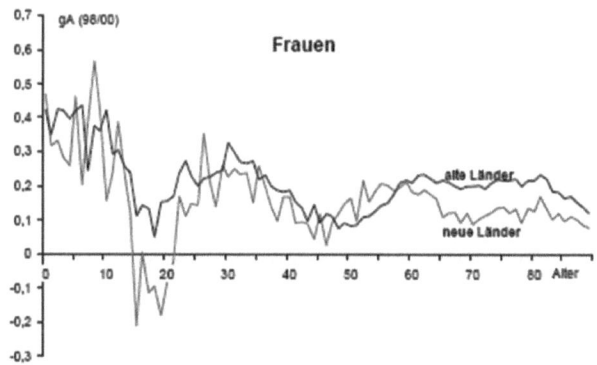

Quelle: Dinkel (2003)

Die auf der Ordinaten abgetragenen Werte (g(A)1998/00) geben den „zu einem bestimmten Zeitpunkt tatsächlich genutzten Anteil des gesamten möglichen Sterblichkeitsfortschritts im Alter x gegenüber einem Basisjahr (dem Basiszeitraum)" (Dinkel 2003: 70) an. In diesem Fall wird der Sterblichkeitsfortschritt, wie er sich aus der abgekürzten Sterbetafel 1998/2000 gegenüber der vollständigen Sterbetafel 1986/88 ergibt, ermittelt.[65] Der Sterblichkeitsfortschritt kann als Maximalwert den Wert 1 annehmen, was bedeuten würde, dass die Sterblichkeit im Alter x vom Wert des Basisjahres ausgehend bis auf Null gesunken wäre. Ein Wert von 0 zeigt eine gleichbleibende altersspezifische Sterblichkeit an, und Werte kleiner 0 deuten auf eine Zunahme der Sterblichkeit im Alter x hin. Dinkel (ebd.) selbst, der dieses Maß vorstellt, gibt als Interpretationsbeispiel einen Wert von 0,25 an und bemerkt hierzu: „Daraus folgt die Aussage: ,25 Prozent des potenziellen Fortschritts der Sterbewahrscheinlichkeit im Alter x in der Basistafel wurden bis zum Beobachtungszeitpunkt t tatsächlich realisiert'" (Dinkel 2003: 71). Die Abszisse zeigt das Lebensalter an.

Die obigen Abbildungen zeigen die tatsächlich genutzten Anteile des möglichen Sterblichkeitsfortschritts für Frauen und Männer auf dem Gebiet der heutigen Bundesrepublik – getrennt nach Ost- und Westdeutschland – mit der vollständigen Sterbetafel West 1986/88 als Referenz an. Sowohl bei den Männern als auch bei den Frauen fällt auf, dass die Sterblichkeit der jungen Altersgruppen – 18 bis 20 Jahre bei den Männern und 15 bis 20 Jahre bei den Frauen – noch nicht das Ausgangsniveau der Sterblichkeit erreicht hat. Bei den Männern gilt dies zudem für die Altersgruppe der 35 bis 50-Jährigen. Von der Public Health-Forschung werden diese Differenzen auf die individuelle Betroffenheit von Arbeitslosigkeit und deren gesundheitsschädigende Folgen zurückgeführt (Grobe und Schwartz 2003). Hiergegen wendet Dinkel (2003) ein:

> „Offene Arbeitslosigkeit existierte in der DDR nicht, wuchs aber nach der Wende zum Massenphänomen für beide Geschlechter und liegt nach wie vor auf einem signifikant höheren Niveau als in den alten Ländern. Der schnelle und starke Rückgang der Sterblichkeit in den neuen Ländern erfolgte somit trotz der nach wie vor (und vielleicht noch stärker als vorher) ungleichen Arbeits- und Lebensbedingungen" (ebd.: 78).

Er bietet zur Erklärung der regionalen Sterblichkeitsdifferenzen dagegen ein weiteres Argument an: die höhere Verkehrsunfallsterblichkeit in Ostdeutschland:

---

[65] Vgl. zum Unterschied zwischen vollständigen und abgekürzten Sterbetafeln Abschnitt III.4.2.2.

Mortalität

"Mit der Maueröffnung entstand schlagartig eine starke Ausweitung der Verkehrsströme mit veränderten Verhaltensweisen bei Geschwindigkeit oder Sanktionierung von Verstößen. Eine auf die neuen Verhältnisse nicht vorbereitete Bevölkerung mit einer nur teilweise angepassten Fahrzeug- und Verkehrswegeausstattung erlebte eine Verdopplung der Verkehrsunfallsterblichkeit" (Dinkel 2003: 81 f.).

Einen Einblick in die höhere Verehrsunfallsterblichkeit in Ostdeutschland vermittelt der nachfolgend dargestellte relative Wert der *Case Fatality Rate* in Ostdeutschland.

Abbildung 29 Relativer Wert der Case Fatality Rate im Osten Deutschlands (Gesamtdeutschland = 1)

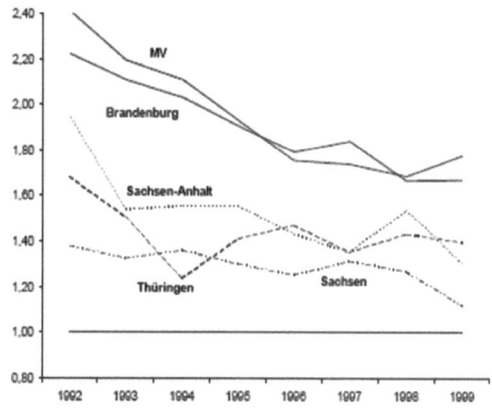

Quelle: Dinkel (2003)

Im Unterschied zur Unfallhäufigkeit zeigt die Case Fatality Rate die Schwere eines Unfalls an. Sie wird ermittelt über die Zahl der Unfalltoten pro Unfall mit Personenschaden (Dinkel 2003). Ihr relativer Wert ergibt sich als Anteil der Case Fatality Rate der ostdeutschen Bundesländer am gesamtdeutschen Durchschnitt. Am größten fällt dieser Anteil in Brandenburg und Mecklenburg-Vorpommern aus.[66]

Ob nun die regionalen Sterblichkeitsdifferenzen zwischen Ost und West auf Differenzen in der Verkehrsunfallsterblichkeit zurückzuführen sind, wie von Dinkel (2003) postuliert, zeigt sich nach Elimination der Sterbefälle nach Ver-

---

[66] Zu den Gründen vgl. Dinkel (2003).

kehrsunfällen aus den Sterbetafeln[67], also nach Vergleich der sogenannten Cause Elimination Sterbetafeln für Ost und West.

Der Vergleich ergibt, dass für die jüngeren Altersgruppen die Übersterblichkeit der Bevölkerung Ostdeutschlands vollständig durch die Verkehrsunfallsterblichkeit zu erklären ist, nicht aber für die Männer der Altersgruppe von 30 bis 50 Jahren. Wie neuere Analysen von Scholz, Schulz und Stegmann (2010) zeigen, ist für diese Altersgruppe das bereits benannte Argument der gesundheitsschädigenden Folgen von Arbeitslosigkeit (Grobe und Schwartz 2003) erklärungsmächtig.

III.4.2 Die Messung von Mortalität

Gleich der Erfassung der übrigen demographischen Prozesse lässt sich die Messung des demographischen Prozesses der Mortalität ebenfalls unter einer querschnittlichen wie auch einer längsschnittlichen Perspektive betreiben. Und wie bei den zuvor genannten demographischen Prozessen sind die Vor- und Nachteile die gleichen: Eine längsschnittliche bzw. kohortenspezifische Betrachtung der Sterblichkeitsentwicklung entspricht der natürlichen Darstellung demographischer Prozesse (Dinkel 1989). Von Nachteil sind der enorme Datenbedarf wie das Problem der unvollständigen Informationen für jüngere Kohorten. In diesem Fall ist die Rede von Geburtskohorten. Gleichwohl die querschnittliche bzw. periodenspezifische Betrachtungsweise demographischer Prozesse konstantes Verhalten bzw. Handeln über die jeweils in der periodenspezifischen Betrachtung zusammengefassten Kohorten unterstellt – im Fall der Sterblichkeitserfassung ist es nicht immer sinnvoll, von Verhaltens- bzw. Handlungskonstanz zu reden – ist von Vorteil, dass ihr Datenbedarf gering ist. Zudem ist sie eine pragmatische Form, dem Problem unvollständiger Informationen zu begegnen, indem sie die Säuglingssterblichkeit beispielsweise im Jahr 2010 mit der Sterblichkeit der 50-Jährigen im Jahr 2010 usw. verkettet. Dies geschieht mittels des Instruments der Periodensterbetafel. Bevor diese vorgestellt wird, noch einige Bemerkungen zu den vorliegenden Maßzahlen zur Mortalitätserfassung.

---

[67] Dinkel (2003) bedient sich zur Elimination der Sterbefälle nach Verkehrsunfällen der Internationalen statistischen Klassifikation der Krankheiten und verwandter Gesundheitsprobleme (International Classification of Diseases, ICD).

Mortalität

Abbildung 30   Verhältnis der Sterbewahrscheinlichkeiten in Ost- und Westdeutschland vor und nach Elimination der Sterbefälle nach Verkehrsunfällen (Männer)

Quelle: Dinkel (2003)

Abbildung 31   Verhältnis der Sterbewahrscheinlichkeiten in Ost- und Westdeutschland vor und nach Elimination der Sterbefälle nach Verkehrsunfällen (Frauen)

Quelle: Dinkel (2003)

III.4.2.1 Sterberaten

Gängige Maßzahlen zur Mortalitätserfassung sind Sterberaten. Grundlage für deren Berechnung ist die Anzahl der Sterbefälle bzw. Gestorbenen in einem bestimmten Zeitraum, bei dem es sich zumeist um ein Kalenderjahr handelt. In Abhängigkeit von der Abgrenzung der Summe der Sterbefälle und des Bevölkerungsbestandes im Jahresdurchschnitt[68] werden Sterberaten unterschieden. Das einfachste Maß ist die *rohe Sterberate*. Diese ist definiert als Quotient zwischen der Zahl der Sterbefälle einer Bevölkerung innerhalb eines Zeitraumes D_t und dem durchschnittlichen Bevölkerungsbestand im entsprechenden Zeitraum $\overline{P}_{t_{0,n}}$. Üblicherweise wird der Quotient mit 1000 multipliziert. Vogel und Grünewald (1996) folgend, lässt sich das eben Gesagte wie folgt formalisieren:

(1) $d_{t_{0,n}} = (D_t / \overline{P}_{t_{0,n}}) * 1000$.

Gleich der Interpretation der rohen Geburtenrate liegt es auch bei der Interpretation der rohen Sterberate zunächst nahe, diese – auch rohe Sterbeziffer genannt – als Sterbewahrscheinlichkeit zu interpretieren. Doch auch hier gilt, dass diese Interpretation nicht möglich ist, da die rohe Sterberate von der Bevölkerungsstruktur, insbesondere der Altersstruktur, abhängt:

„Unterschiedliche Anteile älterer Personen in verschiedenen Bevölkerungen führen zu unter sonst gleichen Bedingungen, insbesondere gleicher Sterblichkeit, zu unterschiedlichen Werten der rohen S." (Vogel und Grünewald 1996: 306).

Entsprechend ist ein von der jeweiligen Altersstruktur unabhängiges Maß zu konstruieren, die *altersspezifische Sterberate*. Diese ist definiert als das Verhältnis einer bestimmten Anzahl von Personen eines bestimmten Alters, die in einem konkreten Zeitraum sterben $D_{x;t_t}$ und dem durchschnittlichen Bestand von Personen dieses Alters in jenem Zeitraum $\overline{P}_{x;t_t}$ (Vogel und Grünewald 1996). Auch in diesem Fall erfolgt eine Multiplikation des Quotienten mit 1000:

(2) $d_{x;t_{0,n}} = (D_{x;t_t} / \overline{P}_{x;t_{0,n}}) * 1000$.

---

[68] Der durchschnittliche Bevölkerungsbestand wird definiert als das „arithmetische Mittel aus zwölf Monatsdurchschnitten, die ihrerseits aus dem Bevölkerungsbestand am Anfang und am Ende der Monate berechnet werden" (Vogel und Grünewald 1996: 64). Und der Bevölkerungsbestand entspricht dem „Umfang einer Bevölkerung zu einem bestimmten Zeitpunkt" (ebd.: 62).

Mortalität

Eine weitere Abstraktion einer der Dimensionen der Bevölkerungsstruktur erfolgt durch die Berechnung der *geschlechtsspezifischen Sterberate*. Diese abstrahiert vom Geschlechterverhältnis in der Bevölkerung:

(3) $d_{f;t_{0,n}} = (D_{f;t_{0,n}} / \overline{F}_{t_{0,n}}) * 1000$

bzw. $d_{m;t_{0,n}} = (D_{m;t_{0,n}} / \overline{M}_{t_{0,n}}) * 1000$.

Bei ihrer Interpretation ist zu beachten, dass sie von der geschlechtsspezifischen Altersstruktur abhängt und somit eine höhere geschlechtsspezifische Sterberate von Frauen oder Männern nicht mit einer höheren Sterblichkeit von Frauen oder Männern einhergehen muss. Weitere Maße sind die *standardisierte rohe Sterberate* und die *ursachenspezifische Sterberate*, die über die Bedeutung unterschiedlicher Todesursachen für die Sterblichkeit einer Bevölkerung informiert, indem sie Angaben macht über das Verhältnis einer Anzahl von Personen $D_{U;t_{0,n}}$, die in einem angebbaren Zeitraum $t_{0,n}$ an der Todesursache U sterben, und dem durchschnittlichen Bevölkerungsbestand in diesem Zeitraum $P_{t_{0,n}}$. Dieser Quotient wird mit 100 000 multipliziert:

(4) $d_{U;t_{0,n}} = (D_{U;t_{0,n}} / \overline{P}_{t_{0,n}}) * 100000$.

Die genannten Maße ergeben allerdings kein umfassendes Bild über die Sterblichkeit einer Population. Das hierfür geeignete Messverfahren ist die Sterbetafel.

III.4.2.2 Sterbetafeln

Die Sterbetafel ist ein Messverfahren zur vollständigen statistischen Beschreibung der Mortalität einer altersgegliederten Population, das versucht, die Absterbeordnung bzw. die „Überlebensverhältnisse einer definierten Gesamtheit von Personen von der Geburt bis zum Lebensende (oder von einem anderen Startpunkt aus bis zum Lebensende) zu beschreiben" (Dinkel 1996: 27). Sterbetafeln sind Modelle, die unabhängig von der Alters- und Geschlechtsstruktur einer Bevölkerung über deren Sterblichkeitsverhältnisse informieren. Entsprechend der Datengrundlage sind zwei Arten von Sterbetafeln zu unterscheiden: Kohortensterbetafeln und Periodensterbetafeln. Periodensterbetafeln informieren über die Sterblichkeitsverhältnisse eines Kalenderjahres über alle Kohorten (die sogenannte Sterbetafelbevölkerung) hinweg und Kohortensterbetafeln über die einer realen Kohorte im Lebensverlauf. Neben der theoretisch möglichen aber praktisch problematischen vollständigen Verfolgung einer Kohorte bis zum Tod aller Kohortenmitglieder können Kohortensterbetafeln aus Periodensterbetafeln gewonnen werden (Dinkel 1996). Vollständige Sterbetafeln werden im Anschluss an Volkszählungen berechnet und sogenannte abgekürzte Sterbetafeln auf der Fortschreibung des Bevölkerungsstandes und der Statistik der Todesfälle (http://www.destatis.de/jetspeed/portal/cms/Sites/destatis/Internet/DE/Content/Publikationen/Qualitaetsberichte/Bevoelkerung/Sterbetafeln,property=file.pdf, 07.04.2010). Während die Statistik der Sterbefälle als zuverlässig gilt, ist die Zuverlässigkeit der Ergebnisse der Bevölkerungsfortschreibung mit zunehmender zeitlicher Entfernung von der letzten Volkszählung zu hinterfragen (ebd.). Die letzte allgemeine Sterbetafel für die Bundesrepublik liegt vor für die Jahre 1986/88. Sie umfasst damit das Volkszählungsjahr wie auch die beiden Jahre davor und danach. Ebenfalls für einen Dreijahresdurchschnitt berechnet werden die abgekürzten Sterbetafeln. Die aktuellen abgekürzten Sterbetafeln für Frauen und Männer werden nachfolgend vorgestellt wie auch die aus ihnen ableitbaren Aussagen.

Am Beispiel der Sterbetafel der Männer möchte ich die aufgezeigten Kennwerte besprechen. Die in der ersten Spalte abgetragene Größe, die Sterbewahrscheinlichkeit (q(x)) vom Alter x bis zum Alter x+1, ist die zentrale Größe einer Sterbetafel. Sie gibt an, mit welcher Wahrscheinlichkeit eine Person, die das Alter x erreicht hat, vor Vollendung des Alters x+1 stirbt. Ermittelt wird sie über den Quotienten der Sterbefälle im Alter x und der Zahl der Personen, die das Alter x+1 erreicht haben. Die Überlebenswahrscheinlichkeit (p(x)) lässt sich direkt aus der Sterbewahrscheinlichkeit ableiten, da die Summe beider 1 ergibt. Es gilt also:

(1) p(x) = 1 − q(x).

Die eigentliche Sterbetafelfunktion stellt die Größe l(x) dar, die über die Überlebenden im Alter x informiert. Sie gibt an, wieviele Personen von einem bestimmbaren Anfangsbestand (l(0)), der sogenannten Radix, das Alter x erreicht haben. Die Verbindung aller l(x)-Werte ergibt die sogenannte Überlebenskurve der betrachteten fiktiven Kohorte, die deren Sterblichkeitsmuster im Zeitverlauf abbildet. Die folgenden Spalten geben die einzelnen Schritte wieder, die zur Ermittlung der durchschnittlichen Lebenserwartung im Alter x führen, und sollen hier nicht in voller Länge behandelt werden. Die durchschnittliche Lebenserwartung lässt sich für jedes Alter berechnen: Es ist die Rede von der durchschnittlichen Lebenserwartung im Alter x, der ferneren Lebenserwartung im Alter x oder auch der Restlebenserwartung im Alter x und natürlich von der Lebenserwartung bei Geburt. Allerdings gilt: „Das Maß Lebenserwartung bei Geburt (e_0) ist für die Periodensterbetafel aussagelos" (Dinkel 1996: 27). Der Grund ist, dass die der Konstruktion der Periodensterbetafel zugrunde liegende Modellannahme einer stabilen Bevölkerung mit konstanter Fertilität und konstanter Mortalität in der

Mortalität

Tabelle 8 Abgekürzte Sterbetafel, Frauen (2006/2008)

Sterbetafel 2006/2008

Deutschland

Weiblich[1]

Vollendetes Alter	Sterbewahrscheinlichkeit vom Alter x bis x+1	Überlebenswahrscheinlichkeit	Überlebende im Alter x	Gestorbene im Alter x bis unter x+1	Von den Überlebenden im Alter x		Durchschnittliche Lebenserwartung im Alter x in Jahren
					bis zum Alter x+1 durchlebte Jahre	insgesamt noch zu durchlebende Jahre	
x	q_x	p_x	l_x	d_x	L_x	$e_x l_x$	e_x
0	0,00334497	0,99665503	100 000	334	99 716	8 239 883	82,40
1	0,00027888	0,99972112	99 666	28	99 652	8 140 167	81,67
2	0,00017187	0,99982813	99 638	17	99 629	8 040 516	80,70
3	0,00014298	0,99985702	99 621	14	99 613	7 940 887	79,71
4	0,00011700	0,99988300	99 606	12	99 601	7 841 273	78,72
5	0,00008464	0,99991536	99 595	8	99 590	7 741 673	77,73
6	0,00007165	0,99992835	99 586	7	99 583	7 642 082	76,74
7	0,00007094	0,99992906	99 579	7	99 576	7 542 500	75,74
8	0,00007038	0,99992962	99 572	7	99 569	7 442 924	74,75
9	0,00006508	0,99993492	99 565	6	99 562	7 343 355	73,75
10	0,00007171	0,99992829	99 559	7	99 555	7 243 794	72,76
11	0,00007664	0,99992336	99 551	8	99 548	7 144 239	71,76
12	0,00007594	0,99992406	99 544	8	99 540	7 044 691	70,77
13	0,00011108	0,99988892	99 536	11	99 531	6 945 151	69,78
14	0,00012081	0,99987919	99 525	12	99 519	6 845 620	68,78
15	0,00013897	0,99986103	99 513	14	99 506	6 746 101	67,79
16	0,00014956	0,99985044	99 499	15	99 492	6 646 595	66,80
17	0,00017819	0,99982181	99 484	18	99 476	6 547 103	65,81
18	0,00021881	0,99978119	99 467	22	99 456	6 447 627	64,82
19	0,00023133	0,99976867	99 445	23	99 433	6 348 172	63,84
20	0,00020691	0,99979309	99 422	21	99 412	6 248 738	62,85
21	0,00020836	0,99979164	99 401	21	99 391	6 149 326	61,86
22	0,00023804	0,99976196	99 381	24	99 369	6 049 935	60,88
23	0,00024297	0,99975703	99 357	24	99 345	5 950 567	59,89
24	0,00021168	0,99978832	99 333	21	99 322	5 851 222	58,91
25	0,00022564	0,99977436	99 312	22	99 301	5 751 899	57,92
26	0,00025402	0,99974598	99 289	25	99 277	5 652 599	56,93
27	0,00026230	0,99973770	99 264	26	99 251	5 553 322	55,94
28	0,00024528	0,99975472	99 238	24	99 226	5 454 071	54,96
29	0,00028251	0,99971749	99 214	28	99 200	5 354 845	53,97
30	0,00028920	0,99971080	99 186	29	99 171	5 255 645	52,99
31	0,00032070	0,99967930	99 157	32	99 141	5 156 473	52,00
32	0,00032161	0,99967839	99 125	32	99 109	5 057 332	51,02
33	0,00037696	0,99962304	99 093	37	99 075	4 958 223	50,04
34	0,00039281	0,99960719	99 056	39	99 037	4 859 148	49,05
35	0,00045140	0,99954860	99 017	45	98 995	4 760 111	48,07
36	0,00049061	0,99950939	98 972	49	98 948	4 661 116	47,10
37	0,00052598	0,99947402	98 924	52	98 898	4 562 168	46,12
38	0,00060413	0,99939587	98 872	60	98 842	4 463 270	45,14
39	0,00070827	0,99929173	98 812	70	98 777	4 364 428	44,17
40	0,00073795	0,99926205	98 742	73	98 706	4 265 651	43,20
41	0,00085319	0,99914681	98 669	84	98 627	4 166 945	42,23
42	0,00098771	0,99901229	98 585	97	98 536	4 068 318	41,27
43	0,00108882	0,99891118	98 488	107	98 434	3 969 782	40,31
44	0,00114276	0,99885724	98 381	112	98 324	3 871 348	39,35
45	0,00142217	0,99857783	98 268	140	98 198	3 773 023	38,40
46	0,00159558	0,99840442	98 128	157	98 050	3 674 825	37,45
47	0,00178688	0,99821312	97 972	175	97 884	3 576 775	36,51
48	0,00186829	0,99813171	97 797	183	97 705	3 478 891	35,57
49	0,00211348	0,99788652	97 614	206	97 511	3 381 185	34,64

Tabelle 8a Abgekürzte Sterbetafel, Frauen (2006/2008)

Sterbetafel 2006/2008

Deutschland

Weiblich[7]

Vollendetes Alter	Sterbewahrscheinlichkeit vom Alter x bis x+1	Überlebenswahrscheinlichkeit	Überlebende im Alter x	Gestorbene im Alter x bis unter x+1	Von den Überlebenden im Alter x		Durchschnittliche Lebenserwartung im Alter x in Jahren
					bis zum Alter x+1 durchlebte	insgesamt noch zu durchlebende Jahre	
x	q_x	p_x	l_x	d_x	L_x	$e_x l_x$	e_x
50	0,00240425	0,99759575	97 408	234	97 291	3 283 675	33,71
51	0,00254923	0,99745077	97 173	248	97 050	3 186 384	32,79
52	0,00279596	0,99720404	96 926	271	96 790	3 089 334	31,87
53	0,00299747	0,99700253	96 655	290	96 510	2 992 544	30,96
54	0,00321217	0,99678783	96 365	310	96 210	2 896 034	30,05
55	0,00356744	0,99643256	96 056	343	95 884	2 799 824	29,15
56	0,00382704	0,99617296	95 713	366	95 530	2 703 940	28,25
57	0,00421849	0,99578151	95 347	402	95 145	2 608 410	27,36
58	0,00454586	0,99545414	94 944	432	94 729	2 513 265	26,47
59	0,00486127	0,99513873	94 513	459	94 283	2 418 536	25,59
60	0,00532936	0,99467064	94 053	501	93 803	2 324 253	24,71
61	0,00596030	0,99403970	93 552	558	93 273	2 230 450	23,84
62	0,00617051	0,99382949	92 994	574	92 708	2 137 177	22,98
63	0,00668625	0,99331375	92 421	618	92 112	2 044 470	22,12
64	0,00706298	0,99293702	91 803	648	91 478	1 952 358	21,27
65	0,00750715	0,99249285	91 154	684	90 812	1 860 880	20,41
66	0,00821607	0,99178393	90 470	743	90 098	1 770 067	19,57
67	0,00891718	0,99108282	89 727	800	89 327	1 679 969	18,72
68	0,00994091	0,99005909	88 927	884	88 485	1 590 643	17,89
69	0,01100005	0,98899995	88 043	968	87 558	1 502 158	17,06
70	0,01223359	0,98776641	87 074	1 065	86 541	1 414 600	16,25
71	0,01387680	0,98612320	86 009	1 194	85 412	1 328 058	15,44
72	0,01584858	0,98415142	84 815	1 344	84 143	1 242 646	14,65
73	0,01784575	0,98215425	83 471	1 490	82 726	1 158 503	13,88
74	0,01981209	0,98018791	81 981	1 624	81 169	1 075 777	13,12
75	0,02291544	0,97708456	80 357	1 841	79 437	994 607	12,38
76	0,02598526	0,97401474	78 516	2 040	77 496	915 171	11,66
77	0,02937827	0,97062173	76 476	2 247	75 352	837 675	10,95
78	0,03357618	0,96642382	74 229	2 492	72 983	762 323	10,27
79	0,03799568	0,96200432	71 737	2 726	70 374	689 340	9,61
80	0,04409497	0,95590503	69 011	3 043	67 489	618 966	8,97
81	0,05019888	0,94980112	65 968	3 312	64 312	551 477	8,36
82	0,05731493	0,94268507	62 656	3 591	60 861	487 165	7,78
83	0,06566719	0,93433281	59 065	3 879	57 126	426 304	7,22
84	0,07422946	0,92577054	55 187	4 096	53 138	369 178	6,69
85	0,08587455	0,91412545	51 090	4 387	48 896	316 040	6,19
86	0,10004783	0,89995217	46 703	4 673	44 366	267 144	5,72
87	0,11103004	0,88896996	42 030	4 667	39 697	222 777	5,30
88	0,12484463	0,87515537	37 364	4 665	35 031	183 080	4,90
89	0,13352338	0,86647662	32 699	4 366	30 516	148 049	4,53
90	0,15149524	0,84850476	28 333	4 292	26 187	117 533	4,15
91	0,17753640	0,82246360	24 041	4 268	21 907	91 346	3,80
92	0,19828899	0,80171101	19 773	3 921	17 812	69 440	3,51
93	0,22487042	0,77512958	15 852	3 565	14 070	51 628	3,26
94	0,24296710	0,75703290	12 287	2 985	10 795	37 558	3,06
95	0,26058299	0,73941701	9 302	2 424	8 090	26 764	2,88
96	0,27153301	0,72846699	6 878	1 868	5 944	18 674	2,72
97	0,29170466	0,70829534	5 010	1 462	4 280	12 730	2,54
98	0,31220481	0,68779519	3 549	1 108	2 995	8 450	2,38
99	0,33297191	0,66702809	2 441	813	2 034	5 455	2,23
100	0,35394520	0,64605480	1 628	576	1 340	3 421	2,10

Mortalität

Tabelle 9 Abgekürzte Sterbetafel, Männer (2006/2008)

Sterbetafel 2006/2008

Deutschland

Männlich[7]

Vollendetes Alter	Sterbe-wahrscheinlichkeit	Überlebens-wahrscheinlichkeit vom Alter x bis x+1	Überlebende im Alter x	Gestorbene im Alter x bis unter x+1	Von den Überlebenden im Alter x bis zum Alter x+1 durchlebte Jahre	Von den Überlebenden im Alter x insgesamt noch zu durchlebende Jahre	Durchschnittliche Lebenserwartung im Alter x in Jahren
x	q_x	p_x	l_x	d_x	L_x	$e_x l_x$	e_x
0	0,00412898	0,99587102	100 000	413	99 650	7 716 667	77,17
1	0,00034097	0,99965903	99 587	34	99 570	7 617 016	76,49
2	0,00019479	0,99980521	99 553	19	99 543	7 517 446	75,51
3	0,00015594	0,99984406	99 534	16	99 526	7 417 903	74,53
4	0,00013277	0,99986723	99 518	13	99 512	7 318 377	73,54
5	0,00012375	0,99987625	99 505	12	99 499	7 218 865	72,55
6	0,00010433	0,99989567	99 493	10	99 488	7 119 366	71,56
7	0,00010028	0,99989972	99 482	10	99 477	7 019 879	70,56
8	0,00010393	0,99989607	99 472	10	99 467	6 920 401	69,57
9	0,00009503	0,99990497	99 462	9	99 457	6 820 934	68,58
10	0,00008668	0,99991332	99 453	9	99 448	6 721 477	67,58
11	0,00009638	0,99990362	99 444	10	99 439	6 622 029	66,59
12	0,00012273	0,99987727	99 434	12	99 428	6 522 590	65,60
13	0,00010216	0,99989784	99 422	10	99 417	6 423 161	64,60
14	0,00014751	0,99985249	99 412	15	99 405	6 323 744	63,61
15	0,00019766	0,99980234	99 397	20	99 388	6 224 340	62,62
16	0,00030682	0,99969318	99 378	30	99 362	6 124 952	61,63
17	0,00034807	0,99965193	99 347	35	99 330	6 025 590	60,65
18	0,00058370	0,99941630	99 313	58	99 284	5 926 260	59,67
19	0,00059337	0,99940663	99 255	59	99 225	5 826 976	58,71
20	0,00060708	0,99939292	99 196	60	99 166	5 727 751	57,74
21	0,00059618	0,99940382	99 136	59	99 106	5 628 585	56,78
22	0,00058988	0,99941012	99 076	58	99 047	5 529 479	55,81
23	0,00058444	0,99941556	99 018	58	98 989	5 430 432	54,84
24	0,00058125	0,99941875	98 960	58	98 931	5 331 443	53,87
25	0,00059836	0,99940164	98 903	59	98 873	5 232 512	52,91
26	0,00063962	0,99936038	98 843	63	98 812	5 133 639	51,94
27	0,00059341	0,99940659	98 780	59	98 751	5 034 827	50,97
28	0,00061517	0,99938483	98 722	61	98 691	4 936 076	50,00
29	0,00063519	0,99936481	98 661	63	98 630	4 837 385	49,03
30	0,00064855	0,99935145	98 598	64	98 566	4 738 755	48,06
31	0,00071004	0,99928996	98 534	70	98 499	4 640 189	47,09
32	0,00073963	0,99926037	98 464	73	98 428	4 541 690	46,13
33	0,00075453	0,99924547	98 391	74	98 354	4 443 262	45,16
34	0,00081342	0,99918658	98 317	80	98 277	4 344 908	44,19
35	0,00085939	0,99914061	98 237	84	98 195	4 246 631	43,23
36	0,00091878	0,99908122	98 153	90	98 108	4 148 435	42,27
37	0,00102741	0,99897259	98 063	101	98 012	4 050 328	41,30
38	0,00109950	0,99890050	97 962	108	97 908	3 952 316	40,35
39	0,00124573	0,99875427	97 854	122	97 793	3 854 408	39,39
40	0,00142355	0,99857645	97 732	139	97 663	3 756 614	38,44
41	0,00153742	0,99846258	97 593	150	97 518	3 658 952	37,49
42	0,00172937	0,99827063	97 443	169	97 359	3 561 434	36,55
43	0,00199904	0,99800096	97 275	194	97 177	3 464 075	35,61
44	0,00224793	0,99775207	97 080	218	96 971	3 366 897	34,68
45	0,00251592	0,99748408	96 862	244	96 740	3 269 926	33,76
46	0,00283893	0,99716107	96 618	274	96 481	3 173 186	32,84
47	0,00319395	0,99680605	96 344	308	96 190	3 076 705	31,93
48	0,00361170	0,99638830	96 036	347	95 863	2 980 515	31,04
49	0,00402687	0,99597313	95 689	385	95 497	2 884 652	30,15

Tabelle 9a Abgekürzte Sterbetafel, Männer (2006/2008)

Sterbetafel 2006/2008

Deutschland

Männlich[7]

Vollendetes Alter	Sterbe-wahrscheinlichkeit vom Alter x bis x+1	Überlebens-wahrscheinlichkeit	Überlebende im Alter x	Gestorbene im Alter x bis unter x+1	Von den Überlebenden im Alter x		Durchschnittliche Lebenserwartung im Alter x in Jahren
					bis zum Alter x+1 durchlebte Jahre	insgesamt noch zu durchlebende Jahre	
x	q_x	p_x	l_x	d_x	L_x	$e_x l_x$	e_x
50	0,00436562	0,99563438	95 304	416	95 096	2 789 156	29,27
51	0,00488357	0,99511643	94 888	463	94 656	2 694 060	28,39
52	0,00541208	0,99458792	94 425	511	94 169	2 599 404	27,53
53	0,00586126	0,99413874	93 914	550	93 638	2 505 235	26,68
54	0,00645323	0,99354677	93 363	602	93 062	2 411 596	25,83
55	0,00691343	0,99308657	92 761	641	92 440	2 318 534	24,99
56	0,00754479	0,99245521	92 119	695	91 772	2 226 094	24,17
57	0,00790475	0,99209525	91 424	723	91 063	2 134 323	23,35
58	0,00892193	0,99107807	90 702	809	90 297	2 043 260	22,53
59	0,00973045	0,99026955	89 892	875	89 455	1 952 963	21,73
60	0,01048276	0,98951724	89 018	933	88 551	1 863 508	20,93
61	0,01139160	0,98860840	88 084	1 003	87 583	1 774 957	20,15
62	0,01226186	0,98773814	87 081	1 068	86 547	1 687 374	19,38
63	0,01351658	0,98648342	86 013	1 163	85 432	1 600 827	18,61
64	0,01437443	0,98562557	84 851	1 220	84 241	1 515 395	17,86
65	0,01556361	0,98443639	83 631	1 302	82 980	1 431 154	17,11
66	0,01712982	0,98287018	82 329	1 410	81 624	1 348 174	16,38
67	0,01825950	0,98174050	80 919	1 478	80 180	1 266 549	15,65
68	0,02010342	0,97989658	79 442	1 597	78 643	1 186 369	14,93
69	0,02189653	0,97810347	77 845	1 705	76 992	1 107 726	14,23
70	0,02407009	0,97592991	76 140	1 833	75 224	1 030 734	13,54
71	0,02700785	0,97299215	74 307	2 007	73 304	955 510	12,86
72	0,02987563	0,97012437	72 300	2 160	71 220	882 206	12,20
73	0,03307318	0,96692682	70 140	2 320	68 981	810 986	11,56
74	0,03699014	0,96300986	67 821	2 509	66 566	742 005	10,94
75	0,04101560	0,95898440	65 312	2 679	63 973	675 439	10,34
76	0,04562412	0,95437588	62 633	2 858	61 204	611 467	9,76
77	0,05042111	0,94957889	59 776	3 014	58 269	550 262	9,21
78	0,05630992	0,94369008	56 762	3 196	55 163	491 994	8,67
79	0,06087099	0,93912901	53 565	3 261	51 935	436 830	8,16
80	0,06774769	0,93225231	50 305	3 408	48 601	384 895	7,65
81	0,07505303	0,92494697	46 897	3 520	45 137	336 294	7,17
82	0,08283999	0,91716001	43 377	3 593	41 580	291 157	6,71
83	0,09157539	0,90842461	39 784	3 643	37 962	249 577	6,27
84	0,10184207	0,89815793	36 140	3 681	34 300	211 615	5,86
85	0,11320000	0,88680000	32 460	3 674	30 623	177 315	5,46
86	0,12954713	0,87045287	28 785	3 729	26 921	146 692	5,10
87	0,13705829	0,86294171	25 056	3 434	23 339	119 771	4,78
88	0,15074533	0,84925467	21 622	3 259	19 992	96 432	4,46
89	0,15660179	0,84339821	18 363	2 876	16 925	76 440	4,16
90	0,17582528	0,82417472	15 487	2 723	14 126	59 515	3,84
91	0,19964525	0,80035475	12 764	2 548	11 490	45 389	3,56
92	0,21721134	0,78278866	10 216	2 219	9 106	33 899	3,32
93	0,23457904	0,76542096	7 997	1 876	7 059	24 793	3,10
94	0,25338235	0,74661765	6 121	1 551	5 345	17 734	2,90
95	0,27263124	0,72736876	4 570	1 246	3 947	12 389	2,71
96	0,29233754	0,70766246	3 324	972	2 838	8 442	2,54
97	0,31243652	0,68756348	2 352	735	1 985	5 604	2,38
98	0,33286371	0,66713629	1 617	538	1 348	3 619	2,24
99	0,35355518	0,64644482	1 079	381	888	2 271	2,10
100	0,37444792	0,62555208	698	261	567	1 382	1,98

Wirklichkeit keine Gültigkeit hat. Wie ist dieses Maß dann sinnvoll zu interpretieren? Als „Zahl der weiteren Lebensjahre ..., die eine Person in einem bestimmten Alter nach den gegenwärtigen Sterblichkeitsverhältnissen noch leben könnte" http://www.destatis.de/jetspeed/portal/cms/Sites/destatis/Internet/DE/Content/ Publikationen/Qualitaetsberichte/Bevoelkerung/Sterbetafeln,property=file.pdf, 09.04.2010).

Den oben dargestellten abgekürzten Sterbetafeln für Männer und Frauen ist zu entnehmen, dass die im obigen Sinne definierte Lebenserwartung bei Geburt für Jungen bei 77,17 Jahren liegt und die für Mädchen bei 82,40 Jahren. Die Geschlechtsunterschiede sind bekannt und wurden bereits angesprochen.

III.4.3 Die Entwicklung der Mortalität seit 1945 (mit einem Rückblick auf den ersten demographischen Übergang)

Nachfolgend zunächst ein Blick auf die allgemeine Entwicklung der Lebenserwartung bei Geburt seit Ende des 19. Jahrhunderts. Als Datengrundlage dienen die erhältlichen allgemeinen Sterbetafeln – also die aufgrund von Volkszählungsergebnissen generierten Sterbetafeln. Deren Erstellung hat in Deutschland seit der Gründung des Deutschen Reiches Tradition: „Seit 1871/81 wurden vom Kaiserlichen Statistischen Amt bzw. vom Statistischen Reichsamt in unregelmäßigen Abständen Allgemeine Sterbetafeln auf der Gundlage von Volkszählungsergebnissen errechnet" (Bundesinstitut für Bevölkerungsforschung 2004: 39 f.).

Der dargestellten Entwicklung der Mortalität seit 1945 liegt in der nachfolgenden Abbildung die den Sterbetafeln entnommene sogenannte Lebenserwartung bei Geburt zugrunde.

Die Lebenserwartungen der Geschlechter bei Geburt (nach den jeweils gültigen Sterblichkeitsverhältnissen) haben sich im Berichtszeitraum mehr als verdoppelt. Während sie bei den Mädchen von 38,45 Jahren auf 82,40 Jahre angestiegen ist, erfolgte der Anstieg bei den Jungen von 35,58 auf 77,12 Jahre. Die Daten zeigen also, dass die individuelle Alterung, definiert als „Kennzeichen für jeden Organismus, im Zeitablauf ein als ansteigendes, chronologisches Alter zu erfahren" (Dinkel 2008: 98), stark zugenommen hat. Dennoch erreichen nur wenige Menschen die Nähe der nach heutigem Kenntnisstand bei ungefähr 120 Jahren liegende Altersgrenze: „Der älteste Mensch weltweit, eine Frau, starb 1997 im Alter von 122 Jahren in Frankreich" (Behl und Mossmann 2008: 10).

Abbildung 32 Entwicklung der geschlechtsspezifischen Lebenserwartung bei Geburt (1871/1881 bis 2006/2008, Deutsches Reich und Bundesgebiet)

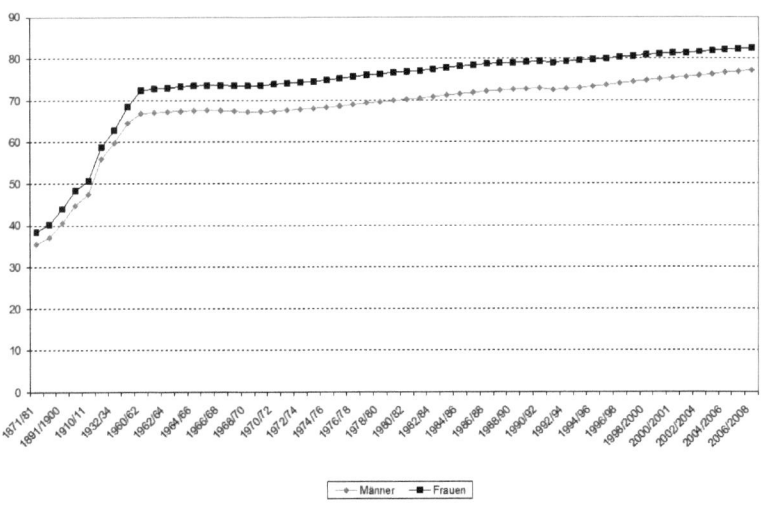

Quelle: Statistisches Bundesamt (2009)

„Im Zusammenhang mit der individuellen Alterung, die im Mittelpunkt medizinischer und psychologischer Forschung steht ..., treten manche auch demographisch wichtige Fragen auf. Dazu gehört etwa jene Frage, ob es so etwas wie eine unveränderliche maximale Lebensspanne gibt, wo dieses Maximum liegt und von welchen (möglicherweise genetischen) Faktoren die maximale Lebensspanne (im Falle ihres Existierens) der Spezie Homo Sapiens gelenkt wird und ob sie möglicherweise in der Zukunft verändert werden könnte" (Dinkel 2008: 98).[69]

Der Rückgang der Sterblichkeit bei Geburt ist auf mehrere Komponenten zurückzuführen: Als bedeutendste ist der Rückgang der Säuglingssterblichkeit zu nennen, welcher bereits bei der Diskussion des ersten demographischen Übergangs angesprochen wurde (vgl. Abschnitt II.1.1.1) und in der nachfolgenden Abbildung veranschaulicht wird.

---

[69] Einen Überblick zu diesen Fragen und den um sie geführten Diskussionen bietet Austad (1997). Vgl. auch Oeppen und Vaupel (2002), Luy (2006).

Mortalität 159

Abbildung 33 Entwicklung der Säuglingssterblichkeit (1871/1881 bis 2006/2008)

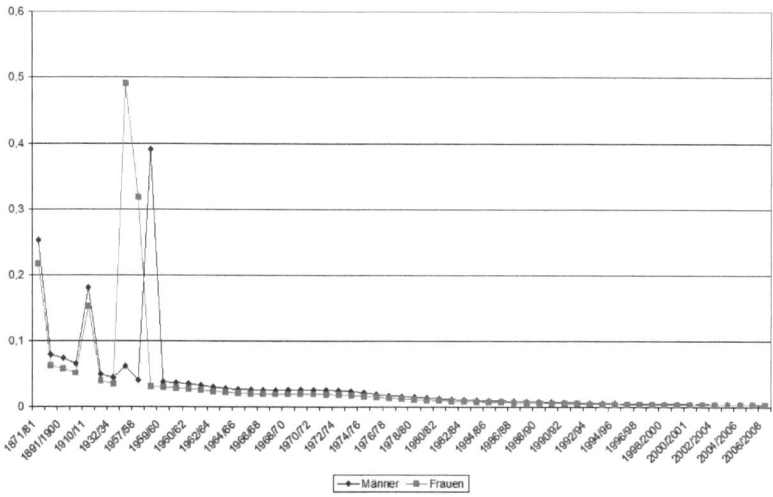

Quelle: Statistisches Bundesamt (2009)

Die bis in das 19. Jahrhundert hinein enorm hohe Säuglingssterblichkeit war zurückzuführen auf „mangelnde Hygiene bei der Geburt und Infektionskrankheiten sowie Mangelernährung" (Höhn 2000: 752). Zur Entwicklung der Sterblichkeit über die verschiedenen Altersstufen in Preußen zu Beginn des 18. Jahrhunderts bemerkt Süßmilch:

„Die erste Kindheit hat den größten unter allen, jedoch ebenso, wie alle nachfolgenden Züge, einen regelmäßigen Verlust. Im ersten Jahr stirbt eins von 3 bis 4, im 5ten eins von 25, im 7ten eins von 50, im 10ten eins von 100 und im 14ten und 15ten eins von etwa 200 usw.. Dieser Abgang in der Kindheit ist bei den Knaben etwas größer als bei den Mägdens. Vom 1sten bis zum 14ten steigen die, aus welchen jährlich einer stirbt, von 4 bis 200; vom 15ten bis zum 20ten Jahre fällt es wieder von 200 bis 100, von denen sodann einer davonmuss. Ging nun dieses in der Abnahme mit eben der Geschwindigkeit fort, so würde die Dauer des ganzen Fortgangs etwa 30 bis 35 Jahre währen. Höher würde man nicht viel sein Leben bringen. So aber kommt es nun zu einer proportionierlichen und langsamen Abnahme dergestalt, dass um das 25ste Jahr einer von 70, um das 30ste einer von 60, um das 35ste einer von 50, um das 40ste einer von 44, um das 45ste einer von 35, um das 50ste einer von 30, um das 55ste einer von 25, um das 60ste einer von 20, um das 65ste einer von 15, um das 70ste einer von 10, um das 75ste einer von 7 und endlich um das 80ste einer von 5 verstirbt; bis denn nach und nach keiner mehr zum Sterben übrig ist, und sich sodann fast keine Proportion mehr mit einiger Genauigkeit bestimmen lässt" (Süßmilch 1972, zitiert nach Höhn 2000: 752).

Auch heute noch ist der von Süßmilch aufgezeigte u-förmige Verlauf der Sterblichkeitsfunktion gültig. Was sich allerdings verändert hat, ist die hohe Säuglingssterblichkeit. Das Zitat macht das Ausmaß der Säuglingssterblichkeit deutlich: Erst die 80-Jährigen hatten ein ähnlich hohes Sterblichkeitsrisiko wie die Säuglinge. Heute, das zeigt die obige Abbildung, ist die Säuglingssterblichkeit kaum mehr zu veranschaulichen; weniger als 1 von 100 Säuglingen stirbt. Was die Sterblichkeit im hohen Alter anbelangt, so hat diese sich „um 10 Jahre hinausgezögert, d. h. das Sterberisiko eines 70-Jährigen Mitte des 18. Jahrhunderts wird heute erst von einem 80-Jährigen erreicht" (Höhn ebd.: 752).

Der Rückgang der Sterblichkeit im Alter ist die zweite Komponente der Zunahme der Lebenserwartung. Wenngleich ihr Ausmaß nicht dem Ausmaß des Rückgangs der Säuglingssterblichkeit gleichkommt (Imhof 1987; Feldmann 1997, 2004), ist sie doch für eine differenzierte Betrachtung der Zunahme der Lebenserwartung zu berücksichtigen. Natürlich gelten auch hier die bekannten Ursachen:

„Diese bedeutsame Veränderung der Mortalität [die stetige Zunahme der Lebenserwartung, die Autorin] in der Bevölkerung erfolgte in den meisten Ländern Europas erst Ende des 19. und Anfang des 20. Jahrhunderts aufgrund medizinischer und technischer Maßnahmen, der Verbesserung des Lebensstandards, der Betreuung der Kinder (geringere Geburtenrate!), der Ernährung, Hygiene, der Arbeitsbedingen und anderer Faktoren" (Feldmann 1997: 47).

Entsprechend haben sich auch die Todesursachen gewandelt. In diesem Zusammenhang ist oftmals die Rede vom *epidemiologischen Übergang:*

„Unter epidemiologischem Übergang versteht man den allmählichen Wandel der Krankeitsformen und Sterbeursachen während des demographischen Übergangs. Er bildet das langfristige, aber stetige Absinken der Sterbewerte ab. Er konnte konzipiert werden, als eine Verschiebung in der Häufigkeit gewisser Todesursachen festgestellt wurde: Infektionskrankheiten wurden zurückgedrängt, während sogenannte ‚degenerative' und in der modernen Lebensweise begründete Formen der Morbidität und Mortalität in der Rangliste der Todesursachen aufrücken. Diese Beobachtung rechtfertigt, von einem ‚epidemiologischen Übergang' zu sprechen" (Schmid 1984: 89, Hervorhebung im Original).

Während Anfang des 20. Jahrhunderts noch Infektionskrankheiten eine der häufigsten Todesursachen darstellten, haben zum Ende des 20. Jahrhunderts Krankheiten des Kreislaufsystems deren Platz eingenommen. An zweiter Stelle sind bösartige Neubildungen zu nennen (Bundesinstitut für Bevölkerungsforschung 2004). Infektionskrankheiten wurden durch ein Krankheitsbild ersetzt, „das der hohen Lebenserwartung und den industriellen Lebens- und Arbeitsformen entspricht" (Schmid 1984: 93).

IV Der Einfluss von Bevölkerungsentwicklung und Bevölkerungsstruktur auf die Sozialstruktur

Der Zusammenhang zwischen Bevölkerungsstruktur und Bevölkerungsentwicklung einerseits und Sozialstruktur andererseits ist ein Wechselwirkungsverhältnis. Dieses wurde bislang an verschiedenen Stellen angesprochen. So weisen insbesondere die Vertreter der Fortentwicklung des VOC-Ansatzes (vgl. Abschnitt III.1.1.5) auf den Einfluss der Sozialstruktur auf Bevölkerungsentwicklung und Bevölkerungsstruktur, vermittelt über den demographischen Prozess der Fertilität, hin. Andererseits kann dort, wo die Relevanz bevölkerungstheoretischer Paradigmen auf die bevölkerungspolitische Praxis vorgestellt wird (vgl. Abschnitte II.1.2.1 und II.1.2.2), ohne große gedankliche Anstrengung weiter argumentiert werden, dass dem bevölkerungspolitischen Handeln Annahmen über die sozialstrukturelle Bedeutsamkeit der Bevölkerungsentwicklung zugrunde liegen. Deutlich wird die Bedeutsamkeit der Bevölkerungsentwicklung für die Sozialstruktur in den Arbeiten von Notestein und seinen Kollegen (vgl. Abschnitt II.1.1.1). Einer weiterführenden Darstellung der sozialstrukturellen Bedeutung von Bevölkerungsstruktur und Bevölkerungsentwicklung widmet sich der vierte und abschließende Teil des vorliegenden Lehrbuches.

Bei der Behandlung der sozialstrukturellen Relevanz demographischer Größen ist zunächst zu beachten, dass diesen für sich genommen weder eine positive noch eine negative Bedeutung für die gesellschaftliche Ordnung bzw. die Sozialstruktur zukommt. In die eine oder andere Richtung bedeutsam werden sie erst im Zusammenspiel mit sozialstrukturellen Größen, deren Genese auf eine bestimmte Bevölkerungsstruktur hin erfolgte und die für ihr „Funktionieren" dieser bedürfen, sie somit sensibel auf Strukturverschiebungen im Zeitverlauf – also auf die Bevölkerungsentwicklung – reagieren können.

Zum besseren Verständnis dieser recht abstrakt gehaltenen Überlegungen folgt im nächsten Abschnitt eine Einführung in das Konzept der Sozialstruktur. Anschließend erfolgt eine Darstellung der bundesdeutschen Bevölkerungsstruktur und ihrer Entwicklung. Im Anschluss an beide Abschnitte wird es möglich, die sozialstrukturelle Relevanz der Bevölkerungsstruktur und damit auch der Bevölkerungsentwicklung zu diskutieren.

IV.1 Das Konzept der Sozialstruktur

Der Begriff der Struktur ist der lateinische Begriff für den deutschen der Ordnung. Entsprechend ist der soziologische Fachausdruck der Sozialstruktur mit gesellschaftlicher Ordnung gleichzusetzen. Alternativ kann auch die Rede sein von der Ordnung einer Gesellschaft. Diese kann dreifach konzipiert werden: architektonisch, anatomisch und physikalisch (Udy 1972; Niephaus in Vorbereitung). Dieser Differenz in der Konzeption des Strukturbegriffes kommt zunächst eine metawissenschaftliche Bedeutung zu, die speziell im Bereich der Mereologie liegt. Dieser Teilbereich der Ontologie behandelt Fragen nach dem Verhältnis von Teil und Ganzem und arbeitet mit zwei Positionen: einer additiven und einer ganzheitlichen. Während die additive Position davon ausgeht, dass das Ganze nicht mehr als die Summe seiner Teile ist, stellt das Ganze für die Vertreter einer ganzheitlichen Position mehr dar als lediglich die Summe seiner Teile. Die dargelegten Standpunkte variieren systematisch mit den weiteren metawissenschaftlichen Bereichen der Erkenntnistheorie und der Wissenschaftstheorie, und sie variieren natürlich mit den wissenschaftlichen Bereichen der Gesellschaftstheorie und der Methodik; Zusammenhänge, auf die an dieser Stelle nicht weiter eingegangen werden kann.

Folgt man der Dreiteilung von Polanyi (1958), der drei Ebenen des wissenschaftlichen Arbeitens ausmacht, lassen sich die Ebene der Metawissenschaft, die die Bereiche Erkenntnistheorie, Ontologie und Wissenschaftstheorie umfasst, die Ebene der Wissenschaft, die die in einer Fachdisziplin zur Anwendung kommenden Theorien wie auch die angewandte Methodik umfasst, und letztendlich die Ebene des Gegenstandes der Wissenschaft unterscheiden. Auf den deutschen Soziologen Friedrich Fürstenberg[70] (geb. 1930) geht eine physikalische Konzeption von Sozialstruktur zurück:

> „*Sozialstruktur* wird ... *als ein Wirkungszusammenhang multipler sozialer Felder* betrachtet" (Fürstenberg 1966: 445, Hervorhebung im Original).

Eine dagegen auf die bauliche Konzeption des Strukturbegriffes rekurrierende Definition von Sozialstruktur stammt von Huinink und Schröder (2008) und unterscheidet zwei miteinander verbundene Dimensionen: die *soziale Beziehungsstruktur* und die *soziale Verteilungsstruktur*. Während erstere sich als „die Gesamtheit dauerhaft angelegter Formen sozialer Beziehungen zwischen Mitgliedern der Gesellschaft" (ebd.: 19) konstituiert, stellt sich letztere als „die Glie-

---

[70] Dieser hat sich zeitgleich mit Bourdieu um eine Einführung des Feldbegriffes in die Soziologie bemüht.

derung der Mitglieder der Gesellschaft nach sozial relevanten Merkmalen und Kombinationen solcher Merkmale, d. h. nach Merkmalen, die für die Aufnahme und Pflege solcher Beziehungen sowie für Möglichkeiten sozialen Handelns wichtig sind" (ebd.: 19) dar. Offenkundig, dass die Bevölkerungsstruktur Teil der in diesem Sinne definierten sozialen Verteilungsstruktur ist, mit dieser sogar deckungsgleich sein kann, und damit auch eine Dimension der Sozialstruktur darstellt. Ebenso folgerichtig ist aber auch, dass, wer sich der Position von Huinink und Schröder (2008) anschliesst, nicht nach der sozialstrukturellen Relevanz der Bevölkerungsstruktur fragen und damit die den vorliegenden Teil des Lehrbuchs begründende Frage nicht stellen kann.

Diesem Teil des Lehrbuches, welches nicht allein als eine Wiedergabe bestehender Theorieangebote konzipiert ist, sondern die theoretische Positionierung der Autorin zum Ausdruck bringt, liegt eine physikalische Konzeption von Sozialstruktur zugrunde. Erkenntnistheoretisch ist damit das Bemühen verbunden, eine objektivistische und eine subjektivistische Sichtweise unter dem analytischen Primat der objektivistischen zu kombinieren. Auf der Ebene der Wissenschaftstheorie wird ebenfalls eine Kombination angestrebt: Die von rekonstruktiver und analytisch-nomologischer Sozialforschung. Im Bereich der Wissenschaft führt dies zu der Notwendigkeit, qualitative und quantitative Methoden zu verbinden. Theoretisch einbettbar sind diese metawissenschaftlichen und methodischen Aspekte in die soziale Praxeologie Bourdieus, deren Wiedergabe in einem Lehrbuch zur Bevölkerungssoziologie natürlich nicht erfolgen kann.[71]

Die von Fürstenberg (1966) vorgeschlagene Definition von Sozialstruktur ist die in der deutschen Soziologie meist verwendete (Glatzer 2002). Soziale Felder, die in einem Wirkungszusammenhang stehen, sind das ökonomische und das politische Feld. Das Verhältnis zwischen diesen beiden ist für die Ordnung einer Gesellschaft zentral und gestaltet sich zumeist als Abhängigkeitsverhältnis des politischen Feldes vom ökonomischen Feld (Widmaier 1974). Die Felder selbst werden konstituiert über Institutionen einerseits und Akteure andererseits: Während die Akteure um die Durchsetzung der im Feld geltenden Regeln kämpfen, werden diese durch konkrete Institutionen repräsentiert.

Für das Feld der Wirtschaft ist die Institution der Marktwirtschaft konstituierend, für das der Politik die Institution des Staates, dessen ein Merkmal seine Wohlfahrtsstaatlichkeit sein kann.[72] Weitere Felder sind das Feld der Bildung und das Feld der Familie. Sozialstrukturanalyse westlicher Gegenwartsgesellschaften konzentriert sich zumeist auf diese Felder, da sie diejenigen sind, die die Zuteilung

---

[71] Dem interessierten Leser sind zur Lektüre empfohlen „Die zwei Gesichter der Arbeit" (Bourdieu 2000) und „Entwurf einer Theorie der Praxis" (Bourdieu 1976).
[72] Vgl. zum Sozialstaatsprinzip beispielsweise Kaufmann (1997).

von Lebenschancen (vgl. Abschnitt III.4.1.2) maßgeblich regeln. Auch das Feld der Familie wird in Teilen konstituiert durch das wohlfahrtsstaatliche Institutionenarrangement, welches sich im Verlauf der Entwicklung des Wohlfahrtsstaates beständig ausgeweitet hat.

„Waren es anfangs die Soziale Frage, also die ‚Arbeiterfrage', Bereiche des Arbeitsschutzes, des kollektiven Arbeitsrechtes und der Mitbestimmung, so sind heute Politikbereiche wie die Wohnungspolitik, die Ausländerpolitik, die Vermögenspolitik und die Gesundheitspolitik angegliedert und durch eine zielgruppenspezifische Orientierung erweitert worden. Familien, Frauen, Kinder, Jugendliche, Ausländer, Behinderte und alte Personen wurden als Adressaten staatlicher Sozialpolitik entdeckt" (Allmendinger und Ludwig-Mayerhofer 2000: 8, Hervorhebung im Original).[73]

Zusammenfassend kann man sagen, dass die Sozialstruktur westlicher Gegenwartsgesellschaften vier soziale Felder umfasst, die für die Zuteilung von Lebenschancen bedeutsam sind – zwar mit unterschiedlicher Priorität, aber dennoch auf die eine oder andere Weise bedeutsam, was von den übrigen sozialen Feldern wie Kunst, Religion und Sport nicht in dieser systematischen Form gilt: Es sind die Felder Bildung, Familie, Politik und Wirtschaft. Mit Blick auf diese Felder gilt es aufzuzeigen, welchen Dimensionen der Bevölkerungsstruktur – also welchen Individualmerkmalen, deren Verteilung und Dynamik ermittelt wird, – sozialstrukturelle Relevanz zukommt. Die Bestimmung der sozialstrukturellen Relevanz folgt dabei einer objektivistischen Methode. Es wird also gerade nicht als relevant erachtet, was in der öffentlichen Diskussion Beachtung findet. Vielmehr wird versucht, die Relevanz mit Blick auf sozialstrukturelle Größen zu ermitteln, deren Genese vor dem Hintergrund einer bestimmten Bevölkerungsstruktur erfolgte und die für ihr „Funktionieren" dieser bedürfen. Dieser Festlegung folgend, ist allein dem Merkmal des Alters und dem daran gekoppelten Vorgang der demographischen Alterung sozialstrukturelle Relevanz zuzusprechen.

Bevor diese aufgezeigt wird, erfolgt eine Darstellung der Bevölkerungsstruktur und auch der Bevölkerungsdynamik der Bundesrepublik.

---

[73] Dass das Feld der Bildung nicht in der Liste genannt ist, hat verfassungsrechtliche Gründe: Bildung ist Angelegenheit der Länder. Für die nachfolgenden Überlegungen ist dieser Sachverhalt allerdings ohne Belang.

IV.2 Bevölkerungsstruktur und Bevölkerungsentwicklung

Anders als die Soziologie verwendet die Bevölkerungswissenschaft den Begriff der Struktur allein in seiner baulichen Konzeption, insofern sie die Struktur einer Bevölkerung als *„die absolute Zahl der Einheiten sowie die Verteilung der jeweils interessierenden Merkmalsausprägungen bei den Einheiten dieser Bevölkerung zu einem bestimmten Zeitpunkt t"* (Müller 2000: 1, Hervorhebung im Original) definiert. Die Dynamik einer Bevölkerung – also ihre Entwicklung – ergibt sich damit *„durch die Angabe ihrer jeweils interessierenden Struktur zu verschiedenen Zeitpunkten t_1, t_2, ..., t_n in Zukunft oder Vergangenheit; das Gesamtintervall (t_1, t_n) gibt den Zeitraum der Beschreibung an"* (Müller 2000: 1, Hervorhebung im Original).

Für eine Darstellung von Bevölkerungsstruktur und Bevölkerungsentwicklung ist zunächst zu fragen, auf welchen Dimensionen diese erfolgen soll bzw. welches die interessierenden Merkmalsausprägungen sind. Hierfür gibt die obige Definition keinen Anhaltspunkt.[74] Die Auswahl muss somit extern begründet werden; beispielsweise über die sozialstrukturelle Relevanz der Merkmale und ihrer Ausprägungen, entlang derer die Bevölkerung zu betrachten ist. Folgt man der öffentlichen Meinung, weisen insbesondere zwei Merkmale solch eine sozialstrukturelle Relevanz auf: das Alter bzw. der daran gekoppelte Vorgang der demographischen Alterung und der Migrationshintergrund. Auf eine Aufnahme des Migrationshintergrundes wird verzichtet, da angenommen wird, dass diesem keine sozialstrukturelle Relevanz zukommt. Dafür erfolgt die um das Merkmal Geschlecht erweiterte Darstellung der Bevölkerungsstruktur.

IV.2.1 Die Dimension Geschlecht

Der Bevölkerungsstruktur wie auch der Bevölkerungsentwicklung entlang der Dimension Geschlecht gilt dieser Abschnitt. Ganz allgemein geht es dabei darum, zu erfassen, wie sich die Bevölkerung über die Merkmalsausprägungen männlich und weiblich verteilt. Dies kann über die Erfassung des Geschlechterverhältnisses bzw. der Sexualproportion geschehen. Sie wird über die folgende Formel berechnet:

(1) $\dfrac{M}{F} * 100.$

---

[74] Vgl. zu den Gründen Haller (2006).

Ein Wert von 100 zeigt eine Gleichverteilung der Bevölkerungsgruppen männlichen und weiblichen Geschlechts an. Ein Wert über 100 zeigt ein Übergewicht der Gruppe männlichen Geschlechts und ein Wert unter 100 ein Übergewicht der Gruppe weiblichen Geschlechts an. Weitere Maßzahlen zur Berechnung der Gliederung nach Geschlecht sind der Anteil des männlichen Geschlechts an der Gesamtbevölkerung

$$(2)\ (\frac{M}{F} + F)$$

und der relative Männerüberschuss

$$(3)\ ((M - \frac{F}{M} + F)*100).$$

Alle drei Maße informieren über das Verhältnis von männlicher und weiblicher Bevölkerung zu einem gegebenen Zeitpunkt. Allerdings gilt, dass sich die Sexualproportion als Maß des „Schrifttums" (Müller 2000: 9) durchgesetzt hat.

Bevor das aktuelle Geschlechterverhältnis wie auch dessen Entwicklung seit dem Ende des II. Weltkrieges auf dem Gebiet der heutigen Bundesrepublik vorgestellt werden, einige allgemeine Erläuterungen hierzu: Zunächst ist wichtig festzuhalten, dass die Sexualproportion bei den Neugeborenen regelmäßig durch ein Übergewicht der männlichen Neugeborenen geprägt ist.

„In allen menschlichen Populationen werden etwas mehr männliche als weibliche Kinder geboren, wobei die Sexualproportion bei Geburt bezogen auf große Fallzahlen zwischen 102 und 108 schwanken kann, mit langfristigen Mittelwerten zwischen 105 und 106" (Müller 2000: 10).

Als Grund für dieses Verhältnis gilt u. a. die größere Wanderungsgeschwindigkeit der Spermien, die ein Y-Chromosom tragen (ebd). Der Männerüberschuss hält unter konstanten Rahmenbedingungen – keine Wanderungen und keine Krisenerscheinungen (Kriege) – zumeist bis in das Alter 50 oder 60 an. Erst danach ist aufgrund der Übersterblichkeit des männlichen Geschlechts (vgl. Abschnitt III.4.1.2.1) ein Frauenüberschuss zu beobachten. Dass die Annahme konstanter Rahmenbedingungen unrealistisch ist, zeigt die nachfolgende Darstellung der Entwicklung des Geschlechterverhältnisses auf dem Gebiet der heutigen Bundesrepublik.

Abbildung 34 Die Entwicklung der Sexualproportion auf dem Gebiet der heutigen Bundesrepublik (1950–2008)

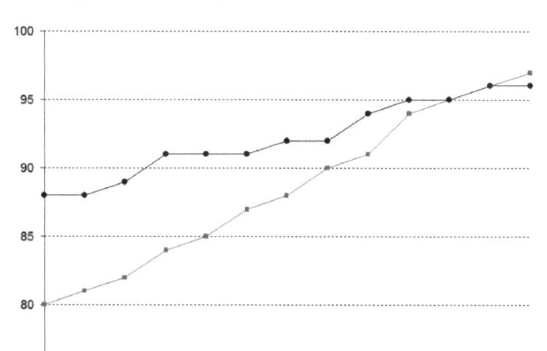

Quelle: Statistisches Amt der DDR (1990); Statistisches Bundesamt (2009)

Die in obiger Abbildung aufgezeigte Entwicklung der Sexualproportion von 1950 bis 2008 zeigt über den gesamten Zeitraum und in beiden deutschen Staaten ein Übergewicht der weiblichen Bevölkerung an. Es nahm über die Zeit hinweg in beiden deutschen Staaten ab, fiel aber in der DDR durchweg stärker aus als in der BRD. Im Jahr 2000 glich sich die Sexualproportion zwischen Ost- und Westdeutschland an, um sich in den Folgejahren im Osten Deutschlands günstiger für die Männer zu entwickeln.

Als Ursache für die Differenzen bis zum Jahr 2000 gelten zum einen die stärkeren Kriegsverluste im Osten Deutschlands und damit auf dem Gebiet der früheren DDR gegen Ende des II. Weltkrieges: Auf dem Gebiet der früheren DDR fanden die abschließenden Schlachten des II. Weltkrieges statt, in die auch die nicht wehrfähigen Männerjahrgänge im Rahmen des sogenannten *Volkssturmes* involviert waren (Weiß 2003). Das natürliche Herauswachsen dieser Jahrgänge aus der Bevölkerung findet allmählich sein Ende. Zwar wurde dieser Einwohnerrückgang überlagert durch die Rückkehr von Kriegsgefangenen und den Zuzug von knapp 3,7 Millionen Heimatvertriebenen, Umsiedlern und Flüchtlingen aus den Ostgebieten, so kamen bis 1946 aus „Ostpreußen und Schlesien bzw. aus Sachsen östlich der Neiße ... fast 2,3 Mio. Menschen, 72.000 ... aus Danzig, 246.000 aus Polen und über 840.000 aus Böhmen und Mähren (statistisch: Tschechoslowakei)" (Weiß 2003: 117), doch konnte dieser Prozess den kriegsbedingten Frauenüberschuss auf dem Gebiet der früheren DDR nicht aufheben, da die zuziehenden Geburtsjahrgänge von 1917 bis 1928 überproportional die Kriegslasten in Form von Kriegstoten zu tragen hatten, entsprechend einen kriegsbedingten starken Frauenüberschuss aufwiesen (ebd.). Auch das Herauswachsen dieser Geburtsjahrgänge aus der Bevölkerung findet allmählich sein Ende und trägt somit zu einer Angleichung der Geschlechteranteile in der Bevölkerung bei. Ende 1946 begann dagegen mit der Migration von dem Gebiet der früheren DDR auf das der alten Bundesrepublik (Ost-West-Migration) eine neue Form der Wanderung, die ebenfalls zu einem Frauenüberschuss auf dem Gebiet der früheren DDR beigetragen hat. In dieser Zeit haben vor allem „Männer jener Altersgruppen den Osten verlassen, die eingeschränkt oder gar nicht mehr zum Krieg einberufen worden waren (Geburtsjahrgänge 1927 bis 1932) – eine typische Migration von Schulabgängern bzw. Berufseinsteigern aus wirtschaftlichen Gründen" (ebd.: 120 f.). Im Gegensatz zu den Kriegsausfällen in den genannten Männerjahrgängen der autochthonen bzw. ortsansässigen und der allochthonen bzw. auswärtigen Bevölkerung ist das Fehlen dieser Geburtsjahrgänge im Geschlechterverhältnis des Jahres 2000 noch deutlich ablesbar, wird jedoch überlagert durch den Fortzug insbesondere von Frauen aus dem Gebiet der früheren DDR nach der Öffnung der Grenzen im Jahr 1989. Aufgrund des geschlechtsspezifischen Wanderungsverhaltens nach 1990, das zurückzuführen ist auf das formale Qualifikationsniveau der ostdeutschen Frauen und das Fehlen eines für sie geeigneten potentiellen Arbeitsmarktes, der sich auszeichnet durch Arbeitsplätze im Dienstleistungssektor, ist der Frauenüberschuss auf dem Gebiet der früheren DDR heute geringer als auf dem Gebiet der alten Bundesrepublik.

IV.2.2 Die Dimension Alter

Nachfolgend wird die Altersverteilung der Bevölkerung auf dem Gebiet der heutigen Bundesrepublik vorgestellt. Getrennt davon erfolgt eine Einführung in den Prozess der demographischen Alterung.

Während die Altersverteilung auf einer chronologischen Konzeption von Alter beruht (Dinkel 2008; Kaufmann 2008), wird Alterung in der Zusammenfügung mit dem Beiwort „demographisch" als gesellschaftlicher Vorgang verstanden (Dinkel 2008), der zum einen unterschiedlich definiert sein kann (Dinkel 2008) und zum anderen sozial konstruiert ist (Kaufmann 2008). Gerade der letzte Punkt ist vor dem Hintergrund gegenwärtiger Diskussionen nicht aus dem Blick zu verlieren. In diese Richtung weisen auch die Argumente der Entwicklungspsychologie, die seit jeher darauf aufmerksam macht, dass dem Alter für sich genommen keine eigenständige Bedeutung zukommt:

Bevölkerungsstruktur und Bevölkerungsentwicklung

„Vielmehr fungiert Alter als Träger zahlreicher sowie miteinander interagierender biologischer und kultureller Einflüsse" (Lindenberger 2008: 69).

IV.2.2.1 Die Altersverteilung

Die Darstellung der Bevölkerungsstruktur entlang der Altersdimension gibt Auskunft über die Verteilung der Bevölkerung entlang des chronologischen Lebensalters (Dinkel 2008; Kaufmann 2008). Üblicherweise erfolgt die Darstellung des Altersaufbaus graphisch, indem innerhalb eines zweidimensionalen Koordinatensystems, auf dessen y-Achse die Lebensaltersjahre und auf dessen x-Achse die absoluten Häufigkeiten abgetragen sind, die Zahlen der Männer und Frauen im jeweiligen Alter eingetragen werden. Der auf diese Art dargestellte Altersaufbau der Bevölkerung kann unterschiedliche Formen annehmen, deren drei Grundtypen in der nachfolgenden Abbildung dargestellt sind:

Abbildung 35   Grundtypen des Altersaufbaus der Bevölkerung

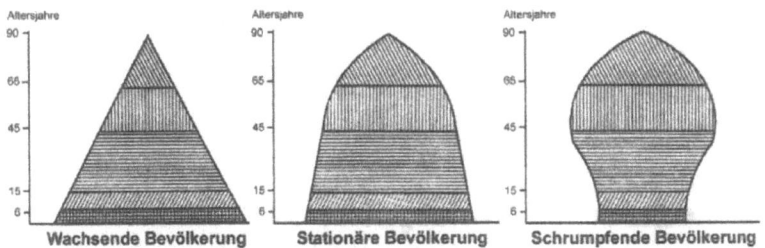

Quelle: Huinink und Schröder (2008)

Der in der Abbildung dargestellte Altersaufbau einer *wachsenden Bevölkerung* gleicht einer Pyramide. Es werden mehr Kinder geboren, als für die Reproduktion der Gesellschaft notwendig. Beim Typ der *stationären Bevölkerung* reproduziert sich jeder Geburtsjahrgang gerade selbst. Der Altersaufbau nimmt die Form einer Glocke an. Die Sterblichkeit in den jüngeren und mittleren Altersgruppen fällt geringer aus als bei einer wachsenden Bevölkerung. Der dritte einem Pilz gleichende Grundtyp eines Altersaufbaus steht für eine *schrumpfende Bevölkerung*, in der weniger Kinder geboren werden, als für die Reproduktion der Gesellschaft notwendig ist. Die Sterblichkeit der Bevölkerung bis zu der Altersgruppe der 65-Jährigen ist gering, womit die mittleren Altersjahrgänge die am stärksten besetzten sind, was wiederum zu dem pilzförmigen Altersaufbau der Bevölkerung führt.

Ursächlich für den Altersaufbau einer Bevölkerung sind das Geburtenniveau, die Sterblichkeits- und Wanderungsverhältnisse. Alle drei Prozesse lassen sich in dem nachfolgend dargestellten Altersaufbau der Bevölkerung der heutigen Bundesrepublik, getrennt nach Ost- und Westdeutschland, ausmachen. Darüber hinaus zeigen die Abbildungen, dass es sich bei den oben dargestellten Grundtypen des Altersaufbaus um Idealtypen handelt, mit denen weder der Altersaufbau der Bevölkerung Ostdeutschlands noch der der Bevölkerung Westdeutschlands identisch sind. Auf das im Altersaufbau ablesbare Geschlechterverhältnis (vgl. Abschnitt IV.2.1) wird in diesem Abschnitt nicht erneut eingegangen.

Beide Abbildungen zeigen schrumpfende Bevölkerungen an. Anfang der 1960er Jahre setzte in der früheren DDR ein Geburtenrückgang ein, Mitte der 1960er in der alten Bundesrepublik (vgl. Abbildung 6). Während dieser Prozess in der früheren DDR nur bis in die erste Hälfte der 1970er Jahre andauerte, führte er in der alten Bundesrepublik zu einem „verhältnismäßig stabilen niedrigen Geburtenniveau" (Roloff 2000: 4). Entsprechend zeigen die obigen Darstellungen des Altersaufbaus der Bevölkerung sowohl für Ost- als auch für Westdeutschland an, dass der quantitative Umfang der Altersgruppe der 35- bis 40-Jährigen unterhalb dessen der unmittelbar darüber liegenden Altersgruppen liegt. Allerdings dauert diese Unterbesetzung im Osten nicht an, endet mit der Altersgruppe der 25- bis 30-Jährigen bzw. den Geburtsjahrgängen 1978 bis 1983. Anders im Westen: Die Geringerbesetzung nachfolgender Geburtsjahrgänge dauert seit den Geburtsjahrgängen 1968 bis 1973 an – unterbrochen durch eine Stabilität in der Besetzung der Altersgruppen 15 bis 20, 20 bis 25 und 25 bis 30, also der Geburtsjahrgänge 1978 bis 1993. Diese Stabilität ist nicht einer Änderung des generativen Handelns geschuldet, sondern vielmehr dem Umstand, „dass ohne die tatsächlich erlebte Nettozuwanderung im Beobachtungszeitraum die Fertilität in den alten Ländern deutlich unterhalb der tatsächlich gemessenen Werte gelegen hätte" (Dinkel 2008: 111). Ein nachhaltiger Schrumpfungsprozess setzt im Osten Deutschlands dagegen erst mit dem Geburteneinbruch der frühen 1990er Jahre (vgl. Abbildung 6) ein. Auch die zeitlich länger zurückliegenden kriegsbedingten Geburtenausfälle wie auch der Geburtenausfall während der Weltwirtschaftskrise 1929 (Roloff 2000) zeigen noch ihre Spuren im Altersaufbau der Bevölkerungen in Ost- und Westdeutschland – wie natürlich auch die Weltkriegsverluste auf Seiten der männlichen Bevölkerung (vgl. Abschnitt IV1.2.3).

Bevölkerungsstruktur und Bevölkerungsentwicklung 173

Abbildung 36 Altersaufbau der Bevölkerung Ostdeutschlands, 2008 (mit Berlin)

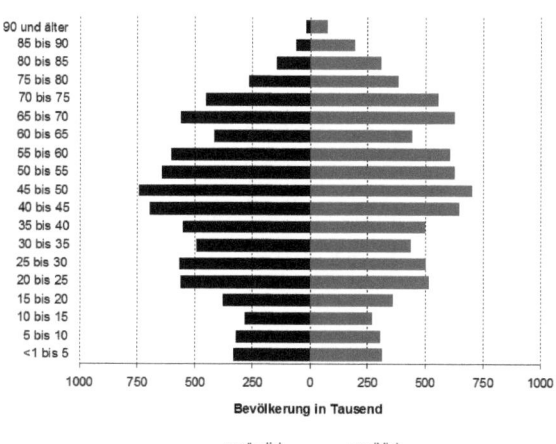

Quelle: Statistisches Bundesamt (2009)

Abbildung 37 Altersaufbau der Bevölkerung Westdeutschlands, 2008 (ohne Berlin)

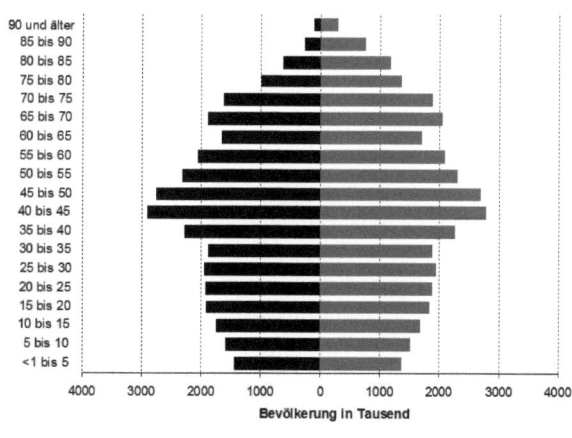

Quelle: Statistisches Bundesamt (2009)

IV.2.2.2 Die demographische Alterung

Unter dem Vorgang der demographischen Alterung wird das Älterwerden einer Gesellschaft verstanden:

> „Dem Ausdruck Alterung das Beiwort ‚*demographisch*' beizufügen soll zum Ausdruck bringen, dass es nicht um individuelle Alterung geht" (Dinkel 2008: 98, Hervorhebung im Original).

Uneinigkeit gibt es bei der Definition dieses Vorganges. Grob zusammengefasst ergibt sich diese Uneinigkeit aus der Stellung zu der Frage, ob der Vorgang der demographischen Alterung mit der Zunahme der in einer vorher zu bestimmenden Form als „alt" definierten Bevölkerungsgruppen vorliegt oder ob er nicht bereits mit der Abnahme des zahlenmäßigen Umfangs aufeinanderfolgender Geburtsjahrgangskohorten eintritt.

> „Bei einer Variante (a) muss zuerst festgelegt werden, welche Individuen in einer Bevölkerung die definierte Eigenschaft ‚alt' aufweisen. Anschließend geht es darum festzustellen, wie häufig diese Eigenschaft in einer Bevölkerung vorkommt. ‚Alterung' tritt dann auf, wenn sich die Zahl oder der Anteil der Merkmalsträger mit der Eigenschaft ‚alt' erhöhen. Die Eigenschaft ‚alt' kann dabei in unterschiedlichen Ausprägungen auftreten. ... Messkonzepte wie ‚Seniorenanteil' oder ‚Alterslastquote' sind unmittelbarer Ausfluss von Definition (a).
>
> Bei Variante (b) geht es nicht um ausgewählte Individuen mit spezifischen Eigenschaften, sondern um die Gesamtheit der Alterszusammensetzung einer Population. Demographische Alterung oder ihr Gegenpart demographische Verjüngung finden danach statt, wenn sich die Altersverteilung der Population zwischen zwei Zeitpunkten verändert." (Dinkel 2008: 98 f.).

Folgen wir der ersten Variante[75], so ist erst dann von demographischer Alterung zu sprechen, wenn bestimmte Altersgruppen zunehmen. Um welche Altersgruppen es sich dabei handelt, ist eine Frage der sozialen Ordnung, d. h. der Sozialstruktur (vgl. Abschnitt IV.1), denn: „Was Alter *gesellschaftlich* bedeutet, hängt stets mit grundlegenden Kategorien sozialer Ordnung zusammen" (Kaufmann 2008: 119, Hervorhebung im Original). In seinen diesbezüglichen Ausführungen vergleicht Kaufmann (ebd.) Stammesgesellschaftlichen mit westlichen Gegenwartsgesell-

---

[75] Dinkel (2008) plädiert überzeugend für die zweite Definitionsvariante. Diese wird jedoch nicht weiter verfolgt, da sowohl der öffentlichen wie auch der politischen Diskussion – beide sind für die nachfolgenden Abschnitte bedeutsam – die erste Variante zugrunde liegt.

schaften und stellt für diese fest, dass Alter vorwiegend als chronologisches Alter verstanden wird. Dieses, und das ist in diesem Zusammenhang bedeutsam, ist Ansatzpunkt für Verwaltungsroutinen[76]: Schulpflichtigkeit, Mündigkeit, Ruhestand – sind alles relevante Grenzziehungen auf der stetigen Skala eines chronologischen Alters. Sie liegen entsprechend den Definitionen von Lebensphasen oder Altersgruppen zugrunde. Sehr zu recht weist Dinkel in dem obigen Zitat daher darauf hin, dass die Maßzahlen des Seniorenanteils oder der Alterslastquote – nachfolgend ist die Rede von Altenquotient – Ausfluss der oben genannten Variante a) der Definition demographischer Alterung sind. Dieser folgend liegt der Vorgang des demographischen Alterns vor, sofern sich die Zahl der über 65-Jährigen erhöht. Die Altersgrenze ergibt sich aus der Regelaltersgrenze der Gesetzlichen Rentenversicherung, die für Versicherte bis zum Geburtsjahrgang 1946 bei 65 Jahren liegt. Im Zuge der eben auf diese Art definierten festgestellten und prognostizierten demographischen Alterung ist die Regelaltersgrenze bereits schrittweise auf das Alter von 67 angehoben worden (vgl. Abschnitt IV.2.5.3.2.2).

Der nachfolgenden Abbildung ist neben der Entwicklung des Altenquotienten (unter Beibehaltung der Altersgrenze von 65 Jahren) die des Jugendquotienten wie auch die des Gesamtquotienten zu entnehmen. Der Altenquotient gibt an, wieviele ältere Personen, also solche, die mindestens 65 Jahre alt sind, auf 100 Personen im Alter von 20 bis 64 Jahre kommen, d. h. also die potentiell erwerbstätige Bevölkerung. Die Bildung des Gesamtquotienten wie auch die des Jugendquotienten erfolgt durch Austausch der Altersgrenzen. Sie geben die Zahl der unter 20-Jährigen wie der über 65-Jährigen, die auf 100 Personen im erwerbsfähigen Alter kommen, wie auch die Zahl der unter 20-Jährigen, die auf 100 Personen im erwerbsfähigen Alter kommen, an. Letztendlich geht es darum zu erfassen, welchen Umfang die Bevölkerungsanteile haben, die von der ökonomisch aktiven Bevölkerung zu versorgen sind.

---

[76] Eine interessante, von Kaufmann (2008) nicht gestellte Frage ist dabei, wie diese Verwaltungsroutinen um „vormoderne" Alterskonzeptionen herum entstanden sind.

Abbildung 38 Jugend-, Alten- und Gesamtquotient mit den Altersgrenzen 20 und 65 Jahre

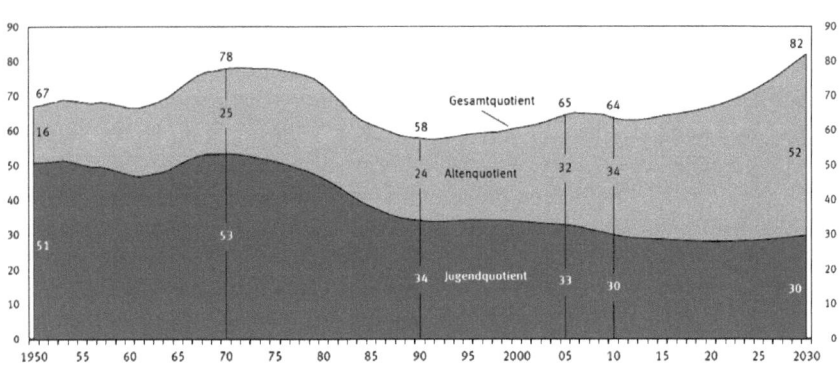

Quelle: http://www.destatis.de/jetspeed/portal/cms/Sites/destatis/Internet/DE/Content/Publikationen/Querschnittsveroeffentlichungen/WirtschaftStatistik/Bevoelkerung/AuswirkungDemographischerWandel,property=file.pdf (23.09.10)

Während der Jugendquotient im Zuge rückläufiger Geburtenzahlen abgenommen hat – 1950 kamen 51 Personen der Alterskategorie auf 100 Personen im erwerbsfähigen Alter, gegenwärtig nur noch 30 – hat der Altenquotient zugenommen: 1950 kamen 16 ältere Menschen auf 100 potentiell Erwerbstätige, gegenwärtig sind es 52. Da die Zunahme älterer Menschen nicht durch den Rückgang des Anteils jüngerer Menschen aufgefangen wird, kommt es zu einem Anstieg des Gesamtquotienten.

Eine die Lebensphase des Alters differenziert betrachtende Perspektive liegt der nachfolgenden Tabelle zugrunde. Diese sieht den „Beginn des Ruhestands nicht mehr (als) den klaren Einstieg in die Lebensphase Alter" (Backes und Clemens 1998: 14):

„Ruhestand wird als Definition für ältere Menschen kollektiv zunehmend widersprüchlich, denn die berufliche Altersgrenze ist in den letzten Jahren ‚zerfasert' – durch zahlreiche Frühverrentungen, Vorruhestandsprogramme und zunehmende Arbeitslosigkeit älterer Menschen" (ebd.: 14).

Tabelle 10 Anteil alter und hochaltriger Menschen an der Bevölkerung auf dem Gebiet der heutigen Bundesrepublik

Jahr	60 J. u. älter ingesamt	Männer		Frauen		Insgesamt	
		60–80	80 u. älter	60–80	80 u. älter	60–80	80 u. älter
1910	7,9	6,7	0,4	8,0	0,6	7,4	0,5
1950	14,6	12,9	0,9	14,1	1,1	13,6	1,0
1990	20,4	13,5	2,2	19,4	5,3	16,6	3,8
1995	21,0	14,8	2,2	19,2	5,7	17,0	4,0
2000	23,6	17,1	2,3	21,5	5,4	19,8	3,8
2005	24,9	19,4	2,6	21,5	6,3	20,5	4,5
2010	26,2	20,2	3,5	21,9	6,9	21,0	5,2
2020	30,2	22,6	6,1	25,9	9,4	23,2	7,5
2030	35,8	28,2	7,3	28,9	10,5	28,5	8,3
2040	36,8	27,2	10,3	27,7	13,8	28,2	11,0

Quelle: Backes und Clemens (1998) und Statistisches Bundesamt (2009): 12. Koordinierte Bevölkerungsvorausberechnung

Deutlich wird, dass sich der Anteil der über 60-Jährigen an der Bevölkerung in den letzten 100 Jahren annähernd vervierfacht hat. Dabei ist die Zunahme der Hochaltrigen (der über 80-Jährigen) überproportional ausgefallen; ihr Anteil hat sich verzehnfacht. Zudem wird er überwiegend von Frauen gestellt. Diese stellen zwar auch in der Gruppe der Alten die Mehrheit, doch fällt das Verhältnis in dieser Gruppe nicht so stark aus. Im Vergleich dazu sinken die Anteile der Bevölkerung im erwerbsfähigen Alter und der Kinder und Jugendlichen.

Mit Blick auf die Bevölkerungsentwicklung der Bundesrepublik können wir drei Punkte festhalten: Zum einen ist die bundesdeutsche Gesellschaft älter geworden und sie wird dies auch weiterhin werden, wenn wir von der Gültigkeit der genannten Bevölkerungsvorausberechnungen ausgehen. Und zum anderen beobachten wir etwas, was als *Feminisierung des Alters* bezeichnet wird (http://www.hoepflinger.com/fhtop/fhalter1K.html, 26.04.2010). Drittens können wir festhalten, dass sich das Geschlechterverhältnis zugunsten der Männer fortentwickelt hat, deren Zahl allerdings nach wie vor unter der der Frauen liegt.

Für die Ordnung der Gesellschaft in ihrer vorliegenden Form ist allein das Merkmal Alter und damit der Vorgang der demographischen Alterung bedeutsam. Seine Relevanz für unterschiedliche soziale Felder wird nachfolgend diskutiert. Um es erneut zu betonen, die sozialstrukturelle Relevanz wird allein über die institutionelle Bedeutsamkeit abgeleitet, welche sich einstellt, wenn gegebene Institutionen für ihr Funktionieren auf eine konkrete Bevölkerungsstruktur angewiesen sind. Entsprechend bleiben an dieser Stelle alle Diskussionszusammenhänge unberücksichtigt, die spekulativ und demagogisch bestimmte Gefahren aufzeigen. Eine solche spekulativ entworfene Gefahr im Bereich der Politik ist die des Aufkommens einer Gerontokratie im Zuge der Alterung des Elektorats (Kaufmann 2008). Eine mit dem Migrationsgeschehen verbundene ist die der Überfremdung. Letztere ist nicht neu. Bereits im Zuge der im Rahmen des ersten demographischen Übergangs abnehmenden Geburtenraten (vgl. Abschnitt II.1.1.1) und einer parallel zu beobachtenden Zunahme der Einwanderung war die Angst vor Überfremdung groß (vgl. Abschnitt II.1.2.2).

Die sozialstrukturelle Relevanz des Alters bzw. des Vorgangs der demographischen Alterung wird in den folgenden Abschnitten für die Felder Bildung, Familie, Politik und Wirtschaft dargelegt.

IV.2.3   Demographische Alterung und Sozialstruktur

Nachfolgend geht es darum aufzuzeigen, ob dem Vorgang der demographischen Alterung tatsächlich die unterstellte sozialstrukturelle Relevanz zukommt. Im Feld der Politik mit seiner Institution des Staates bzw. der des Wohlfahrtsstaates ist diese Aussage wenig hinterfragt, besonders mit Blick auf jene Bereiche, die über das Umlageverfahren finanziert werden – also das Sozialversicherungssystem und seine Zweige der Gesetzlichen Rentenversicherung (GRV), der Gesetzlichen Krankenversicherung (GKV) und der Gesetzlichen Pflegeversicherung (GPV):

> „Diese Entwicklung [die demographische Entwicklung, die Autorin] hat vielfältige Implikationen für die Sozialpolitik. Die am häufigsten diskutierten Auswirkungen beziehen sich dabei auf die *Finanzierbarkeit* der im Umlageverfahren organisierten sozialen Sicherungssysteme. Unmittelbar betroffen sind vor allem die drei Zweige der Sozialversicherung, deren Leistungsgewährung in erheblichem Ausmaß vom Alter der Versicherten beeinflußt wird. Dies sind die gesetzlich Renten- (GRV), Kranken- (GKV) und Pflegeversicherung (GPV)" (Fachinger und Rothgang 1997: 814, Hervorhebung im Original).

Als systemimmanente Reaktion beobachten wir eine Anhebung des Renteneintrittsalters, welche wiederum weitreichende Implikationen für weitere gesellschaftliche Felder hat: für das Feld der Wirtschaft und auch das der Bildung. Im Bereich der Bildung gewinnt das Stichwort des lebenslangen Lernens durch die

Anhebung des Renteneintrittsalters an Bedeutung, und im Bereich der Wirtschaft wird die Frage nach altersadäquaten Beschäftigungsverhältnissen gestellt. Mit Blick auf den familialen Bereich wird argumentiert, dass die Verwandtschaftsfamilie aufgrund von abnehmenden Kinderzahlen ihre regenerativen Funktionen nicht mehr erfüllen kann; dass also die Pflege älterer Familienmitglieder durch die jüngeren nicht länger garantiert ist.

Die genannten Stichworte zeigen die für die jeweiligen Felder diskutierten Probleme an, ohne sie umfassend umreißen zu können. Dies – um es vorweg klarzustellen – ist nicht Absicht der nachfolgenden Abschnitte. Diese Aufgabe ist zu komplex, als dass sie im Rahmen eines Lehrbuches zur Bevölkerungssoziologie zu behandeln wäre. Es gibt eine Reihe von diesbezüglichen Einzelveröffentlichungen, die an gegebener Stelle genannt werden und auf die der Leser zurückgreifen kann.

IV.2.3.1 Demographische Alterung und Politik / Wohlfahrtsstaat

Bevölkerungsentwicklung und Sozialpolitik stehen in einem engen Wechselwirkungsverhältnis:

> „Bevölkerungszahl und -struktur sind wichtige Determinanten sowohl für den *Bedarf* an sozialpolitischen Leistungen als auch für die Leistungsfähigkeit des entwickelten Sozialstaates. Auf der anderen Seite wird die demographische Entwicklung in erheblichem Umfang vom Sozialstaat selbst und seinen Maßnahmen beeinflußt" (Olk und Rothgang 1999: 258, Hervorhebung im Original).

Die Autoren verweisen auf zwei Dimensionen, auf denen Bevölkerungsstruktur und Bevölkerungsentwicklung Einfluss auf die Sozialpolitik nehmen: den Bedarf an sozialpolitischen Leistungen und die Leistungsfähigkeit des Sozialstaates. Beide Dimensionen können sowohl unter einem finanziellen Aspekt wie auch unter dem „realwirtschaftlicher Beiträge zur sozialen Sicherung" (ebd.: 259) diskutiert werden. Diese werden Thema sein, wenn es um den Zusammenhang von demograpischer Alterung und familialem Feld geht (vgl. Abschnitt IV.2.3.4).

Gehen wir zunächst auf den finanziellen Aspekt des Zusammenhangs von Bevölkerungsentwicklung und Sozialpolitik ein: Für diesen bedeutsam ist der Vorgang der demographischen Alterung. Die demographische Alterung ist insbesondere für jene Bereiche der Sozialpolitik von Bedeutung, die im Umlageverfahren finanziert werden und deren Leistungserbringung vom Alter der Versicherten beeinflusst wird. Es handelt sich dabei um das Sozialversicherungssystem und seine drei Säulen GKV, GPV und GRV. Es scheint unmittelbar einsichtig, dass in einer alternden Gesellschaft, in der der Anteil der Älteren zunimmt, die Finanzierungsgrundlage der im Umlageverfahren finanzierten Sozialversicherungssysteme erodiert.

Zur Erinnerung: Der Altenquotient, d.h. also die Zahl an über 65-Jährigen, die von 100 potentiell erwerbsfähigen Personen zu versorgen sind, liegt gegenwärtig bei 52 (vgl. Abbildung 33). Aus diesem Umstand und der ihm zugrunde liegenden Entwicklung wird regelmäßig die Notwendigkeit zu erheblichen Steigerungen der Beitragssätze für die genannten Säulen des Sozialversicherungssystems abgeleitet. Inwiefern diese tatsächlich gegeben ist, kann jedoch erst eine „genauere Analyse der Einnahmen- und Ausgabendeterminanten der untersuchten Systeme und deren Abhängigkeit von der demographischen Entwicklung" (Fachinger und Rothgang 1997: 815) zeigen. Die Autoren nehmen solch eine Analyse getrennt für die GKV, die GPV und die GRV vor.

IV.2.3.1.1 Die gesetzliche Rentenversicherung (GRV)

Diesem Abschnitt kommt die Aufgabe zu, die von Fachinger und Rothgang (1997) eingeforderten und präsentierten Analysen der Einnahmen- und Ausgabendeterminanten der im Umlageverfahren finanzierten Zweige des Sozialversicherungssystems für den Bereich der GRV aufzuzeigen. Dabei wird die von den Autoren vorgeschlagene Vorgehensweise beibehalten. Zunächst erfolgt ein Blick auf die Einnahmenseite, anschließend wird die Ausgabenseite betrachtet.

Aus der nachfolgenden Abbildung wird ersichtlich, dass die Einnahmen der GRV vom Beitragssatz abhängen, von der Höhe des Bundeszuschusses, von der Anzahl der beitragspflichtigen Versicherten und deren jeweiligen durchschnittlichen Beitragsbemessungsgrundlagen. Die Summe der sonstigen Einnahmen liegt bei ungefähr 1 Prozent und ist damit quantitativ bedeutungslos (Fachinger und Rothgang 1997). Die Arbeitsmarktlage wie auch die Lohn- und Gehaltsentwicklung bestimmten die Zahl der Beitragszahler. Zu diesen gehören nicht allein die versicherungspflichtig Beschäftigten, sondern ebenso registrierte Arbeitslose, freiwillig Versicherte und Bezieher von Krankengeld. Die Demographie zählen die Autoren zu einer nachgelagerten Determinante, gleich der gesamtwirtschaftlichen Situation, dem Arbeitsangebotsverhalten und den gesetzlichen Regelungen. Folgen wir ihnen, ist die demographische Entwicklung für die Einnahmenseite der GRV von nachrangiger Bedeutung.

Bevölkerungsstruktur und Bevölkerungsentwicklung 181

Abbildung 39 Determinanten der Einnahmen der gesetzlichen Rentenversicherung

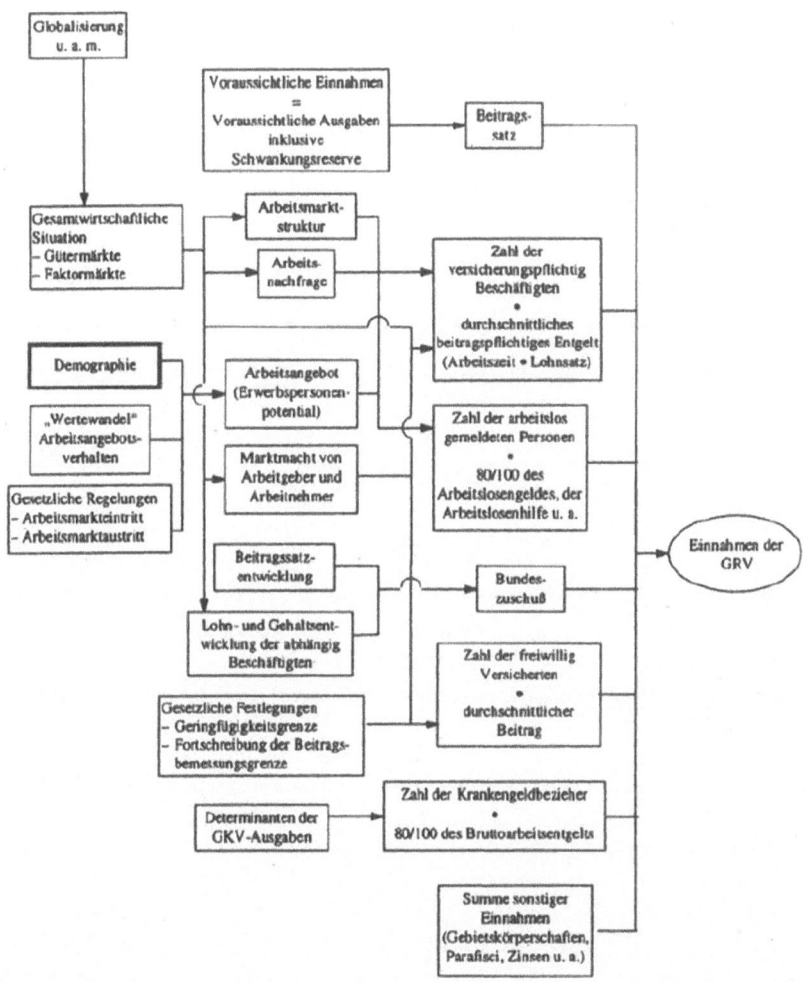

Quelle: Fachinger und Rothgang (1997)

"Die Zahl der Beitragszahler, d. h. die Zahl der versicherungspflichtig Beschäftigten, der registrierten Arbeitslosen, der freiwillig Versicherten und der Krankengeldbezieher sowie deren jeweiliges durchschnittliches beitragspflichtiges Einkommen wiederum werden vor allem von der Arbeitsmarkt- sowie der Lohn- und Gehaltsentwicklung geprägt. Nachgelagert sind dann weitere Determinantengruppen, zu denen neben der gesamtwirtschaftlichen Situation, dem Arbeitsangebotsverhalten und den gesetzlichen Regelungen auch die Demographie zu zählen ist" (Fachinger und Rothgang 1997: 816).

Und – besonders wichtig:

„Es gibt somit keinen unmittelbaren Zusammenhang zwischen der demographischen Entwicklung und den Einnahmen der GRV. Wie (die obige Abbildung) verdeutlicht, werden die Effekte der demographischen Entwicklung vielmehr über den Arbeitsmarkt vermittelt und ‚gefiltert'" (ebd.: 816, Hervorhebung im Original).

Vielmehr – und auch darauf weisen die Autoren hin – kann die demographische Entwicklung die Durchschnittseinkommen, d. h. also das durchschnittliche beitragsfähige Entgelt beeinflussen:

„Käme es nämlich tatsächlich zu einem Rückgang der Beschäftigung aufgrund – demographisch bedingter – Arbeitskräfteknappheit, so ist der ökonomischen Theorie zufolge mit einem Lohnanstieg zu rechnen. Ob dann der Preis- oder der Mengeneffekt überwiegt und die – für die GRV-Einnahmen entscheidende – Lohnsumme dadurch ceteris paribus gesteigert oder gesenkt wird, ist a priori nicht zu sagen" (ebd.: 818).

Wie verhält es sich mit der Bedeutung der demographischen Entwicklung für die Ausgabenseite der GRV?

Die unmittelbaren Determinanten sind die Zahl der Leistungsfälle und die durchschnittlichen Ausgaben pro leistungsberechtigtem Fall. Wie die nachfolgende Abbildung zeigt, werden die Ausgaben für Leistungsberechtigte vom Wirtschaftsprozess, der Abgabenbelastung der Einkommen und den jeweiligen Erwerbsbiographien beeinflusst, die Zahl der Leistungsfälle dagegen von der demographischen Entwicklung. Aus der Sicht der Autoren können die Sozialversicherungssysteme, damit sind dann auch die nachfolgend besprochenen gemeint, mit der demographischen Entwicklung allein „fertig werden" (ebd.: 835). Dagegen spricht die Vielzahl systemimmanent vorgenommener Änderungen: Zu diesen zählen die Einführung der Riester-Rente im Jahr 2001 und die im Herbst 2010 verabschiedete schrittweise Anhebung der Regelaltersgrenze der GRV von 65 auf

Abbildung 40 Determinanten der Ausgaben der gesetzlichen Rentenversicherung

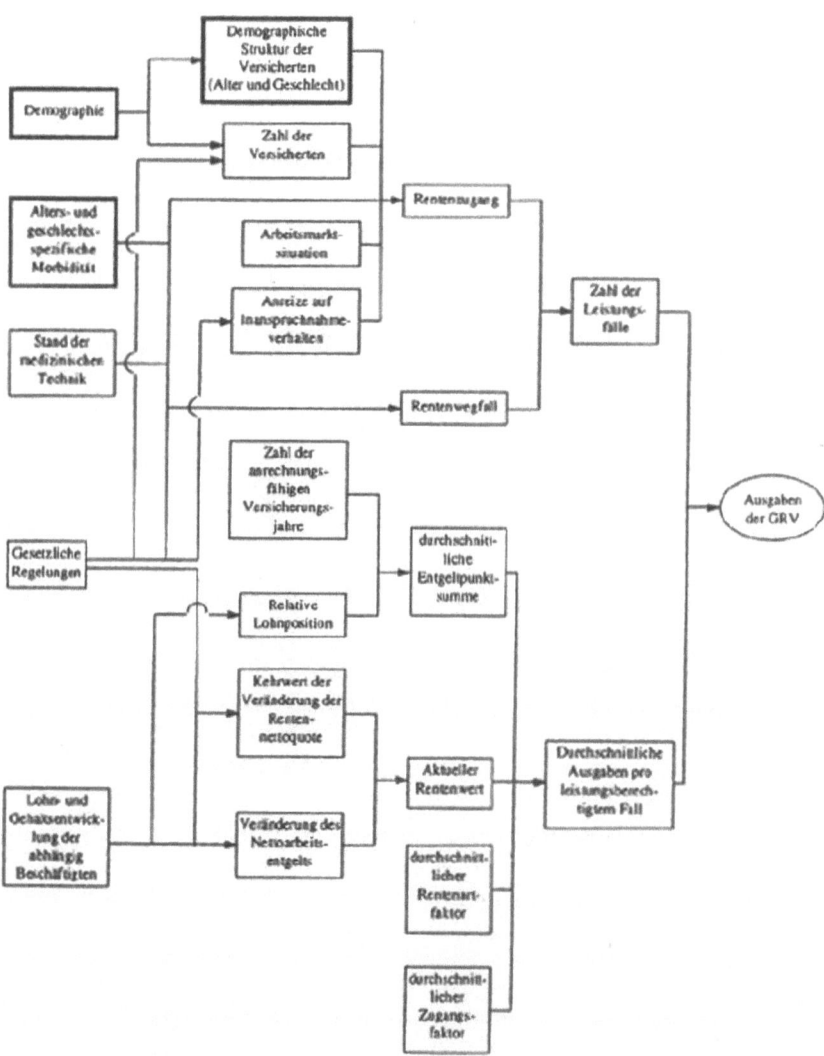

Quelle: Fachinger und Rothgang (1997)

67 Jahre. Letztere wird im Bericht der Bundesregierung „Aufbruch in die altersgerechte Arbeitswelt" über den demographischen Wandel wie auch die gestiegene Lebenserwartung und die Verbesserung der gesundheitlichen Lage der heutigen Rentnergenerationen begründet http://www.bmas.de/portal/49086/property=pdf/ anlage__bericht__der__bundesregierung__anhebung__regelaltersgrenze.pdf, 22.12.2010.

Die Anhebung der Regelaltersgrenze sieht vor, dass die Geburtsjahrgangskohorten bis einschließlich 1945 mit 65 Jahren in Rente gehen. Jede Zunahme der Geburtsjahrgangskohorte um ein Jahr führt zur Anhebung der Regelaltersgrenze um einen Monat, so dass die ab dem Jahr 1964 Geborenen die erste Geburtsjahrgangskohorte sein werden, deren Regelaltersgrenze der GRV bei 70 Jahren liegen wird. Die daran gekoppelten Fragen nach altersgerechten Arbeitsplätzen, betrieblicher Gesundheitsförderung und lebenslangem Lernen werden in den weiteren Abschnitten zum Zusammenhang von demographischer Alterung und Wirtschaft (vgl. Abschnitt IV.2.3.2) und demographischer Alterung und Bildung (vgl. Abschnitt IV.2.3.3) vorgestellt.

IV.2.3.1.2 Die gesetzliche Krankenversicherung (GKV) und die gesetzliche Pflegeversicherung (GPV)

Auch im Fall der GKV wie auch in dem der GPV kommen Fachinger und Rothgang (1997) zu dem Ergebnis, dass die demographische Entwicklung deren Einnahmen nicht direkt beeinflusst, sondern nur indirekt über die Angebotsseite des Arbeitsmarktes. Die demographische Entwicklung beeinflusst die Ausgabenseite dieser Systeme über die Erhöhung der Fallzahlen und auch über die Ausgaben pro Fall, welche, so die gängige Annahme, mit dem Alter steigen. Diese Annahme, so die „Akademiegruppe Altern in Deutschland" der Leopoldina, die 15 Mythen um das Thema „Alter" zusammengetragen hat, ist ein Mythos:

> „Myth 9: ‚Higher average life-expectancy means more sickness and more need for care.'
> Wrong. Among both men and women, health-related impairments and chronic disabilities in old age have decreased in comparison to earlier times. In the 1990s alone, the average healthy life span beyond the age of 65 years grew by 2.5 years in men and 1.5 years in women. Thanks to progress made in medicine, strokes or heart attacks are survived more frequently. Impediments due to this diseases are becoming rarer, and with modern medical and technical aids, they can be better endured. In spite of chronic illness and/or disability, the quality of life is better than in the past.

All in all, the risk of disability has decreased in Germany over the last few years" (http://www.altern-in-deutschland.de/pdf/NAL327_bd09_recommendations_2010. pdf, 22.05.2010).

Dem wäre entgegen zu halten, dass die Pflegequoten in der GPV mit dem Alter ansteigen. Die nachfolgende Tabelle macht diesen Sachverhalt deutlich:

Tabelle 11   Pflegequoten in der GPV nach Lebensalter (2003)

Lebensalter	15–60	65–70	75–80	80–85	85–90
Pflegequote weiblich in %	0,4	2,5	10,6	22,5	43,4
Pflegequoten männlich in %	0,5	2,9	8,5	16,1	29,4

Quelle: Thieme (2008: 149)

Zudem hat Brockmann (2002) auf eine informelle Rationierung von Behandlungskosten älterer Menschen hingewiesen. Anhand von Krankenhausdaten von über 430 000 gesetzlich Krankenversicherten konnte sie zeigen, dass hochaltrige Patienten regelmäßig weniger kostenintensive Behandlungen erhalten als jüngere Patienten mit der entsprechenden Krankheit. In eine ähnliche Richtung weisen die Befunde des Sechsten Altersberichtes der Bundesregierung „Altersbilder in der Gesellschaft" (http://www.bmfsfj.de/RedaktionBMFSFJ/Pressestelle/Pdf-Anlagen/sechster-altenbericht,property=pdf,rwb=true.pdf, 21.10.2012).

Auch hier gilt, dass systemimmanent Änderungen, wie die Kürzung des Leistungskatalogs der Krankenkassen und die Einführung der Praxisgebühr im Rahmen der Gesundheitsreform 2004, vorgenommen worden sind. Es kamen die Einführung des Gesundheitsfonds im Jahr 2009 und das Gesetz zur nachhaltigen und sozial ausgewogenen Finanzierung der Gesetzlichen Krankenversicherung (GKV-Finanzierungsgesetz – GKV-FinG) vom Herbst 2010 hinzu. Hierzu heisst es:

> „Vor dem Hintergrund der demografischen Entwicklung und des medizinisch-technischen Fortschritts müssen heute die Weichen dafür gestellt werden, dass auch in Zukunft alle Menschen in Deutschland die notwendige medizinische Versorgung auf dem aktuellen Stand der medizinischen Entwicklung unabhängig von Einkommen, Alter, sozialer Herkunft und gesundheitlichem Risiko qualitativ hochwertig und wohnortnah erhalten. Sowohl kurzfristig als auch langfristig muss für eine gesicherte Finanzierung der gesetzlichen Krankenversicherung gesorgt werden" (http://

www.bundesgesundheitsministerium.de/cln_151/SharedDocs/Downloads/DE/Presse/Presse-2010/pm-10-11-12-GKV-FinG-Informationspapier,templateId=raw,property=publicationFile.pdf/pm-10-11-12-GKV-FinG-Informationspapier.pdf, 21.12.2010).

Im Rahmen dieses Gesetzes wird der Arbeitgeberbeitrag zur GKV auf der Höhe von 7,3 Prozent festgeschrieben – mit dem Ziel, die Arbeitskosten von den Gesundheitskosten zu entkoppeln. Der Arbeitnehmerbeitrag beläuft sich auf 8,2 Prozent und kann bei Bedarf angehoben werden. Zudem sind einkommensunabhängige Zusatzbeiträge der Mitglieder vorgesehen.

Mit Blick auf die GPV wird ähnlich argumentiert, dass mit zunehmendem Alter die Kosten für die Pflege steigen. Verstärkt wird diese Entwicklung durch den zu erwartenden Ausfall von familialen Pflegekräften, i. d. R. Töchtern und Schwiegertöchtern. „Eine demographisch bedingte Reduktion dieses Hilfepotentials führt zu steigenden Ansprüchen an sozialstaatlich finanzierte professionelle Dienstleistungen" (Olk und Rothgang 1999: 259).

IV.2.3.2 Demographische Alterung und Wirtschaft

Es gibt zwei Arten von Folgen der demographischen Alterung für die Wirtschaft: zum einen sind dies Konsequenzen, die sich aus dem Argument ergeben, dass das Arbeitsangebot in dem Maße zurückgeht, wie die Zahl der Personen im erwerbsfähigen Alter abnimmt, und zum anderen sind dies die aus der Anhebung der Regelaltersgrenze resultierenden manifesten Folgen. So auch der Bericht der Bundesregierung „Aufbruch in die altersgerechte Arbeitswelt":

> „Der demografische Wandel führt zu einer erheblichen Verringerung des Potenzials an Erwerbspersonen, das außerdem deutlich älter wird. Die Aufgabe für Betriebe, Sozialpartner und nicht zuletzt für die Politik besteht künftig darin, die Rahmenbedingungen so zu gestalten, dass auch eine älter werdende Arbeitsgesellschaft ein Höchstmaß an Produktivität und Innovationsfähigkeit erreichen kann. Dies ist möglich, wenn Arbeitsorganisation und Arbeitsgestaltung in den Unternehmen auf die spezifischen Fähigkeiten und Kompetenzen älterer Arbeitnehmerinnen und Arbeitnehmer ausgerichtet werden" (http://www.bmas.de/portal/49086/property=pdf/anlage__bericht__der__bundesregierung__anhebung__regelaltersgrenze.pdf, 22.12.2010: 1).

Das Argument, dass das Arbeitsangebot in dem Maße zurückgeht, wie die Zahl der Personen im erwerbsfähigen Alter abnimmt, wird in diesem Zusammenhang nicht weiter erörtert, da ausser Acht gelassen wird, dass von einem Rückgang des

Arbeitsangebots keine negativen Konsequenzen für Beschäftigung und Sozialversicherungseinnahmen ausgehen, wenn der Arbeitsmarkt durch einen Überhang an Arbeitskräften, wie dies gegenwärtig der Fall ist, gekennzeichnet ist. Darüber hinaus bleibt unbeachtet, dass

„– die Entwicklung des Arbeitskräftepotentials durch *Migration* beeinflußt wird,
– veränderte *Arbeitsangebotsentscheidungen* [v. a. zunehmende weibliche Erwerbstätigkeit, die Autorin] zu einer unterschiedlichen Entwicklung von Arbeitskräftepotential und Arbeitsangebot führen kann und
– sich die tatsächliche Beschäftigung aus dem Wechselspiel von Arbeitsangebot und *Arbeitsnachfrage* ergibt" (Fachinger und Rothgang 1997: 818, Hervorhebung im Original).

Und tatsächlich zeigt auch der Bericht der Bundesregierung, dass das Erwerbspersonenpotential in den letzten Jahren durch den oben genannten zweiten Punkt, also die sich verändernden Arbeitsangebotsentscheidungen, zugenommen hat. Während die Erwerbsquoten[77] für die Männer der Alterskategorie von 20 bis 54 Jahren von 2005 bis 2009 bei knapp 91 Prozent konstant geblieben sind, haben die der Frauen im gleichen Zeitraum zugenommen: Die Erwerbsquote der Frauen der Alterskategorie von 20 bis 54 Jahren lag im Jahr 2005 bei 77,5 Prozent und ist angestiegen auf 79,3 Prozent im Jahr 2009. Noch stärker fallen die Anstiege bei den Gruppen der 55- bis 59-Jährigen Frauen und der 60- bis 64-Jährigen Frauen aus. Detailliert sind die Zahlen in den nachfolgenden Tabellen nachzulesen:

Tabelle 12 Männliche Erwerbsquoten für ausgewählte Altersgruppen und Kalenderjahre (in Prozent)

	20–54	55–59	60–64
2005	90,0	82,0	40,6
2006	91,1	82,0	42,3
2007	91,2	82,7	45,1
2008	90,0	83,3	46,6
2009	90,6	83,7	50,5

Quelle: http://www.bmas.de/portal/49086/property=pdf/anlage__bericht__der__bundesregierung__anhebung__regelaltersgrenze.pdf (22.12.2010)

---

[77] Die Erwerbsquote informiert über das Verhältnis von Erwerbspersonen zur Gesamtbevölkerung (derselben Alterskategorie).

Tabelle 13   Weibliche Erwerbsquoten für ausgewählte Altersgruppen und Kalenderjahre (in Prozent)

	20–54	55–59	60–64
2005	77,5	64,4	22,9
2006	78,7	65,6	24,4
2007	79,0	66,7	27,4
2008	79,0	67,5	29,4
2009	79,3	68,8	32,8

Quelle: http://www.bmas.de/portal/49086/property=pdf/anlage__bericht__der__bundesregierung__anhebung__regelaltersgrenze.pdf (22.12.2010)

Die oben angesprochene Alterung des Erwerbspersonenpotentials umfasst natürlich die Alterung, die durch die Anhebung der Regelaltersgrenze verursacht wird, wie auch die, die aufgrund der demographischen Alterung erfolgt. Der Bericht geht von einer Verringerung der altersspezifischen Bevölkerungsbestände der 20- bis 59-Jährigen bis in das Jahr 2040 um 7,9 Millionen aus. Davon entfallen 2,4 Millionen auf die Gruppe der 20- bis 34-Jährigen und 5,5 Millionen auf die Gruppe der 35- bis 59-Jährigen. Ansteigen wird dagegen der Bestand der 60- bis 64-Jährigen um 1,6 Millionen. Nimmt man noch die Gruppe der 65- bis 66-Jährigen hinzu, die bis dahin in den Arbeitsmarkt zu integrieren sind, so ist auch für diese eine Erhöhung des Bestands zu konstatieren.

Die Alterung des Erwerbspersonenpotentials wirft Fragen nach der gesamtwirtschaftlichen Produktivtität auf.

„Die Erkenntnisse der Gerontologie zeigen, dass die körperliche Leistungsfähigkeit bereits im relativ frühen Alter erheblich abnimmt, während die Entwicklung der geistigen Leistungsfähigkeit erst im Alter von 70 Jahren einen negativen Einfluss auf die Produktivität aufweist" (Büsch, Dittrich, Lieberum 2010: 131).[78]

Die Autoren folgern daraus, dass die Erwerbstätigkeit älterer Menschen insbesondere im Dienstleistungssektor, in welchem geistige Tätigkeiten zu erbringen sind, keinen produktivitätsmindernden Einfluss haben sollte. Dieser Folgerung liegt die auf den US-amerikanischen Soziologen Daniel Bell (geb. 1919) zurückgehende Annahme zugrunde, dass das Axialprinzip westlicher Gesellschaften seit den

---

[78] Zu den methodischen Problemen der kognitiven Alternsforschung vgl. Lindenberger (2008).

1970er Jahren nicht mehr das Kapitalverhältnis ist, sondern das Wissen. Demzufolge, so Bell (1975), befinden wir uns in nachindustriellen Gesellschaften mit einem ausgeprägten Dienstleistungssektor. Insofern Dienstleistungen ebenfalls Teil produktiver Arbeit sind, würde das bedeuten, dass die Erwerbstätigkeit älterer Menschen potentiell positiv zur gesamtwirtschaftlichen Produktivität beitragen kann. Wie genau dieser Beitrag eingefordert werden kann, welche Strategien auf Seiten der Unternehmen hierfür gefordert sind, sind betriebswirtschaftliche, organisationssoziologische und auch psychologische Fragen, die in diesem Lehrbuch nicht weiter verfolgt werden.

IV.2.3.3 Demographische Alterung und Bildung

Im vorangehenden Abschnitt wurde die geistige Leistungsfähigkeit älterer Menschen als Faktor im Produktionsprozess thematisiert und seine Relevanz über die diskutierte Alterung des Erwerbspersonenpotentials begründet. Vermittelt über diesen Diskussionszusammenhang gewinnt das Feld der Bildung an Bedeutung, wenn es um die Folgen des Vorgangs der demographischen Alterung für die gesellschaftliche Ordnung geht. Befunde aus der kognitven Alternsforschung lassen die Bedeutung, die dem Feld der Bildung zukünftig zukommen kann, erahnen:

> „Das kognitive Potential von Menschen ist nicht festgelegt, sondern durch günstige oder ungünstige Kontexte und das eigene Handeln beeinflussbar" (Lindenberger 2008: 74).

Der deutsche Alternsforscher Paul B. Baltes (1939–2006) redet in diesem Zusammenhang von *„bio-kulturellem Ko-Konstruktivismus"* (zitiert nach Lindenberger 2008). Ohne Zweifel zählt eine gute schulische und berufliche Bildung zu den günstigen Kontexten. Dabei kann es zukünftig nicht allein darum gehen, diese qualitativ zu verbessern, so dass beispielsweise Bildungserfolge in abnehmendem Maße an die soziale Herkunft gebunden sind. Des weiteren wird dem Konzept des *lebenslangen Lernens* sicherlich verstärkt Bedeutung zukommen.[79]

Darüber hinaus bedeutet die demographische Alterung für das Feld der Bildung zunächst, dass der Bedarf an Schul- und Hochschulplätzen sinkt. Roloff (2003) berichtet auf der Grundlage amtlicher Daten rückläufige Schülerzahlen. Ein weiterer Rückgang der Schülerzahlen wird auf der Grundlage des lang andauernden niedrigen Geburtenniveaus prognostiziert: Das Statistische Bundesamt

---

[79] Zu einer kritischen Auseinandersetzung mit dem Konzept des *lebenslangen Lernens* vgl. Ribolits (2004).

rechnet vor, dass bis zum Jahr 2050 die Zahl der 6- bis 18-Jährigen um 4 Millionen sinken wird. Besonders stark wird der Rückgang der Schulpflichtigen im Osten ausfallen. Dort wird mit einem Rückgang der Schulpflichtigen um 40 Prozent gerechnet. Im Westen wird ausgehend vom Jahr 2000 bis zum Jahr 2050 ein Rückgang um 20 Prozent erwartet (Statistisches Bundesamt 2002). Die Konsequenzen der demographischen Alterung für den Bedarf an Betreuungsangeboten im Vorschulalter abzuschätzen, ist dagegen schwieriger: In der Vergangenheit ist es der Politik nicht gelungen, den existierenden Bedarf abzudecken, so dass eine eventuell sich ergebende Senkung des Bedarfs für die Angebotsseite unerheblich sein dürfte (Roloff 2003).

IV.2.3.4 Demographische Alterung und Familie

Bevölkerungsstruktur und Bevölkerungsentwicklung nehmen zweifach Einfluss auf die Sozialpolitik: zum einen über den Bedarf an sozialpolitischen Leistungen und zum anderen über die Leistungsfähigkeit des Wohlfahrtsstaates (vgl. Abschnitt IV.2.3.1). Beide Dimensionen sind sowohl unter einem finanziellen Aspekt wie auch unter dem „realwirtschaftlicher Beiträge zur sozialen Sicherung" (Olk und Rothgang 1999: 259) zu diskutieren. Bislang ging es allein um den finanziellen Aspekt. An dieser Stelle stehen nun die realwirtschaftilchen Beiträge zur sozialen Sicherung im Mittelpunkt. Olk und Fachinger (1999), auf die hier Bezug genommen wird, fragen konkret nach den wirtschaftlichen Beiträgen von Familienarbeit zur sozialen Sicherung. Angesprochen sind damit Tätigkeiten im Bereich der häuslichen Pflege älterer und hochalter Menschen, die von Verwandten, i. d. R. Töchtern und Schwiegertöchtern, übernommen werden. Insofern die Pflegebedürftigen in Deutschland mehrheitlich zu Hause und dort von Angehörigen versorgt werden, ist deren Beitrag zur sozialen Sicherung nicht zu unterschätzen. Entsprechend würde eine „demographisch bedingte Reduktion dieses Hilfepotentials ... zu steigenden Ansprüchen an sozialstaatlich finanzierte professionelle Dienstleistungen (führen)" (ebd.: 259). Andererseits zeigt die Zunahme von sogenannten Mehrgenerationenhäusern – Orten der „Begegnung für Menschen aller Generationen", von denen es gegenwärtig rund 500 gibt (http://www.mehrgenerationenhaeuser.de/coremedia/mgh/de/01__Mehrgenerationenh_C3_A4user/01__Was_20ist_20ein_20Mehrgenerationenhaus_3F/00__Was_20ist_20ein_20Mehrgenerationenhaus_3F.html, 18.02.2011) –, dass zivilgesellschaftliche Prozesse als Reaktion auf demographische Prozesse und gesellschaftliche Missstände, wie den Mangel an Kinderbetreuungseinrichtungen, erfolgen und hierdurch ein Wandel von gesellschaftlichen Feldern möglich ist. So ist es denkbar, dass die Institution der Verwandtschaftsfamilie ergänzt wird um andere Familienformen, in denen die Beziehungen der Mitglieder zueinander nicht durch die gemeinsame Abstammung bestimmt werden, die aber gleich der „multilokalen Mehrgenerationenfamilie" (Bertram 2000: 101) auf den vertikalen Beziehungen zwischen den Generationen basiert (ebd.). Im Sinne des Wohlfahrtspluralismus, also einer „verschachtelten und ergänzenden Mehr-Sektoralität der Wohlfahrtsproduktion (Markt, Staat, Familie und ‚dritter Sektor')" (Schulz-Niesswandt 2006: 227), sind Mehrgenerationenhäuser gleich herkömmlichen Familien „informelle Netzwerkökonomien" (ebd.: 227). Allerdings ist dies ein Thema, dass von der Forschung bislang noch nicht aufgegriffen wurde, entsprechend an dieser Stelle nicht weiter verfolgt werden kann. Zudem ist zu beachten, dass die Zahl der Mehrgenerationenhäuser noch sehr niedrig ist, so dass geringe Bevölkerungsanteile in deren Aktivitäten eingebunden sind.

IV.2.3.5 Demographische Alterung und Sozialstruktur – ein Fazit

Die vorangehenden Abschnitte haben sich mit der sozialstrukturellen Relevanz der demographischen Alterung der Gesellschaft beschäftigt. Ansatzpunkt für die vorgestellten Überlegungen und Diskussionszusammenhänge war die Kopplung des Vorgangs der demographischen Alterung an die Sozialstruktur über die Finanzierungsmodalitäten der Sozialversicherungssysteme. Die für die Felder der Bildung und der Wirtschaft diskutierte Bedeutung des Vorgangs der demographischen Alterung wurde aus dieser ersten Setzung abgeleitet. Natürlich gibt es weitere Punkte, die für diese Felder von Bedeutung sind und die entsprechend auch angesprochen worden sind. Mit Blick auf die Familie wurde die Frage aufgeworfen, inwiefern das politische Festhalten an der Institution der Verwandtschaftsfamilie noch sinnvoll ist, zeigen doch gerade von der Bevölkerung ausgehende Entwicklungen – wie die Errichtung von Mehrgenerationenhäusern – dass die der Verwandtschaftsfamilie zugeschriebene regenerative Funktion auch von anderen Formen des interpersonellen Zusammenhaltes zu übernehmen sind – zumindest theoretisch. Inwiefern es sich hierbei tatsächlich um praktisch tragfähige Alternativen handelt, wird sich zukünftig erst noch erweisen müssen.[80]

---

[80] Das nachfolgende Zitat weist auf die diesbezüglichen Potentiale von Mehrgenerationenhäusern hin. Der ursprüngliche Wortlaut stammt von Gerd Landsberg, dem Hauptgeschäftsführer des Deutschen Städte- und Gemeindebundes: „Ein Mehrgenerationenhaus kann natürlich kein hundertprozentiger Ersatz für alle zwischenmenschlichen Beziehungen einer Familie sein, aber es ersetzt die sozialen Strukturen einer Familie. Mehr sogar: Mehrgenerationenhäuser können in gewisser Weise die bessere Großfamilie sein – denn sie haben lediglich die Vorteile einer Großfamilie. Nachteile wie bestimmte einseitige Machtverhältnisse innerhalb tradierter Familienstrukturen gleicht die Gemeinschaft des Mehrgenerationenhauses aus" http://www.mehrgenerationenhaeuser.de/coremedia/mgh/

Folgen wir Dinkels (2008) Vorschlag, demographische Alterung als Veränderung in der Altersstruktur einer Bevölkerung zugunsten der älteren Geburtsjahrgänge zu definieren, so setzte dieser Vorgang bereits in den 1950er Jahren ein. Bereits noch früher – im Jahr 1944 – haben Notestein und Kollegen (vgl. II.1.1.1) auf die sich verändernde Bevölkerungsstruktur der europäischen Gesellschaften und auf ihre Bedeutung für die jeweilige Sozialstruktur hingewiesen und politische Maßnahmen zur Lösung des Problems eingefordert:

> „The chief difficulty is that, on the coming scale, the problems are new, and their solutions will require complex and wise social engineering" (ebd.: 162).

Die Vorstellung des *social engineering* steht im Widerspruch zu der gesellschaftlichen Entwicklung, wie sie tatsächlich stattgefunden hat: Zum einen wurde der Vorgang der demographischen Alterung bis in die jüngste Vergangenheit nicht als politikrelevant wahrgenommen, zudem sind zu beobachtende Reaktionen jüngeren Datums nicht allein in der Form von „Verordnungen" geschehen, sondern auch aus der Alltagspraxis der Akteure heraus erfolgt, und es ist nicht unplausibel, dass diese weitere gesellschaftliche Bereiche transformieren wird, wenn auch dort auf der individuellen Ebene systematisch spürbare Notlagen auszumachen sind. Dies, so mein Fazit, wäre ein positiver Ausblick auf sozialstrukturelle Entwicklungen vor dem Hintergrund demographischer Entwicklungen. Ähnlich auch Sackmann, Reinhold und Jonda (2008):

> „Im vorliegenden Buch gehen wir davon aus, dass man derzeit noch nicht genau bestimmen kann, wie die Folgen der demographischen Veränderungen für unser Gemeinwesen sind. Erst *durch unsere Handlungen in Auseinandersetzung mit demographischem Wandel* bestimmen wir, wie die Folgen sein werden" (ebd.: 10, Hervorhebung der Autorin).

Inwiefern allerdings allein demographische Entwicklungen diese Problemlagen erzeugen oder sie nicht vielmehr als Legitimationsmuster für eine einseitig gesellschaftliche Interessen bedienende Politik herangezogen werden, ist eine spannende Frage, auf die abschließend zu verweisen ist. Gestützt wird eine diese bejahende Antwort unter Berücksichtigung zahlreicher Arbeiten aus dem Bereich der Sozialpolitik (Fachinger und Rothgang 1997; Olk und Rothgang 1999; Brockmann 2002; Marschallek 2004), die zeigen, dass der zu beobachtende Abbau des Wohlfahrtsstaates, wie er als dem Vorgang der demographischen Alterung ge-

---

de/03__Fachdiskurs/Fachleute/Landsberg_20-_20Experteninterview_20L_C3_A4ndl_20Raum.html, 18.02.2011).

schuldet dargestellt wird, keinesfalls allein auf diesen zurückzuführen ist. Entsprechend resümiert Butterwegge:

> „Die demographische Entwicklung wird oft dramatisiert, denn umso eher legitimiert sie Maßnahmen der (intergenerationellen) Umverteilung des gesellschaftlichen Reichtums. Demographie fungiert als Mittel der sozialpolitischen Demagogie und ‚Generationengerechtigkeit' degeneriert zu einem politischen Kampfbegriff, der von vermehrter sozialer Ungleichheit *innerhalb jeder* Generation ablenkt" (Butterwegge 2006: 59 f., Hervorhebung im Original).

In abgeschwächter Form spricht Sackmann von der „‚Demographisierung' von sozialen Problemen" (Sackmann 2008: 47, Hervorhebung im Original)

> „Probleme, die vorher auf soziale Konflikte zurückgeführt wurden, werden nun als demographisch erzeugte und demographisch bewältigbare Probleme ausgewiesen" (ebd.: 47).[81]

---

[81] Vgl. auch Sackmann und Bartl (2007).

V Schlusswort

Aufgabe des vorliegenden Lehrbuches ist es gewesen, in die Bevölkerungssoziologie einzuführen. Dabei wurde eine Herangehensweise gewählt, die zwischen bevölkerungssoziologischem Gegenstand, Theorien und Methoden unterscheidet. Der Darstellung dieser Ebenen des bevölkerungssoziologischen Arbeitens wurde ein erster Teil vorangestellt, in dem zunächst in die Bevölkerungswissenschaft eingeführt wurde. Dies erwies sich insofern als notwendig, als Bevölkerungssoziologie und Bevölkerungswissenschaft ihren Gegenstand teilen: Struktur und Dynamik einer Bevölkerung. Zu dessen Bearbeitung hat die Bevölkerungswissenschaft mit der Bevölkerungstheorie, der Bevölkerungspolitik und der Bevölkerungsstatistik drei Teilbereiche ausgebildet.

Die Existenz eines Teilbereiches der Bevölkerungspolitik belegt die enge Verwobenheit von Bevölkerungswissenschaft einerseits und Politik andererseits, die die Beschäftigung mit der Struktur und Dynamik einer Bevölkerung von Anfang an, also bereits vor der Ausbildung einer diesbezüglichen wissenschaftlichen Beschäftigung, begleitete. Unter Zugrundelegung einer historischen Perspektive wurde diese Zusammenarbeit dargestellt, indem auf die den Bevölkerungspolitiken zugrunde liegenden bevölkerungstheoretischen Paradigmen hingewiesen wurde. Dabei zeigten sich Parallelen zwischen bevölkerungspolitischen Äußerungen von Bevölkerungswissenschaftlern im Übergang vom 19. zum 20. Jahrhundert und heutigen populistischen Diskussionszusammenhängen, die eine qualitative Dichotomie zwischen Deutschen und Nicht-Deutschen konstruieren, um im nächsten Atemzug vermeintliche Lösungen für diese anzubieten (Sarrazin 2010). Im abschließenden Teil der Arbeit, der die Fragen nach den Einflüssen von Bevölkerungsstruktur und Bevölkerungsdynamik auf die Ordnung einer Gesellschaft stellt, hat sich ein weiterer neuartiger Konflikt gezeigt, dessen Genese jüngeren Datums ist. Es handelt sich dabei um den Konflikt zwischen Alten und Jungen. Beide Konflikte, so lässt sich zusammenfassend resümieren, treten zunehmend an die Stelle der an die Nationenbildung geknüpften Konflikte zwischen Arbeit und Kapital und Staat und Religion (Lipset und Rokkan 1967) – und dies, ohne dass diese bereits gelöst wären. Inwiefern die neuartigen Konflikte realitätsgebunden sind, ist, so das Argument der vorliegenden Arbeit, zu hinterfragen und darüber hinaus ist die Frage nach den gesellschaftlichen Funktionen dieser mit Bezug auf die demographische Entwicklung für relevant erachteten Konflikte zu stellen. Zur Beantwortung dieser Fragen konnte das vorliegende Lehrbuch nicht mehr als einzelne Hinweise geben, da an dieser Stelle gesellschaftstheoretische Überlegungen zu berücksichtigen sind, die selbstverständlich weit über das Gebiet der Bevölkerungssoziologie hinausreichen.

Der Teilbereich der Bevölkerungsstatistik wurde in aller Kürze mit der relevanten Unterscheidung von Kohorten- und Periodenperspektive behandelt, und es wurden die der Bevölkerungsstatistik zur Verfügung stehenden Datenquellen vorgestellt. Auf den Teilbereich der Bevölkerungstheorie wurde kursorisch bei der bereits erwähnten Darstellung bevölkerungspolitischer Positionen hingewiesen. Zudem wurden im Kontext des Teilbereichs der Bevölkerungstheorie die beiden Konzeptionen des ersten und zweiten demographischen Übergangs vorgestellt, die teilweise auch als genuin bevölkerungswissenschaftliche Theorien betrachtet werden.

Im folgenden Teil des Buches wurden die demographischen Prozesse samt ihrer Entwicklung in den vergangenen 60 Jahren dargestellt. Die zeitlich umfassendere nationale Perspektive wurde um eine internationale ergänzt. Viel Platz wurde der Darstellung der Theorieangebote zur Erklärung der demographischen Prozesse eingeräumt. Dies erschien notwendig, um die das Feld über die Zeit hinweg bestimmende Theorienvielfalt in Gänze darstellen und auch kritisch diskutieren zu können. Die kritische Diskussion erfolgte unter den Vorzeichen der von der Autorin eingenommenen Position, eine analytisch-nomologische Herangehensweise durch eine historisch-rekonstruktive zu ergänzen. Nur so, so jedenfalls das dahinterliegende Argument, ist es möglich, die soziale Wirklichkeit – und Bevölkerungsstruktur und Bevölkerungsentwicklung sind unweigerlich Bestandteil dieser – in ihrer Gesamtheit zu erfassen: Das heisst, sowohl auf der Mikroebene als auch auf der Makroebene des Geschehens, sowohl unter Berücksichtigung objektivistischer als auch unter Berücksichtigung subjektivistischer Erkenntnispositionen, wobei das Primat bei den ersteren liegt. Inhaltlich bedeutet dies, dass das Bevölkerungsgeschehen im Rahmen gesellschaftlicher Gegebenheiten und Gesetzmäßigkeiten erfolgt, innerhalb dieser allerdings Variationen möglich sind. Sowohl die Erfassung dieser Gesetzmäßigkeiten als auch die der interindividuellen Variationen ist die Aufgabe der Bevölkerungssoziologie. Damit gilt auch heute noch, was bereits vor nunmehr fast 60 Jahren Gerhard Mackenroth formulierte:

„Das letzte Wort hat in der Bevölkerungslehre immer die Soziologie..." (Mackenroth 1953: 111).

VI Anhang A – Organisatorische Verankerung der Bevölkerungswissenschaft in Forschung und Lehre

VI.1 Die Entwicklung in der BRD (alt und neu)

1952 Gründung der Deutschen Gesellschaft für Bevölkerungswissenschaft e. V. (DGBW)
1973 Errichtung des Bundesinstitutes für Bevölkerungsforschung (BIB) in Wiesbaden
1980 Errichtung der ersten bevölkerungswissenschaftlichen Lehrstühle. Lehrstuhlinhaber waren Herwig Birg in Bielefeld und Josef Schmid in Bamberg.
1996 Errichtung des Max-Planck-Instituts für demografische Forschung in Rostock (MPIDF)
2001 Zusammenfassung der DGBW und der Johann Peter Süßmilch-Gesellschaft für Demographie e. V. zur Deutschen Gesellschaft für Demographie (DGD)

VI.2 Die Entwicklung in der DDR

1966 Einrichtung des ersten deutschen Lehrstuhls für Demographie am Institut für Arbeitsökonomie der Hochschule für Ökonomie (HfÖ) in Berlin-Karlshorst
1969 Einrichtung eines weiteren Lehrstuhls für Sozialistische Volkswirtschaft, später Wirtschaftsdemographie an der Hochschule für Ökonomie. Lehrstuhlinhaber war Parviz Khalatbari.
1989 Gründung der Johann-Peter-Süßmilch-Gesellschaft für Demographie

VII   Literatur

Acquaviva, Sabino S., 1964: Der Untergang des Heiligen in der industriellen Gesellschaft. Essen: Ludgerus-Verlag.
Albert, Gert, 2007: Keines für alle! Die moderat holistische Alternative zu Hartmut Essers Modell der soziologischen Erklärung, Kölner Zeitschrift für Soziologie und Sozialpsychologie 59: 340–349.
Albrecht, Günter, 1972: Soziologie der geographischen Mobilität. Stuttgart: Enke.
Allmendinger, Jutta und Wolfgang Ludwig- Mayerhofer, 2000: Einleitung. S. 7–14 in: dies. (Hg.): Soziologie des Sozialstaats. Gesellschaftliche Grundlagen, historische Zusammenhänge und aktuelle Entwicklungstendenzen. Weinheim/München: Juventa.
Ariès, Philippe, 1978 (1975): Geschichte der Kindheit. München: Hauser.
Ariès, Philippe, 1980: Two successive motivations for the declining birth rate in the West, Population and Development Review 6: 645–650.
Austad, Steven N., 1997: Whe We Age. New York: Wiley, John and Sons.
Backes, Gertrud M. und Wolfgang Clemens, 1998: Lebensphase Alter. Eine Einführung in die sozialwissenschaftliche Alternsforschung. Weinheim/München: Juventa Verlag.
Bade, Klaus J., 2000: Europa in Bewegung. München: Beck.
Bade, Klaus J., 2002: Historische Migrationsforschung, IMIS-Beiträge 20: 21–44.
Bade, Klaus J. und Jochen Oltmer, 2007: Deutschland. S. 141–170 in: : Klaus J. Bade, Pieter C. Emmer, Leo Lucassen und Jochen Oltmer (Hg.): Enzyklopädie. Migration in Europa. Vom 17. Jahrhundert bis zur Gegenwart. München u. a.: Ferdinand Schöningh, Wilhelm Fink.
Bade, Klaus J., Pieter C. Emmer, Leo Lucassen und Jochen Oltmer, 2007: Die Enzyklopädie: Idee – Konzept – Realisierung. S. 19–27 in: Klaus J. Bade, Pieter C. Emmer, Leo Lucassen und Jochen Oltmer (Hg.): Enzyklopädie. Migration in Europa. Vom 17. Jahrhundert bis zur Gegenwart. München u. a.: Ferdinand Schöningh, Wilhelm Fink.
Bähr, Jürgen, 2004 (1983): Bevölkerungsgeographie. Stuttgart: Verlag Eugen Ulmer.
Bauböck, Rainer, 2003: Towards a Political Theory of Migrant Transnationalism, International Migration Review 37: 700–723.
Becker, Gary S., 1957: The Economics of Discrimination. Economic Research Studies. University of Chicago Press.
Becker, Gary S., 1964: Human Capital: A Theoretical and Empirical Analysis, with Special Reference to Education. New York: Columbia University Press.
Becker, Gary S., 1981: A Treatise on the Family. Cambridge/London: Harvard University Press.
Becker, Gary S., 1993 (1982): Ökonomische Erklärung menschlichen Verhaltens. Tübingen: J. C. B. Mohr (zuerst: Becker, Gary S., 1976: The Economic Approach to Human Behavior. Chicago/London: The University of Chicago Press.)

Becker, Gary S., 1996a: Preferences and Values. S. 3–23 in: ders.: Accounting for Tastes. Cambridge/London: Harvard University Press.
Becker, Gary S., 1996b: Meine intellektuelle Entwicklung. S. 1–17 in: Ingo Pies (Hg.): Gary S. Becker. Familie, Gesellschaft und Politik – die ökonomische Perspektive. Tübingen: J. C. B. Mohr.
Behl, Christian und Bernd Moosmann, 2008: Molekulare Mechanismen des Alterns. Über das Altern der Zellen und den Einfluss von oxidativem Stress auf den Alternsprozess. S. 9–32 in: Ursula M. Staudinger und Heinz Häfner (Hg.): Was ist Alter(n)? Neue Antworten auf eine scheinbar einfache Frage. Berlin/Heidelberg: Springer Verlag.
Bell, Daniel, 1975: Die nachindustrielle Gesellschaft. Frankfurt/New York.: Campus (zuerst: New York, 1973: The Coming of Post-Industrial Society. Basic Books).
Bengtsson, Tommy und Osamu Saito, 2003 (2000), (Hg.): Population and Economy. From Hunger To Modern Economic Growth. Oxford: Oxford University Press.
Berelson, Bernard, 1970 (1969): National Family Planning Programs: Where We Stand. S. 341–387 in: Samuel J. Behrman, Leslie Corsa Jr. und Ronald Freeman (Hg.): Fertility and Family Planning. A World View. Ann Arbor: The University of Michigan Press.
Bertram, Hans, 2000: Die verborgenen familiären Beziehungen in Deutschland. S. 97–121 in: Martin Kohli und Mary Szydlik (Hg.): Generationen in Familie und Gesellschaft. Opladen: Leske + Budrich.
Billari Francesco C. und Hans-Peter Kohler, 2004: „Patterns of low and very low fertility in Europe", Population Studies 58: 161–176.
Birg, Herwig, 1992: Differentielle Reproduktion aus der Sicht der biographischen Theorie der Fertilität. S. 189–215 in: Eckart Voland (Hg.): Fortpflanzung: Natur und Kultur im Wechselspiel. Versuch eines Dialogs zwischen Biologen und Sozialwissenschaftlern. Frankfurt a. M.: Suhrkamp.
Birg, Herwig, 2005: Die ausgefallene Generation. Was die Demographie über unsere Zukunft sagt. München: C. H. Beck.
Birg, Herwig, Johannes Huinink, Helmut Koch und Hubert Vorholt, 1984: Kohortenanalytische Darstellung der Geburtenentwicklung in der Bundesrepublik Deutschland. IBS-Materialien.
Birg, Herwig, E.-Jürgen Flöthmann und Iris Reiter, 1991: Biographische Theorie der demographischen Reproduktion. Frankfurt/New York: Campus.
Blacker, Carlos P., 1947: Stages in Population Growth, The Eugenics Review 39: 88–101.
Blake, Judith, 1968: Are Babies Consumer Durables?, Population Studies 22: 5–26.
Blossfeld, Hans-Peter und Götz Rohwer, 1995: Techniques of Event History Modeling. New Approaches to Causal Analysis. Mahwah, New Jersey: Lawrence Erlbaum Associates.
Böttcher, Karin, 2006: Scheidung in Ost- und Westdeutschland. Der Einfluss der Frauenerwerbstätigkeit auf die Ehestabilität. MPIDR Working Paper WP 2009-016, June 2009.
Borjas, George J., 1987: International Differences in the Labor of Market Performance of Immigrants. MI: W. E. Upjohn Institute for Employment Research.
Borjas, George J., 1989: Economic Theory and International Migration, International Migration Review 23: 457–485.

Bourdieu, Pierre, 1976: Entwurf einer Theorie der Praxis auf der ethnologischen Grundlage der kabylischen Gesellschaft. Frankfurt a. M.: Suhrkamp (zuerst: Genf, 1972, Esquisse d'une Théorie de la Pratique, précédé de trois études d'ethnologie kabyle).
Bourdieu, Pierre, 2000: Die zwei Gesichter der Arbeit: Interdependenzen von Zeit- und Wirtschaftsstrukturen am Beispiel einer Ethnologie der algerischen Übergangsgesellschaft. UVK: Konstanz (zuerst: Paris, 1977, Algérie 60. Structures économiques et structures temporelles, Les Éditions de Minuit).
Brentano, Lujo, 1909: Die Malthussche Lehre und die Bevölkerungsbewegung der letzten Dezennien. (Abhandlungen der historischen Klasse der Königlich Bayerischen Akademie der Wissenschaften). München: Verlag der K. B. Akademie der Wissenschaften.
Brocke vom, Bernhard, 1998: Bevölkerungswissenschaft Quo vadis? Möglichkeiten und Probleme einer Geschichte der Bevölkerungswissenschaft in Deutschland. Mit einer systematischen Bibliograhie. Opladen: Leske + Budrich.
Brockmann, Hilke, 2002: Why is less money spent for the health care for the elderly than for the rest of the population? Health care rationing in german hospitals, Social Science and Medicine 55: 593–608.
Brüderl, Josef, Andreas Diekmann und Henriette Engelhardt, 1999: Artefakte in der Scheidungsursachenforschung? Eine Erwiderung auf einen Artikel von Yasemin Niephaus, Kölner Zeitschrift für Soziologie und Sozialpsychologie 51: 744–753.
Büsch, Victoria, Denis Dittrich, Uta Lieberum, 2010: Motivation älterer Arbeitnehmer. S. 131–148 in: Thomas Salzmann, Vegard Skirbekk und Mirjam Weiberg (Hg.): Wirtschaftspolitische Herausforderungen des demografischen Wandels. Wiesbaden: VS Verlag für Sozialwissenschaften.
Buhr, Petra, 2006: Diagnosis Related Groups (DRG) und Lebenslage. Folgen der Einführung von Fallpauschalen für die Patientenversorgung, ZeS report, 11: 6–9.
Bundesinstitut für Bevölkerungsforschung, 2004: Bevölkerung. Fakten – Trends – Ursachen – Erwartungen. Die wichtigsten Fragen. Sonderheft der Schriftenreihe des BIB. Wiesbaden.
Burkart, Günter, 2008: Familiensoziologie. Konstanz: UVK.
Burke, Peter, 1989: Soziologie und Geschichte. Hamburg: Junius.
Butterwegge, Christoph, 2006: Demographie als Ideologie? Zur Diskussion über Bevölkerungs- und Sozialpolitik in Deutschland. S. 53–80 in: Peter A. Berger und Heike Kahlert (Hg.): Der demographische Wandel. Chancen für die Neuordnung der Geschlechterverhältnisse. Frankfurt a. M./New York: Campus Verlag.
Caldwell, John C., 1982: Theory of Fertility Decline. London u. a.: Academic Press.
Castells, Manuel, 1989: The Informational City: Information Technology, Economic Restructuring and the Urban-Regional Process. Oxford: Basil Blackwell.
Cliquet, Robert Luis, 1991: The second demographic transition: fact or fiction?, Council of Europe. Population studies, no. 23.
Coale, Ansley J. und Edgar M. Hoover, 1958: Population Growth and Economic Development in Low-Income Countries. A Case Study of India's Prospects. Princeton, New Jersey: Princeton Universtiy Press.
Coleman, James, 1990: Foundations of Social Theory. Cambridge: Harvard University Press.

Crimmins, Eileen M., 1993: Demography: the past 30 years, the present and the future, Demography 30: 579–581.

Dahrendorf, Ralf, 1979: Lebenschancen. Anläufe zur sozialen und politischen Theorie. Frankfurt a. M.: Suhrkamp taschenbuch.

Davis, Joseph S., 1950: Population and resources: discussion of papers by Frank W. Notestein und P. U. Cardon, Journal of the American Statistical Association 45: 346–349.

Diefenbach, Heike, 2005: Die Rationalität von Kinderwünschen und reproduktivem Verhalten. Einige Anmerkungen zur konzeptionellen Weiterentwicklung des „value-of-children"-Modells. S. 111–129 in: Anja Steinbach (Hg.): Generatives Verhalten und Generationenbeziehungen. Festschrift für Bernhard Nauck zum 60. Geburtstag. Wiesbaden: VS Verlag für Sozialwissenschaften.

Dietz, Barbara, 2007: Aussiedler/Spätaussiedler in Deutschland seit 1950. S. 397–404 in: Klaus J. Bade, Pieter C. Emmer, Leo Lucassen und Jochen Oltmer (Hg.): Enzyklopädie. Migration in Europa. Vom 17. Jahrhundert bis zur Gegenwart. München u. a.: Ferdinand Schöningh, Wilhelm Fink.

Dinkel, Reiner Hans, 1989: Demographie. Band 1: Bevölkerungsdynamik. München: Franz Vahlen.

Dinkel, Reiner Hans, 1996: Kohortensterbetafeln: Ein Überblick über Logik, Konstruktionsverfahren und Anwendungsmöglichkeiten. S. 27–44 in: Reiner Hans Dinkel, Charlotte Höhn und Rembrandt D. Scholz (Hg.): Sterblichkeitsentwicklung – unter besonderer Berücksichtigung des Kohortenansatzes. Schriftenreihe des Bundesinstituts für Bevölkerungsforschung. München: Boldt.

Dinkel, Reiner Hans, 2003: Die Sterblichkeitsunterschiede zwischen dem östlichen und westlichen Teil Deutschlands seit der Wende: Die Lehren aus einigen überraschenden Entwicklungen. Leibniz-Sozietät/Sitzungsberichte 62: 65–87.

Dinkel, Reiner Hans, 2008: Was ist demographische Alterung? Der Beitrag der Veränderungen der demographischen Parameter zur demographischen Alterung in den alten Bundesländern seit 1950. S. 97–117 in: Ursula M. Staudinger und Heinz Häfner (Hg.): Was ist Alter(n)? Neue Antworten auf eine scheinbar einfache Frage. Berlin/Heidelberg: Springer Verlag.

Easterlin, Richard A., Robert A. Pollak und Michael L. Wachter, 1980: Towards a More General Model of Fertility Determination: Endogenous Preferences and Natural Fertility. S. 81–135 in: Richard A. Easterling (Hg.): Population and Economic Change in Less Developed Countries. Chicago: Chicago University Press.

Ehmer, Josef, 1991: Heiratsverhalten, Sozialstruktur, ökonomischer Wandel. England und Mitteleuropa in der Formationsperiode des Kapitalismus. Göttingen: Vandenhoeck & Ruprecht.

Ehmer, Josef, 2004: Bevölkerungsgeschichte und historische Demographie 1800–2000. Enzyklopädie deutscher Geschichte Band 71. München: Oldenbourg.

Esping-Andersen, Gøsta, 1990: The Three Worlds of Welfare Capitalism. Cambridge: Polity Press.

Esping-Andersen, Gøsta, 1999: Social Foundations of Postindustrial Economies. Oxford u. a.: Oxford University Pres..

Esser, Harmut, 1993: Soziologie. Allgemeine Grundlagen. Frankfurt/New York: Campus.
Esser, Hartmut, 1999 (1993): Soziologie. Spezielle Grundlagen. Band 1: Situationslogik und Handeln. Frankfurt/New York: Campus.
Etzrodt, Christian, 2003: Sozialwissenschaftliche Handlungstheorien. Eine Einführung. Konstanz: UVK.
Fachinger, Uwe und Heinz Rothgang, 1997: Zerstört der demographische Wandel die Grundlagen der sozialen Sicherung? Auswirkungen auf die Einnahmen und Ausgaben der gesetzlichen Renten-, Kranken- und Pflegeversicherung, Zeitschrift für Sozialreform 43: 814–838.
Fawcett, James T., 1989: Networks, linkages, and migration systems, International Migration Review 23: 671–680.
Feldmann, Klaus, 1997: Sterben und Tod. Sozialwissenschaftliche Theoen und Forschungsergebnisse. Opladen: Leske + Budrich.
Feldmann, Klaus, 2004: Tod und Gesellschaft. Sozialwissenschaftliche Thanatologie im Überblick. Wiesbaden: VS Verlag für Sozialwissenschaften.
Flandrin, Jean-Louis, 1976: Familien. Soziologie, Ökonomie, Sexualität. Frankurt: Ullstein.
Friedman, Debra, Michael Hechter und Satoshi Kanazawa, 1994: A Theory of the Value of Children, Demography 31: 375–401.
Fürstenberg, Friedrich, 1966: „Sozialstruktur" als Schlüsselbegriff der Gesellschaftsanalyse", Kölner Zeitschrift für Soziologie und Sozialpsychologie 18: 439–453.
Geißler, Rainer, 1994 (1987): Zum Konzept der Lebenschancen. S. 3–5 in: ders.: Soziale Schichtung und Lebenschancen in Deutschland. Stuttgart: Enke.
Glatzer, Wolfgang, 2002: Sozialstruktur. S. 534–538 in: Günter Endruweit und Gisela Trommsdorff (Hg.): Wörterbuch der Soziologie. Stuttgart: Lucius & Lucius.
Glick Schiller, Nina, Linda Basch und Cristina Szanton Blanc, 1997: From Immigrant to Transmigrant: Theorizing Transnational Migration. S. 121–140 in: Ludger Pries (Hg.): Transnationale Migration. Soziale Welt. Sonderband 12. Baden-Baden: Nomos.
Goldstein, Joshua R., Tomáš Sobotka und Aiva Jasilioniene, 2009: The End of ‚Lowest-Low' Fertility? MPIDR Working Paper WP 2009-029, November 2009.
Graunt, John, 1662: Natural and Political Observations upon the Bills of Mortality. London: Printed by Tho. Roycroft for John Martin, James Allestry, and Tho. Dicas.
Greenhalgh, Susan, 1996: The Social Construction of Population Science: An Intellectual, Institutional, and Political History of Twenthieth-Century Demography, Comparative Studies in Society and History 38: 26–66.
Grobe, Thomas und Friedrich Schwartz, 2003: Arbeitslosigkeit und Gesundheit, Gesundheitsberichterstattung des Bundes, Heft 13, Berlin.
Grotjahn, Alfred, 1926: Die Hygiene der menschlichen Fortpflanzung: Versuch einer praktischen Eugenik. Berlin/Wien: Urban & Schwarzenberg.
Hajnal, John, 1965: European Marriage Patterns in Perspective. S. 101–131 in: David V. Glass und David E. C. Eversley (Hg.): Population in History. London: Arnold.
Haller, Max, 2006 (1999): Soziologische Theorie im systematisch-kritischen Vergleich. Wiesbaden: VS Verlag für Sozialwissenschaften.

Harris, John R. und Michael P. Todaro, 1970: Migration, unemployment, and development: A two-sector analysis, American Economic Review 60: 126–142.

Hauser, Jürg A., 1983: Ansatz zu einer ganzheitlichen Theorie der Sterblichkeit – eine Skizze, Zeitschrift für Bevölkerungswissenschaft 9: 159–186.

Heberle, Rudolf, 1955: Theorie der Wanderungen. Soziologische Betrachtungen, Schmollers Jahrbuch LXXV: 1–23.

Henssler, Patrick und Josef Schmid, 2005: Absage an die Natur. Die thematischen und erkenntnistheoretischen Grundlagen der deutschen Bevölkerungssoziologie. S. 255–287 in: Rainer Mackensen und Jürgen Reulecke (Hg.): Das Konstrukt „Bevölkerung" vor, im und nach dem „Dritten Reich". Wiesbaden: VS Verlag für Sozialwissenschaften.

Hill, Paul B. und Johannes Kopp, 1999: Nichteheliche Lebensgemeinschaften – theoretische Aspekte zur Wahl von Lebensformen. S. 11–35 in: Thomas Klein und Wolfgang Lauterbach (Hg.): Nichteheliche Lebensgemeinschaften. Analysen zum Wandel partnerschaftlicher Lebensformen. Opladen: Leske + Budrich.

Hobsbawm, Eric, 1954: The Crisis of the Seventeenth Century, Past and Present.

Hoem, M. Jan, Dora Kostova, Aiva Jasilioniene und Cornelia Mureşan, 2009: Traces of the Second Demographic Transition in Four Selected Countries in Central and Eastern Europe: Union Formation as a Demographic Manifestation, European Journal of Population 25: 239–255.

Hödl, Gerald, Karl Husa, Parnreiter Christof und Irene Stacher, 2000: Internationale Migration: Globale Herausforderung des 21. Jahrhunderts? S. 9–23 in: Karl Husa, Christof Parnreiter und Irene Stacher (Hg.): Internationale Migration. Die globale Herausforderung des 21. Jahrhunderts. Frankfurt a. M. und Wien: Brandes & Apsel und Südwind.

Höhn, Charlotte, 2000: Mortalität. S. 751–781 in: Ulrich Müller, Bernhard Nauck und Andreas Diekmann (Hg.): Handbuch der Demographie. Band 2. Berlin u. a.: Springer.

Höpflinger, François, 1997: Bevölkerungssoziologie. Eine Einführung in bevölkerungssoziologische Ansätze und demographische Prozesse. Weinheim/München: Juventa Verlag.

Höpflinger, François, 1999: Nichteheliche Lebensgemeinschaften im internationalen Vergleich. S. 167–181 in: in: Thomas Klein und Wolfgang Lauterbach (Hg.): Nichteheliche Lebensgemeinschaften. Analysen zum Wandel partnerschaftlicher Lebensformen. Opladen: Leske + Budrich.

Hoerder, Dirk, Jan Lucassen und Leo Lucassen, 2007: Terminologien und Konzepte in der Migrationsforschung. S. 28–53 in: Klaus J. Bade, Pieter C. Emmer, Leo Lucassen und Jochen Oltmer (Hg.): Enzyklopädie. Migration in Europa. Vom 17. Jahrhundert bis zur Gegenwart. München u. a.: Ferdinand Schöningh, Wilhelm Fink.

Hoffman, Lois Wladis und Martin L. Hoffman, 1973: The Value of Children to Parents. S. 19–76 in: James T. Fawcett (Hg.): Psychological Perspectives on Population. New York: Basic Books.

Hoffman, Lois Wladis, 1975: The value of children to parents and the decrese in family size, Proceedings of the american philosophical society 111: 430–438.

Hoffman, Lois Wladis, Arland Thornton und Jean Denby Manis, 1978: The Value of Children to Parents in the United States, Journal of Population 1: 91–131.

Hoffman, Lois Wladis und Jean Denby Manis, 1979: The Value of Children in the United States: A New Approach to the Study of Fertility, Journal of Marriage and the Family 41: 583–96.

Hollifield, James F., 2003: Offene Weltwirtschaft und nationales Bürgerrecht: das liberale Paradox. S. 35–57 in: Dietrich Thränhardt und Uwe Hunger (Hg.): Migration im Spannungsfeld von Globalisierung und Nationalstaat. Leviathan. Sonderheft 22/2003. Opladen: Westdeutscher Verlag.

Hoffmeyer-Zlotnik, Jürgen, 2000: Wanderungen: Formen und Vorkommen. S. 916–957 in: Ulrich Müller, Bernhard Nauck und Andreas Diekmann (Hg.): Handbuch der Demographie. Band 2. Berlin u. a.: Springer.

Hugo, Graeme J., 1981: Village-community ties, village norms, and ethnic and social networks: A review of evidence from the Third World. S: 186–225 in: Gordon F. DeJong und Robert W. Gardner (Hg.): Migration Decision Making: Multidisciplinary Approaches to Microlevel Studies in Developed and Developing Countries. New York: Pergamon Press.

Huinink, Johannes, 1999: Die Entscheidung zur Nichtehelichen Lebensgemeinschaft als Lebensform – Ein Vergleich zwischen Ost- und Westdeutschland. S. 113–138 in: Thomas Klein und Wolfgang Lauterbach (Hg.): Nichteheliche Lebensgemeinschaften. Analysen zum Wandel partnerschaftlicher Lebensformen. Opladen: Leske + Budrich.

Huinink, Johannes, 2005: Räumliche Mobilität und Familienentwicklung. Ein lebenslauftheoretischer Systematisierungsversuch. S. 61–81 in: Anja Steinbach (Hg.): Generatives Verhalten und Generationenbeziehungen. Festschrift für Bernhard Nauck zum 60. Geburtstag. Wiesbaden: VS Verlag für Sozialwissenschaften.

Huinink, Johannes und Michael Feldhaus, 2008: Beziehungs- und Familienentwicklung – eine konzeptionelle Einführung in eine Forschungsprogramm. S. 13–44 in: Michael Feldhaus und Johannes Huinink (Hg.): Neuere Entwicklungen in der Beziehungs- und Familienforschung. Vorstudien zum Beziehungs- und Familienentwicklungspanel (PAIRFAM). Würzburg: Ergon.

Huinink, Johannes und Torsten Schröder, 2008: Sozialstruktur Deutschlands. Konstanz: UVK Verlagsgesellschaft.

Hurrelmann, Klaus, 2006^3: Gesundheitssoziologie. Eine Einführung in sozialwissenschaftliche Theorien von Krankheitsprävention und Gesundheitsförderung. Weinheim/München: Juventa Verlag.

Imhof, Arthur E., 1987: Dreimal soviel Zeit zu leben wie unsere Vorfahren – noch haben wir Probleme damit. S. 175–201 in: Dietmar Kamper und Christoph Wulf (Hg.): Die sterbende Zeit. Darmstadt: Luchterhand.

Inglehart, Ronald, 1977: The Silent Revolution. Changing Values and Political Styles Among Western Publics. Princetion, New Jersey: Princetion University Press.

Kağıtçıbaşı, Ciğdem, 1982: Sex Roles, Value of Children and Fertility. S. 151–180 in: dies. (Hg.): Sex Roles, Family and Community in Turkey. Bloomington: Indiana University Press.

Kağıtçıbaşı, Ciğdem und Yılmaz Esmer, 1980: Development, Value of Children, and Fertility: A Multiple Indicator Approach. Istanbul: Boğaziçi University.

Kalter, Frank, 2000: Theorien der Migration. S. 438–475 in: Ulrich Müller, Bernhard Nauck und Andreas Diekmann (Hg.): Handbuch der Demographie. Band 1. Berlin u. a.: Springer.

Kaufmann, Franz-Xaver, 1997: Herausforderungen des Sozialstaates. Frankfurt a. M.: Suhrkamp.

Kaufmann, Franz-Xaver, 2008: Was meint Alter? Was bewirkt demographisches Altern? Soziologische Perspektiven. S. 119–138 in: Ursula M. Staudinger und Heinz Häfner (Hg.): Was ist Alter(n)? Neue Antworten auf eine scheinbar einfache Frage. Berlin/Heidelberg: Springer Verlag.

Kearney, Michael 1995: The Effects of Transnational Culture, Economy, and Migration on Mixtec Identity in Oaxacalifornia. S. 226–243 in: Michael Peter Smith und Joe R. Feagin (Hg.): The Bubbling Cauldron. Race, Ethnicity, and the Urban Crisis. Minneapolis: University of Minnesota Press.

Kevenhörster, Paul und Dirk van den Boom, 2009: Entwicklungspolitik. Wiesbaden: VS Verlag für Sozialwissenschaften.

Khalatbari, Parviz, 1977: Bevölkerungsdynamik und Gesellschaft. Ein politökonomischer Beitrag zur Bevölkerungstheorie und -methodologie. Berlin: Akademie-Verlag.

Kirk, Dudley, 1970 (1969): Natality in the Developing Countries: Recent Trends and Prospects. S. 75–98 in: Samuel J. Behrman, Leslie Corsa Jr. und Ronald Freeman (Hg.): Fertility and Family Planning. A World View. Ann Arbor: The University of Michigan Press.

Kirk, Dudley, 1996: Demographic Transition Theory, Population Studies 50: 361–387.

Klaus, Daniela und Jana Suckow, 2005: Der Wert von Kindern und sein langer Schatten. Eine kritische Würdigung der VOC-Forschung. S. 85–109 in: Anja Steinbach (Hg.): Generatives Verhalten und Generationenbeziehungen. Festschrift für Bernhard Nauck zum 60. Geburtstag. Wiesbaden: VS Verlag für Sozialwissenschaften.

Knodel, John E., 1974: The Decline of Fertility in Germany, 1871–1939. Princeton, New Jersey: Princeton University Press.

Knodel, John E. und Etienne van de Walle, 1979: Lessons from the Past. Policy implications of historical fertility studies, Population and Development Review 2: 217–245.

Koch, Petra und Hans Günther Knöbel, 1986: Familienpolitik der DDR im Spannungsfeld zwischen Familie und Berufstätigkeit von Frauen. Pfaffenweiler: Centaurus-Verlagsgesellschaft.

Kohler Hans-Peter, Billari Francesco C. und José Antonio Ortega, 2002: „The emergence of lowest-low fertility in Europe during the 1990s", Population and Development Review 28: 641–680.

Kohler Hans-Peter, Billari Francesco C. und José Antonio Ortega, 2006: „Low fertility in Europe: Causes, implications and policy options." S. 48–109 in Fred R. Harris (Hg.): The Baby Bust: Who will do the Work? Who Will Pay the Taxes? Lanham, MD: Rowman & Littlefield Publishers.

Kohls, Martin, 2008: Leben Migranten wirklich länger? Eine empirische Analyse der Mortalität von Migranten in Deutschland. Working Paper 16 der Forschungsgruppe des Bundesamtes für Migration und Flüchtlinge.

Konietzka, Dirk und Michaela Kreyenfeld, 2005: Nichteheliche Mutterschaft und soziale Ungleichheit im familialistischen Wohlfahrtsstaat, Kölner Zeitschrift für Soziologie und Sozialpsychologie 57: 32–61.

Kopp, Johannes und Heike Diefenbach, 1994: Demographische Revolution, Transformation oder rationale Anpassung? – Zur Entwicklung von Geburtenzahlen, Eheschließungen und Scheidungen in der (ehemaligen) DDR, Zeitschrift für Familienforschung 6: 45–63.

Kouris-Blazos, Antigone, 2002: Morbidity mortality paradox of 1st generation Greek Australians, Asia Pacific Journal Clinical Nutrition 11 S: 569–575.

Kreyenfeld, Michaela, Kerstin Schmidtke und Sylvia Zühlke, 2009: Eignet sich das Mikrozensus-Panel für familiensoziologische Fragestellungen? Untersuchung am Beispiel der Frage nach den ökonomischen Determinanten der Familiengründung. MPIDR Working Paper WP 2009-24, October 2009.

Landry, Adolphe, 1934: Le Révolution Démographique. Etudes and essais sur les problèmes de la population. Paris: Librairie Du Recueil Sirey.

Lengwiler, Martin, 2008: Vom Übervölkerungs- zum Überalterungsparadigma. S. 187–204 in: Eva Barlösius und Daniela Schiek (Hg.): Demographisierung des Gesellschaftlichen. Analysen und Debatten zur demographischen Zukunft Deutschlands. Wiesbaden: VS Verlag für Sozialwissenschaften.

Lenoir, Rémi, 1997: Die Erfindung der Demographie und die Bildung des Staates, Österreichische Zeitschrift für Geschichtswissenschaften 8: 400–442.

Lesthaeghe, Ronald, 1977: The Decline of Belgian Fertility 1800–1970. Princeton: Princeton University Press.

Lesthaeghe, Ronald, 1983: A century of demographic and cultural change in Western Europe. An exploration of underlying dimensions, Population and Development Review 9: 411–435.

Lesthaeghe, Ronald, 1992: Der zweite demographische Übergang in den westlichen Ländern: Eine Deutung, Zeitschrift für Bevölkerungswissenschaft 18: 313–354.

Lesthaeghe, Ronald und D.J. van de Kaa, 1986: Twee demografische transities. In: dies. (Hg.): Groei of Krimp?, boekuitgave Mens en Maatschapij. Van Loghum Slaterus: Deventer.

Lewis, W. Arthur, 1954: Economic development with unlimited supplies of labor, The Mancester School of Economic and Social Studies 22: 139–191.

Linde, Hans, 1984: Theorie der säkularen Nachwuchsbeschränkung 1800 bis 2000. Frankfurt a. M./New York: Campus.

Lindenberger, Ulman, 2008: Was ist kognitives Altern? Begriffsbestimmung und Forschungstrends. S. 69–82 in: Ursula M. Staudinger und Heinz Häfner (Hg.): Was ist Alter(n)? Neue Antworten auf eine scheinbar einfache Frage. Berlin/Heidelberg: Springer Verlag.

Lipset, Seymour Martion und Stein Rokkan, 1967 (Hg.): Party Systems and Voter Alignments. Cross-National Perspectives. New York u. a.: The Free Press.

Luhmann, Niklas, 1982: Liebe als Passion. Zur Codierung von Intimität. Frankfurt a.M.: Suhrkamp.

Luy, Marc, 2002: Warum Frauen länger leben: Erkenntnisse aus einem Vergleich von Kloster- und Allgemeinbevölkerung. Wiesbaden: BiB, Bundesinstitut für Bevölkerungsforschung beim Statistischen Bundesamt.

Luy, Marc, 2006: Perspektiven für die zukünftige Entwicklung der Lebenserwartung. Rostocker Zentrum – Diskussionspapier No. 4.

Luy, Marc und Paola Di Giulio, 2005: Der Einfluss von Verhaltensweisen und Lebensstilen auf die Mortalitätsdifferenzen der Geschlechter. S. 365–392 in: Karla Gärtner, Evelyn Grünheid und Marc Luy (Hg.): Lebensstile, Lebensphasen und Lebensqualität. Interdisziplinäre Analysen von Gesundheit und Sterblichkeit aus dem Lebenserwartungssurvey des BiB. Schriftenreihe des Bundesinstituts für Bevölkerungsforschung, Band 36. Wiesbaden: VS Verlag für Sozialwissenschaften.

Macfarlane, Alan, 1986: Marriage and Love in England. Modes of reproduction 1300–1840. Oxford: Blackwell.

Mackenroth, Gerhard, 1953: Bevölkerungslehre. Theorie, Soziologie und Statistik der Bevölkerung. Berlin u. a.: Springer-Verlag.

Mackensen, Rainer, 1989: Geschichtliche Prägung und prognostisches Potential der Bevölkerungstheorie. S. 10–25 in: Mackensen, Rainer, Lydia Thill-Thouet und Ulrich Stark (Hg.): Bevölkerungsentwicklung und Bevölkerungstheorie in Geschichte und Gegenwart. Deutsche Gesellschaft für Bevölkerungswissenschaft, 21. Arbeitstagung. Frankfurt a. M./New York: Campus Verlag.

Mackensen, Rainer und Jürgen Reulecke, 2005: Einleitung. S. 1–10 in: dies. (Hg.): Das Konstrukt „Bevölkerung" vor, im und nach dem „Dritten Reich". Wiesbaden: VS Verlag für Sozialwissenschaften.

Malthus, Thomas Robert, 1798: An essay on the principle of population, as it affects the future improvement of society: with remarks on the speculations of Mr. Godwin, M. Condorcet, and other writers. London: Johnson.

Marschallek, Christian, 2004: Die ‚schlichte Notwendigkeit' privater Altersvorsorge. Zur Wissenssoziologie der deutschen Rentenpolitik, Zeitschrift für Soziologie 33: 285–302.

Marx, Karl, 1967: Das Kapital. Band 1 (MEW Band 23). Berlin (DDR): Dietz.

Marx, Karl und Friedrich Engels, 1969: Die deutsche Ideologie. S. 5–530 in: MEW Band 3. Berlin (DDR): Dietz.

Massey, Douglas S., 1990: Social Structure, Household Strategies, and the Cumulative Causation of Migration, Population Index 56: 3–26.

Massey, Douglas S., 2000: Einwanderungspolitik für ein neues Jahrhundert. S. 53–76 in: Karl Husa, Christof Parnreiter und Irene Stacher (Hg.): Internationale Migration. Die globale Herausforderung des 21. Jahrhunderts. Frankfurt a. M. und Wien: Brandes & Apsel und Südwind.

Massey, Douglas S. und Felipe García España, 1987: The social process of international migration, Science 237: 733–738.

Massey, Douglas S., Joaquin Arango, Hugo Graeme, Ali Kouaouci, Adela Pelligrino und Taylor J. Edward, 1993: Theories of International Migration: A Review and Appraisal, Population and Development Review 19: 431–466.

Massey, Douglas S., Joaquin Arango, Ali Koukouci, Adela Pelligrino und Taylor J. Edward, 1998: Worlds in Motion: Understanding International Migration at the End of the Millenium. Oxford: Oxford University Press.

Matz, Klaus-Jürgen, 1980: Pauperismus und Bevölkerung: die gesetzlichen Ehebeschränkungen in den süddeutschen Staaten während des 19. Jahrhunderts. Stuttgart: Klett-Cotta.

Mau, Steffen und Roland Verwiebe, 2009: Die Sozialstruktur Europas. Konstanz: UVK.

Mayer, Karl Ulrich, 1990: Lebensverläufe und sozialer Wandel. Anmerkungen zu einem Forschungsprogramm. S. 7–21 in: Karl Ulrich Mayer (Hg.): Lebensverläufe und sozialer Wandel. Sonderheft 31 der Kölner Zeitschrift für Soziologie und Sozialpsychologie. Opladen: Westdeutscher Verlag.

Mayer, Karl Ulrich und Johannes Huinink, 1990: Alters-, Perioden- und Kohorteneffekte in der Analyse von Lebensverläufen oder: Lexis ade?. S. 442–459 in: Karl Ulrich Mayer (Hg.): Lebensverläufe und sozialer Wandel. Sonderheft 31 der Kölner Zeitschrift für Soziologie und Sozialpsychologie. Opladen: Westdeutscher Verlag.

Mielck, Andreas und Uwe Helmert, 1998: Soziale Ungleichheit und Gesundheit. S. 519–535 in: Klaus Hurrelmann und Ulrich Laaser (Hg.): Handbuch Gesundheitswissenschaften. Weinheim/München: Juventa Verlag.

Mombert, Paul, 1907: Studien zur Bevölkerungsbewegung in Deutschland. Karlsruhe: Braun.

Mombert, Paul, 1929: Bevölkerungslehre. Jena: Verlag von Gustav Fischer.

Morawska, Ewa, 1990: The sociology and historiography of immigration. S. 187–240 in: Virginia Yans-McLaughlin (Hg.): Immigration Reconsidered: History, Sociology, and Politics. New York: Oxford University Press.

Müller, Ulrich, 2000: Die Maßzahlen der Bevölkerungsstatistik. S. 1–91 in: Ulrich Müller, Bernhard Nauck und Andreas Diekmann (Hg.): Handbuch der Demographie 1. Berlin u. a.: Springer.

Myrdal, Gunnar, 1957: Rich Lands and Poor. The Road to World Property. New York: Harper and Row.

Nauck, Bernhard, 2001: Der Wert von Kindern für ihre Eltern. „Value of Children" als spezielle Handlungstheorie des generativen Verhaltens und von Generationenbeziehungen im interkulturellen Vergleich, Kölner Zeitschrift für Soziologie und Sozialpsychologie 53: 407–435.

Nauck, Bernhard, 2002. Migration. S. 362–363 in: Günter Endruweit und Gisela Trommsdorff (Hg.): Wörterbuch der Soziologie. Stuttgart: Lucius & Lucius.

Nauck, Bernhard und Ute Schönpflug, 1997: Familien in verschiedenen Kulturen. S. 1–21 in: dies. (Hg.): Familien in verschiedenen Kulturen. Stuttgart: Enke.

Nauck, Bernhard und Annette Kohlmann, 1999: Values of Children. Ein Forschungsprogramm zur Erklärung von generativem Verhaltem und intergenerativen Beziehungen. S. 53–73 in: Friedrich W. Busch, Bernhard Nauck und Rosemarie Nave-Herz (Hg.): Aktuelle Forschungsfelder der Familienwissenschaft. Würzburg: Ergon Verlag.

Nauck, Bernhard und Yasemin Niephaus, 2001: Intergenerative Konflikte und gesundheitliche Belastungen in Migrantenfamilien. Ein interkultureller und interkontextueller

Vergleich. S. 217–250 in: Peter Marschalck und Karl Heinz Wiedl (Hg.): Migration und Krankheit. Osnabrück: Universitätsverlag Rasch.

Nauck, Bernhard und Yasemin Niephaus, 2006: Intergenerative Conflicts and Health Hazards in Migrant Families, Journal of Comparative Family Studies XXXVII: 275–298.

Nauck, Bernhard und Daniela Klaus, 2007: The Varying Value of Children. Empirical Results from Eleven Societies in Asia, Africa and Europe, Current Sociology 55: 487–503.

Nave-Herz, Rosemarie, 1997: Die Hochzeit – Ihre heutige Sinnzuschreibung seitens der Eheschließenden – eine empirisch-soziologische Studie. Würzburg: Ergon.

Nave-Herz, Rosemarie, 1999: Die Nichteheliche Lebensgemeinschaft als Beispiel gesellschaftlicher Differenzierung. S. 37–59 in: Thomas Klein und Wolfgang Lauterbach (Hg.): Nichteheliche Lebensgemeinschaften. Analysen zum Wandel partnerschaftlicher Lebensformen. Opladen: Leske + Budrich.

Neidhardt, Friedhelm, 1976: Systemeigenschaften der Familie. Materialen zum zweiten Familienbericht der Bundesregierung. München: o. A.

Neumann, Kaspar, 1689: Reflexionen über Leben und Tod bei denen in Breslau Geborenen und Gestorbenen. Breslau.

Neyer, Gerda, Jan M. Hoem und Gunnar Andersson, 2007: Kinderlosigkeit, Bildungsrichtung und Bildungsniveau. Ergebnisse einer Untersuchung schwedischer Frauen der Geburtenjahrgänge 1955–59. S. 104–134 in: Dirk Konietzka und Michaela Kreyenfeld (Hg.): Ein Leben ohne Kinder. Kinderlosigkeit in Deutschland. Wiesbaden: VS Verlag für Sozialwissenschaften.

Niephaus, Yasemin, 1999: Der Einfluss vorehelichen Zusammenlebens auf die Ehestabilität als methodisches Artefakt?, Kölner Zeitschrift für Soziologie und Sozialpsychologie 51: 154–169.

Niephaus, Yasemin, 2002: Die Dynamik gesellschaftlicher Prozesse – generatives Handeln im ostdeutschen Transformationsprozeß, Schweizerische Zeitschrift für Soziologie 28: 119–138.

Niephaus, Yasemin, 2003: Der Geburteneinbruch in Ostdeutschland nach 1990. Staatliche Regulierung generativen Handelns. Opladen: Leske + Budrich.

Niephaus, Yasemin, 2009: Multidimensionale Deprivation: Armutsgefährdung und medizinisch-gesundheitliche Versorgung. SOEPpaper Nr. 157.

Niephaus, Yasemin, (in Vorbereitung): Sozialstrukturanalyse und Sozialstrukturkonzeptionen. Der Versuch einer Systematisierung.

Notestein, Frank W., Irene B. Taeuber, Dudley Kirk, Ansley J. Coale und Louse K. Kiser, 1944: The Future Population of Europe and the Soviet Union. Population Projections 1940–1970. Geneva: Series of League of Nations Publications.

Notestein, Frank W. 1953: Economic problems of population change. S. 13–31 in: Proceedings of the Eigth International Conference of Agricultural Economists. New York.

Oeppen, James und James W. Vaupel, 2002: Broken limits to life expectancy, Science 296: 1029–1031.

Olk, Thomas und Heinz Rothgang, 1999: Demographie und Sozialpolitik. S. 258–278 in: Thomas Ellwein ud Everhard Holtmann (Hg.): 50 Jahre Bundesrepublik Deutschland.

Rahmenbedingungen – Entwicklungen – Perspektiven. Politische Vierteljahresschrift. Sonderheft 30/1999. Opladen: Westdeutscher Verlag.

Parnreiter, Christof, 2001: Die Mär von den Lohndifferentialen. Migrationstheoretische Überlegungen am Beispiel Mexikos, IMIS-Beiträge, Heft 17/2001: 55–89.

Petras, Elizabeth M., 1981: The global labor market in the modern world-economy. S. 44–63 in: Mary M. Kritz, Charles B. Keely, and Silvano M. Tomasi (Hg.): Global Trends in Migration: Theory and Research on International Population Movements. Staten Island, N.Y.: Center for Migration Studies.

Peuckert, Rüdiger, 2008: Familienformen im sozialen Wandel. Wiesbaden: VS Verlag für Sozialwissenschaften.

Piore, Michael J., 1979: Birds of Passage: Migrant Labor in Industrial Societies. Cambridge: Cambridge University Press.

Polanyi, Michael, 1958: Personal Knowledge: Towards a Critical Philosophy. London: Routledge & Kegan Paul.

Population Division of the Department of Economic and Social Affairs of the United Nations Secretariat (2009). World Population Prospects: The 2008 Revision. New York: United Nations.

Portes, Alejandro und John Walton, 1981: Labor, Class, and the International System. New York u. a.: Academic Press.

Raphael, Lutz, 2001: Radikales Ordnungsdenken und die Organisation totalitärer Herrschaft: Weltanschauungseliten und Humanwissenschaftler im NS-Regime, Geschichte und Gesellschaft 27: 5–40.

Ranis, Gustav und John C. H. Fei, 1961: A theory of economic development, American Economic Review 51: 533–565.

Ravenstein, Ernest Georg, 1972a: Die Gesetze der Wanderung I. S. 41–64 in: György Széll (Hg.): Regionale Mobilität. München: Nymphenburger Verlagshandlung (zuerst: 1885, Journal of the Royal Statistical Society, XLVIII: 167–227).

Ravenstein, Ernest Georg, 1972b: Die Gesetze der Wanderung II. S. 65–94 in: György Széll (Hg.): Regionale Mobilität. München: Nymphenburger Verlagshandlung (zuerst: 1889, Journal of the Royal Statistical Society LII: 241–301).

Razum, Oliver, 2006: Migration, Mortalität und der Healthy-Migrant-Effekt. S. 255–270 in: Matthias Richter und Klaus Hurrelmann: Gesundheitliche Ungleichheit – Grundlagen, Probleme, Perspektiven. Wiesbaden: VS Verlag für Sozialwissenschaften.

Ribolits, Erich, 2004: Vom sinnlosen Arbeiten zum sinnlosen Lernen. S. 124–135 in: Ernst Lohoff, Norbert Trenkle, Karl-Heinz Lewed und Maria Wölflingseder (Hg.): Dead Men Working. Gebrauchsanweisung zur Arbeits- und Sozialkritik in Zeiten kapitalistischen Amoklaufs. Münster: Unrast.

Roloff, Juliane, 2000: Die demographische Entwicklung in den Bundesländern Deutschlands. Materialien zur Bevölkerungswissenschaft des Bundesinstituts für Bevölkerungsforschung, Heft 100.

Roloff, Juliane, 2003: Demographischer Faktor. Hamburg: Europäische Verlagsanstalt.

Ronellenfitsch, Ulrich et al., 2006: All-cause and cardiovascular mortality among ethnic German immigrants from the Former Soviet Union: a cohort study, in: BMC Public Health, 6: 16.

Sackmann, Reinhold, 2000: Fertilität im Transformationsprozeß. S. 231–253 in: Reinhold Sackmann, Ansgar Weymann und Matthias Wingens (Hg.): Die Generation der Wende. Berufs- und Lebensverläufe im sozialen Wandel. Wiesbaden: Westdeutscher Verlag.

Sackmann, Reinhold, 2008: Demographischer Wandel und der Arbeitsmarkt des öffentlichen Sektors. S. 47–69 in: Sackmann, Reinhold, Maria Reinhold und Bernadette Jonda, (Hg.): Demographie als Herausforderung für den öffentlichen Sektor. Wiesbaden: VS Verlag für Sozialwissenschaften.

Sackmann, Reinhold und Walter Bartl, 2007: Demographisierung: Bewältigungsform von Krisen der „zweiten Natur" des Menschen? In: Karl-Siegbert Rehberg (Hg.): Die Natur der Gesellschaft. CD-Rom der Sektionsbeiträge des 33. Kongresses der Deutschen Gesellschaft für Soziologie. Frankfurt a. M./New York: Campus.

Sackmann, Reinhold, Maria Reinhold und Bernadette Jonda, 2008: Demographie als Herausforderung. S. 9–15 in: dies. (Hg.): Demographie als Herausforderung für den öffentlichen Sektor. Wiesbaden: VS Verlag für Sozialwissenschaften.

Salt, John, 1989: A Comparative Overview of International Trends and Types, 1950–80, International Migration Review 23: 431–456.

Sanderson, Warren C., 1980: Comment on Easterlin, Pollak and Wachter's Toward a More General Model of Fertility Determination: Endogenous Preferences and Natural Fertility S. 140–144 in: Richard A. Easterlin (Hg.): Population and Economic Change in Less Developed Countries. Chicago: Chicago University Press.

Sarrazin, Thilo, 2010: Deutschland schafft sich ab. Wie wir unser Land aufs Spiel setzen. München: DTV.

Sassen, Saskia, 2001 (1988): The Mobility of Labor and Capital: A Study in International Investment and Labor Flow. Cambridge: Cambridge University Press.

Sassen, Saskia, 1991: The Global City: New York, London, Tokyo. Princeton: Princeton University Press.

Schäfer, Hans-Bernd und Klaus Wehrt, 1984, (Hg.): Die Ökonomisierung der Sozialwissenschaften. Sechs Wortmeldungen. Frankfurt a. M./NewYork: Campus.

Scharenberg, Albert, 2006: Brücke zum Mainstream – Mainstream als Brücke. Europäische Rechtsparteien und ihre Politik gegen Einwanderung. S. 70–111 in: Thomas Greven und Thomas Grumke (Hg.): Globalisierter Rechtsextremismus? Die extremistische Rechte in der Ära der Globalisierung. Wiesbaden: VS Verlag für Sozialwissenschaften.

Schmid, Josef, 1976: Einführung in die Bevölkerungssoziologie. Unter Mitarbeit von Helmut Bauer und Bettina Schattat. Reinbek bei Hamburg: Rowohlt Taschenbuch Verlag.

Schmid, Josef, 1984: Bevölkerung und soziale Entwicklung: Der demographische Übergang als soziologische und politische Konzeption. Boppard am Rhein: Boldt Verlag.

Schmid, Josef, 1985: Thema und Zielsetzung des Symposiums: Eine Einleitung. S. 5–17 in: ders. (Hg.): Bevölkerungswissenschaft. Die „Bevölkerungslehre" von Gerhard Mackenroth – 30 Jahre danach. Frankfurt a. M./New York: Campus.

Schneider, Norbert F., Doris Rosenkranz und Ruth Limmer, 2000: Nichtkonventionelle Lebensformen. S. 980–1024 in: Ulrich Müller, Bernhard Nauck und Andreas Diekmann (Hg.): Handbuch der Demographie 2. Berlin u. a.: Springer.

Schneider, Sven, 2002: Lebensstil und Mortalität. Welche Faktoren bedingen ein langes Leben? Wiesbaden: Westdeutscher Verlag.

Scholz, Rembrandt, Anne Schulz und Michael Stegmann, 2010: Zur Sterblichkeitsdifferenz von Männern im Ost-West-Vergleich. MPIDR Working Paper WP 2010-002, February 2010.

Schulz-Nieswandt, Frank, 2006: Sozialpolitik und Alter. Stuttgart: Verlag W. Kohlhammer.

Schütze, Yvonne, 1986: Die gute Mutter. Zur Geschichte des normativen Musters „Mutterliebe". Hannover. Kleine.

Schumacher Jörg und Elmar Brähler, 2004: Bezugssysteme von Gesundheit und Krankheit. S. 17–39 in: B. Strauß et al. (Hg.): Lehrbuch der Medizinischen Psychologie und Medizinischen Soziologie. Göttingen: Hofgrefe.

Sjaastad, Larry A., 1962: The costs and returns of human migration, Journal of Political Economy 70 S: 80–93.

Smith, Michael Peter, 1995: The disappearance of world cities and the globalization of local politics. S. 249–266 in: Paul L. Knox und Peter J. Taylor (Hg.): World cities in a world system. Cambridge: Cambridge University Press.

Stark, Oded, 1993 (1991): The Migration of Labor. Cambridge/Oxford: Blackwell.

Stark, Oded, J. Edward Taylor und Shlomo Yitzhaki, 1986: Remittances and Inequality, The Economic Journal 96: 722–740.

Stark, Oded und J. Edward Taylor, 1989: Relative Deprivation and International Migration, Demography 26: 1–14.

Statistischen Amt der DDR (Hg.) 1990: Statistisches Jahrbuch der Deutschen Demokratischen Republik. Berlin: Haufe.

Statistisches Bundesamt, 2002: Datenreport 2002 – Zahlen und Fakten über die Bundesrepublik Deutschland. Bonn: Bundeszentrale für politische Bildung.

Statistisches Bundesamt, 2006: Datenreport 2006 – Zahlen und Fakten über die Bundesrepublik Deutschland. Bonn: Bundeszentrale für politische Bildung.

Statistisches Bundesamt 2009: Statistisches Jahrbuch 2009. Für die Bundesrepublik Deutschland. Wiesbaden: Statistisches Bundesamt.

Statistisches Bundesamt 2010: Statistisches Jahrbuch 2010. Für die Bundesrepublik Deutschland. Wiesbaden: Statistisches Bundesamt.

Straubhaar, Thomas, 2002: Migration im 21. Jahrhundert. Von der Bedrohung zur Rettung sozialer Marktwirtschaft? Tübingen: Mohr Siebeck.

Süßmilch, Johann Peter, 1741: Die göttliche Ordnung in den Veränderungen des menschlichen Geschlechts aus der Geburt, Tod und Fortpflanzung desselben. Berlin: J. C. Spener.

Surkyn, Johan und Ron Lesthaeghe, 2004: Wertorientierungen und die ‚second demographic transition' in Nord-, West- und Südeuropa: Eine aktuelle Bestandsaufnahme, Zeitschrift für Bevölkerungswissenschaft 29: 63–98.

Taylor, Edward J., 1986: Differential migration, networks, information and risk. S. 147–171 in: Oded Stark (Hg.): Research in Human Capital and Development. Volume 4: Migration, Human Capital, and Development. Greenwich, Conn.: JAI Press.

Theweleit, Klaus, 1990: Objektwahl (All You Need Is Love…). Über Paarbildungsstrategien & Bruchstück einer Freudbiographie. Basel/Frankfurt a. M.: Stroemfeld/Roter Stern.

Thieme, Frank, 2008: Alter(n) in der alternden Gesellschaft. Eine soziologische Einführung in die Wissenschaft vom Altern. Wiesbaden: VS Verlag für Sozialwissenschaften.

Thompson, Warren S., 1929: Population. American Journal of Sociology 34: 959–975.

Trezzini, Bruno, 1996: Versuche zur netzwerkanalytischen Gliederung des modernen Weltsystems. S. 21–52 in: Hans-Peter Müller (Hg.): Weltsystem und kulturelles Erbe. Gliederung und Dynamik der Entwicklungsländer aus ethnologischer und soziologischer Sicht.

Todaro, Michael P., 1969: A Model of Labor Migration and Urban Unemployment in Less-Developt Countries. American Economic Review 53, 138–148.

Townsend, Pete, 1979: Introduction: Concepts of Poverty and Deprivation. S. 31–60 in: ders.: Poverty in the United Kingdom. London: Penguin Books.

Turchi, B. A., 1975: Microeconomic Theories of Fertility: A Critique, Social Forces 54: 107–125.

Tyrell, Hartmut, 1976: Probleme einer Theorie der gesellschaftlichen Ausdifferenzierung der privaten modernen Kleinfamilie, Zeitschrift für Soziologie 5: 393–417.

Udy, Stanley H., 1972 (1968): Social Structure. Social Structural Analysis. S. 489–495 in: David L. Sills (Hg.): International Encyclopedia of the Social Sciences. Volume 13. New York/London: The Macmillan Company & The Free Press/Collier Macmillan Publishers.

Unger, Rainer, 2003: Soziale Differenzierung der aktiven Lebenserwartung im internationalen Vergleich. Eine Längsschnittsuntersuchung mit den Daten des Sozio-ökonomischen Panels und der Panel Study of Income Dynamics. Wiesbaden: Deutscher Universitäts-Verlag.

United Nations Development Programme, 2009: Human Development Report. New York: Palgrave Macmillan.

Van de Kaa, Dirk J., 1987: Europe's Second Demographic Transition, Population Bulletin 41.

Vaskovics, Laszlo A. und Marina Rupp, 1995: Partnerschaftskarrieren. Entwicklungspfade nichtehelicher Lebensgemeinschaften. Opladen: Westdeutscher Verlag.

Vaskovics, Laszlo A., Marina Rupp und Barbara Hofmann, 1997: Nichteheliche Lebensgemeinschaften: eine soziologische Längsschnittstudie. Opladen: Leske + Budrich.

Vogel, Friedrich und Werner Grünewald, 1996: Kleines Lexikon der Bevölkerungs- und Sozialstatistik. München/Wien: R. Oldenbourg.

Wagner, Norbert und Martin Kaiser, 1995[3]: Ökonomie der Entwicklungsländer. Stuttgart/Jena: Gustav Fischer Verlag.

Wallerstein, Immanuel, 1974: The Modern World System. Capitalist Agriculture and the Origins of the European World-Economy in the Sixteenth Century. New York u. a.: Academic Press.

Wallerstein, Immanuel, 1980: The Modern World System II. Mercantilism and the Consolidation of the European World-Economy, 1600–1750. New York u. a.: Academic Press.

Wallerstein, Immanuel, 1989: The Modern World-System III. The Second Era of Great Expansion of the Capitalist World-Economy, 1730–1840. Ney York u. a.: Academic Press.

Weingart, Peter, Jürgen Kroll und Kurt Bayertz, 1992: Rasse, Blut und Gene. Geschichte der Eugenik und Rassenhygiene in Deutschland. Frankfurt a. M.: Surhkamp Verlag.

Westergaard, Harald, 1882: Die Lehre von der Mortalität und Morbidität. Anthropologisch-statistische Untersuchungen. Jena: G. Fischer.

Widmaier, Hans Peter, 1974: Politische Ökonomie des Wohlfahrtsstaates. S. 9–29 in: ders. (Hg.): Politische Ökonomie des Wohlfahrtsstaates. Frankfurt a. M.: Athenäum Fischer Taschenbüch Verlag.

Weiß, Wolfgang, 2003: Regional-Demographie der DDR – ein bevölkerungsgeographischer Nachruf, Leibniz-Sozietät/Sitzungsberichte 62: 113–146.

Wöhlcke, Manfred, 1992: Umweltflüchtlinge. Ursachen und Folgen. München: Beck.

Woods, Robert, 1982: Theoretical Population Geography. London u. a.: Longman.

Zipf, G. K., 1946: The P1*P2, D Hypothesis: on the Intercity Movement of Persons, American Sociological Review 11: 677–686.

Zmarzlik, Hans, 1976: Das Kaiserreich in neuer Sicht?, Historische Zeitschrift 222: 105–126.

Zolberg, Aristide R., 1989: The Next Waves: Migration Theory for a Changing World, International Migration Review 23: 403–430.

VIII Literatur Internet

http://epp.eurostat.ec.europa.eu/portal/page/portal/statistics/search_database (08.03.2010)
http://esa.un.org/unpp/index.asp?panel=4 (24.07.2010)
http://panel.gsoep.de/soepinfo2008/ (15.02.2010).
http://stats.oecd.org/Index.aspx (08.03.2010)
http://www.altern-in-deutschland.de/pdf/NAL327_bd09_recommendations_2010.pdf (22.05.2010).
http://www.bamf.de/cln_180/nn_442016/DE/DasBAMF/Home-Teaser/erster-teaser-startseite.html?__nnn=true (09.03.2010).
http://www.bbaw.de/bbaw/Forschung/Forschungsprojekte/Fertilitaet/de/Startseite (11.08.2010).
http://www.bib-demografie.de/cln_099/nn_749852/SharedDocs/Publikationen/DE/Download/Bevoelkerungsforschung__Aktuell/Heft1__2007,templateId=raw,property=publicationFile.pdf/Heft1_2007.pdf (07.10.2010).
http://www.bmas.de/portal/49086/property=pdf/anlage__bericht__der__bundesregierung__anhebung__regelaltersgrenze.pdf (22.12.2010).
http://www.bmfsfj.de/Publikationen/genderreport/01-Redaktion/PDF-Anlagen/gesamtdokument,property=pdf,bereich=genderreport,sprache=de,rwb=true.pdf (05.02.2010).
http://www.bmfsfj.de/RedaktionBMFSFJ/Abteilung3/Pdf-Anlagen/bt-drucksache-sechsteraltenbericht,property=pdf,bereich=bmfsfj,sprache=de,rwb=true.pdf (21.12.2010).
http://www.bundesgesundheitsministerium.de/cln_151/SharedDocs/Downloads/DE/Presse/Presse-2010/pm-10-11-12-GKV-FinG-Informationspapier,templateId=raw,property=publicationFile.pdf/pm-10-11-12-GKV-FinG-Informationspapier.pdf (21.12.2010).
http://www.census.gov/ipc/www/worldhis.html (09.10.2009).
http://www.census.gov/compendia/statab/2011/tables/11s0083.pdf (08.03.2010).
http://www.destatis.de/jetspeed/portal/cms/Sites/destatis/Internet/DE/Content/Zensus/Startseite.psml (27.02.2010).
http://www.destatis.de/jetspeed/portal/cms/Sites/destatis/SharedContent/Oeffentlich/AI/IC/Publikationen/Jahrbuch/Bevoelkerung,property=file.pdf (11.03.2010).
http://www.destatis.de/jetspeed/portal/cms/Sites/destatis/Internet/DE/Content/Publikationen/Qualitaetsberichte/Bevoelkerung/Sterbetafeln,property=file.pdf (07.04.2010).
http://www.destatis.de/jetspeed/portal/cms/Sites/destatis/Internet/DE/Content/Publikationen/Querschnittsveroeffentlichungen/WirtschaftStatistik/Bevoelkerung/AuswirkungDemographischerWandel,property=file.pdf (23.09.2010).
http://www.destatis.de/jetspeed/portal/cms/Sites/destatis/Internet/DE/Content/Statistiken/Bevoelkerung/MigrationIntegration/Migrationshintergrund/Aktuell,templateId=renderPrint.psml (20.02.2011).
http://www.destatis.de/jetspeed/portal/cms/Sites/destatis/Internet/DE/Presse/pm/2009/11/PD09__417__12411,templateId=renderPrint.psml (29.03.2011).

http://www.forschungsdatenzentrum.de/bestand/mikrozensus/index.asp (05.04.2010).
http://www.hoepflinger.com/fhtop/fhalter1K.html (26.04.2010).
http://www.mehrgenerationenhaeuser.de/coremedia/mgh/de/01__Mehrgenerationenh_C3_
    A4user/01__Was_20ist_20ein_20Mehrgenerationenhaus_3F/00__Was_20ist_20ein_
    20Mehrgenerationenhaus_3F.html (18.02.2011).
http://www.mehrgenerationenhaeuser.de/coremedia/mgh/de/03__Fachdiskurs/Fachleute/
    Landsberg_20-_20Experteninterview_20L_C3_A4ndl_20Raum.html (18.02.2011).
http://www.mi.niedersachsen.de/master/C454681_L20_D0_I522.html (09.03.2010).
http://www.mpib-berlin.mpg.de/de/forschung/bag/projekte/lebensverlaufsstudie/index.htm
    (15.02.2010).
http://www.oecd.org/document/4/0,3746,en_2649_34819_37836996_1_1_1_1,00.html
    (08.03.2010).
http://www.statistics.gov.uk/downloads/theme_population/FM1-37/FM1_37_2008.pdf
    (08.03.2010).
http://www.tu-chemnitz.de/hsw/soziologie/institut/Die_Value_of_Children_Forschung-235.
    html (20.09.2010).

IX Abbildungsverzeichnis

Abbildung 1	Idealtypisches Modell des ersten demographischen Übergangs	22
Abbildung 2	Historische Schätzung und Projektion der Entwicklung der Weltbevölkerung bis 2050	41
Abbildung 3	Nettoreproduktionsraten (Europa, Nordamerika, Lateinamerika, Asien, Afrika, 1950–2045)	41
Abbildung 4	Schema eines Lexis-Diagramms	43
Abbildung 5	Ausschnittsvergrößerung eines Lexis-Diagramms (Periodenperspektive)	78
Abbildung 6	Ausschnittsvergrößerung eines Lexis-Diagramms (Kohortenperspektive)	78
Abbildung 7	Geburtenentwicklung auf dem Gebiet der heutigen Bundesrepublik (TFR, 1950 bis 2008)	80
Abbildung 8	Geburtenentwicklung in sozialdemokratischen Wohlfahrtsstaaten (TFR, 1970–2008)	83
Abbildung 9	Geburtenentwicklung in liberalen Wohlfahrtsstaaten (TFR, 1970–2006)	83
Abbildung 10	Geburtenentwicklung in konservativen Wohlfahrtsstaaten (TFR, 1970–2008)	84
Abbildung 11	Geburtenentwicklung in familialistischen Wohlfahrtsstaaten (TFR, 1970–2008)	84
Abbildung 12	Geburtenentwicklung in postsozialistischen Wohlfahrtsstaaten (TFR, 1970–2008)	85
Abbildung 13	Anteile der von nicht verheirateten Frauen geborenen Kinder an den Geborenen insgesamt in Ost- und Westdeutschland in Prozent (1950 bis 2002)	102
Abbildung 14	Anteil von Ehen und nichtehelichen Lebensgemeinschaften an allen Paargemeinschaften (1996–2008)	103
Abbildung 15	Anteile ausgewählter Lebensformen im Vergleich	104
Abbildung 16	Anteile ausländischer Bevölkerung (1871–1933, Deutsches Reich und Weimarer Republik)	125
Abbildung 17	Anteile nicht-deutscher Bevölkerung (1961–2008, Bundesrepublik)	126
Abbildung 18	Arbeitsmigration in die Bundesrepublik (1960, 1972 und 1981)	127

Abbildung 19	Asylsuchende und Aussiedler in der Bundesrepublik (1950– 2009)	128
Abbildung 20	Zusammensetzung der Gruppe der Zuwanderer in die Bundesrepublik (2001–2008)	130
Abbildung 21	Zu- und Fortzüge aus der Bundesrepublik (1950–2008)	130
Abbildung 22	Altersaufbau der Bevölkerung in der Bundesrepublik nach Migrationshintergrund (2007)	131
Abbildung 23	Regionale Verteilung internationaler Migranten (1960–2010)	132
Abbildung 24	Anteile von Migranten aus sich entwickelnden Gesellschaften in entwickelten (1960–2010)	133
Abbildung 25	Entwicklung der Lebenserwartung im Verlauf des sozialen Wandels	139
Abbildung 26	Relative Übersterblichkeit in der früheren DDR bzw. in Ostdeutschland (1954 bis 1999)	144
Abbildung 27	Genutzter Anteil (gA) in den abgekürzten Sterbetafeln 1998/2000 der Männer gegenüber der Sterbetafel 1986/88 der Männer in der alten Bundesrepublik	145
Abbildung 28	Genutzter Anteil (gA) in den abgekürzten Sterbetafeln 1998/2000 der Frauen gegenüber der Sterbetafel 1986/88 der Frauen in der alten Bundesrepublik	145
Abbildung 29	Relativer Wert der Case Fatality Rate im Osten Deutschlands (Gesamtdeutschland = 1)	147
Abbildung 30	Verhältnis der Sterbewahrscheinlichkeiten in Ost- und Westdeutschland vor und nach Elimination der Sterbefälle nach Verkehrsunfällen (Männer)	149
Abbildung 31	Verhältnis der Sterbewahrscheinlichkeiten in Ost- und Westdeutschland vor und nach Elimination der Sterbefälle nach Verkehrsunfällen (Frauen)	149
Abbildung 32	Entwicklung der geschlechtsspezifischen Lebenserwartung bei Geburt (1871/1881 bis 2006/2008, Deutsches Reich und Bundesgebiet)	158
Abbildung 33	Entwicklung der Säuglingssterblichkeit (1871/1881 bis 2006/2008)	159
Abbildung 34	Die Entwicklung der Sexualproportion auf dem Gebiet der heutigen Bundesrepublik (1950–2008)	169
Abbildung 35	Grundtypen des Altersaufbaus der Bevölkerung	171
Abbildung 36	Altersaufbau der Bevölkerung Ostdeutschlands, 2008 (mit Berlin)	173

Abbildungsverzeichnis 221

Abbildung 37 Altersaufbau der Bevölkerung Westdeutschlands, 2008
(ohne Berlin) 173
Abbildung 38 Jugend-, Alten- und Gesamtquotient mit den Altersgrenzen
20 und 65 Jahre 176
Abbildung 39 Determinanten der Einnahmen der gesetzlichen
Rentenversicherung 181
Abbildung 40 Determinanten der Ausgaben der gesetzlichen
Rentenversicherung 183

X Tabellenverzeichnis

Tabelle 1	Einsetzen des säkularen Geburtenrückgangs	21
Tabelle 2	Soziale und ökonomische Indikatoren für Deutschland (1852 bis 1939)	26
Tabelle 3	Demographische Entwicklung in Deutschland (1852 bis 1939)	27
Tabelle 4	Geburtenentwicklung im 19. Jahrhundert (Lebendgeborene auf 10000 Einwohner)	54
Tabelle 5	Einstellungen ost- und westdeutscher Frauen der Geburtsjahrgänge 1953–1972 zu Familien- und Erwerbstätigkeit (Angaben in Prozent)	82
Tabelle 6	Entwicklung der Zahl nichtehelicher Lebensgemeinschaften in der Bundesrepublik (1972–2008)	100
Tabelle 7	Geburten nach Familienstand in Deutschland 1970 bis 2008 (in %)	101
Tabelle 8	Abgekürzte Sterbetafel, Frauen (2006/2008)	153
Tabelle 8a	Abgekürzte Sterbetafel, Frauen (2006/2008)	154
Tabelle 9	Abgekürzte Sterbetafel, Männer (2006/2008)	155
Tabelle 9a	Abgekürzte Sterbetafel, Männer (2006/2008)	156
Tabelle 10	Anteil alter und hochaltriger Menschen an der Bevölkerung auf dem Gebiet der heutigen Bundesrepublik	177
Tabelle 11	Pflegequoten in der GPV nach Lebensalter (2003)	185
Tabelle 12	Männliche Erwerbsquoten für ausgewählte Altersgruppen und Kalenderjahre (in Prozent)	187
Tabelle 13	Weibliche Erwerbsquoten für ausgewählte Altersgruppen und Kalenderjahre (in Prozent)	188

XI Liste der verwendeten Abkürzungen

Akademie der Wissenschaften	AdW
Allgemeine Bevölkerungsumfrage der Sozialwissenschaften	ALLBUS
Aufwachsen in Deutschland: Alltagswelten	AIDA
Ausländerzentralregister	AZR
Berliner Altersstudie	BASE
Bürgerliches Gesetzbuch	BGB
Bundesinstitut für Bevölkerungsforschung	BIB
Bundesvertriebenengesetz	BVFG
Deutsche Gesellschaft für Bevölkerungswissenschaft e. V.	DGBW
Deutsches Institut für Wirtschaftsforschung	DIW
Deutsches Jugendinstitut	DJI
EG-Vertrag	EGV
Europäische Union	EU
Family and Fertility Survey	FFS
Gender and Generations Survey	GGS
German Life History Study	GLHS
Gesetz zur nachhaltigen und sozial ausgewogenen Finanzierung der Gesetzlichen Krankenversicherung	GKV-FinG
Gesetzliche Krankenversicherung	GKV
Gesetzliche Rentenversicherung	GRV
Grundgesetz	GG
Human Development Index	HDI
International Classification of Diseases	ICD
International Union for the Scientific Study of Population	IUSSP
Kriegsfolgenbereinigungsgesetz	KfbG
Lebenspartnerschaftsgesetz	LpartG
Max-Planck-Institut für demografische Forschung	MPIfdF
Modell rationalen Verhaltens	MRV
Monitoring Trends and Determinants in Cardiovascular Disease	MONICA
Panel Analysis of Intimate Relationships and Family Dynamics	PAIRFAM
Period Total Fertility Rate	TFR
Population Policy Acceptance Study	PPAS
Private Krankenversicherung	PKV
Second Demographic Transition	SDT
Sonderforschungsbereich	SFB

Sowjetunion	SU
Sozio-oekonomisches Panel	SOEP
Union der sozialistischen Sowjetrepubliken	UdSSR
Value of children	VOC
Vereinigte Staaten von Amerika	USA
Vereinte Nationen	UN
Weltgesundheitsorganisation	WHO

Sachregister

A
Altenquotient 175, 176, 180
Alter
- chronologisch 157, 171, 175
- Feminisierung (des Alters) 177
- gesellschaftlich 174

Altersstruktur
- Glocke 171
- Pilz 171
- Pyramide 171

Alterung
- demographische 23, 37, 166 f., 170, 174 f., 177–179, 184, 186, 188–192
- individuelle 157 f., 174

Analyseverfahren
- Kohortenanalyse 42 f., 79
- Periodenanalyse 15, 42 f., 79

Anwerbung
- Anwerbeabkommen 127
- Anwerbestopp 127 f.

Arbeit
- Arbeitsangebotsverhalten / Arbeitsangebotsentscheidung 180, 182, 187
- Arbeitskräftepotential / Erwerbspersonenpotential 187 f.
- Arbeitslosigkeit 86, 146, 148, 176
- Arbeitsmarkt 45, 96, 115–118, 127, 170, 180, 182, 184, 187 f.
- Arbeitsmigration 106 f., 109, 113, 115, 117, 119, 123, 125, 127–129
- Arbeitsnachfrage 187
- Arbeitsteilung, geschlechtsspezifische 104
- Familienarbeit 186, 190

Arithmetiker, politische 19

B
Beschäftigung, altersadäquate 179
Bevölkerung
- allochthone 170
- autochthone 170
- schrumpfende 171 f.
- stabile 85, 152
- stationäre 171
- wachsende 171

Bevölkerungsbestand 150 f., 188
Bevölkerungsbewegung 18, 54, 105, 134
- natürliche 13, 17, 105
- räumliche 13, 17, 105

Bevölkerungsentwicklung 15–18, 23, 40, 51, 42 f., 87, 163, 167, 177, 179, 190, 196

Bevölkerungsfalle 40
Bevölkerungsgesetz 58
- historisch-soziologisches 36
- Malthussches 15, 33, 36
- natürliches 36

Bevölkerungsoptimismus / Populationsoptimismus 15, 35, 39 f.
Bevölkerungspessimismus / Populationspessimismus 32 f., 35 f., 39
Bevölkerungspolitik 14 f., 18 f., 31, 36, 195
- nationalsozialistische 15, 39

– pronatalistische 39
Bevölkerungsweise
– industrielle 60
– vorindustrielle 60

C
Case Fatality Rate 147

D
Daten
– amtliche 123, 142
– Ereignisdaten 48
– Längsschnittdaten 48
– Paneldaten 48
– Querschnittdaten 44
Dependenztheorie 122
Drittstaatenregelung 130

E
Ehebeschränkung 34 f.
Ehekonsens, politischer 35, 55 f., 87
Eheschließungsziffer/Heiratsziffer
– rohe 98
– der Ledigen 98
– der Nichtledigen 98
Entvölkerung/Untervölkerung 36
Entwicklungspolitik 36, 39 f.
Entwicklungspsychologie 170
Ereignismaße, absolute 124
Erwerbsquote
– der Frauen 187 f.
– der Männer 187
Eugenik 15, 36–38
– negative 38
– positive 38
european marriage pattern 60

F
Familie
– Abstammungsfamilie 191

– Familienstrukturen 29, 191
– Großfamilie 75, 191
– Lebensformen 13, 29, 87 f., 93, 96–99, 103 f.
– Mehrgenerationenfamilie, multilokale 191
– regenerative Funktion (der Familie) 191
– Verwandtschaftsfamilie 179, 190 f.
Fertilität/Fruchtbarkeit
– differentielle 20, 36, 38, 56, 71
– lowest-low-fertility 85
Fortzüge 123, 130
Flüchtlinge
– politisch motiviert 107, 129
– Umweltflüchtlinge 107
– ethnisch-religiös motiviert 107
Frauenbewegung 53

G
Geburten, nichteheliche 30, 77, 102 f.
Geburtenrate/Geburtenziffer 23, 29, 35 f., 39, 67, 74, 76 f., 89, 160, 178
– altersspezifische 77
– kohortenspezifische 77, 79
– rohe 27, 76, 150
– zusammengefasste 79, 85
Geburtenrückgang
– der 1960er Jahre 172
– erster demographischer Übergang 14, 19 f., 22–25, 28–31, 35 f., 40, 53, 55, 61, 69 f., 89, 135, 157, 158, 178, 196
– in Ostdeutschland 172
– säkularer 20 f., 52, 55
Gerontokratie 178
Gerontologie 188
Gesamtquotient 175 f.
Gesetzliche Krankenversicherung 185

– Leistungskatalog, Kürzung 185
– Praxisgebühr 185
Geschlechterverhältnis/Sexualproportion 151, 167–170, 172, 177
– der Neugeborenen/bei Geburt 168
– Frauenüberschuss 102, 168–170
– Männerüberschuss 168
Geschlechtsstruktur 151
Gesellschaft/Gesellschaftsformation
– feudale 106, 125
– kapitalistische 106
– liberale 106
– nachindustrielle 189
Gesundheit 47, 61, 66, 114, 134, 140

H
Hajnal-Linie 60
Healthy-Migrant-Effect 142 f.
Heckscher-Ohlin-Theorem 111
Heiratsalter, durchschnittlich 58, 99, 104
Human Development Index (HDI) 133
Hygiene 24, 38, 159 f.
– Hygienebewegung 36 f.
– Rassenhygiene 16, 36–39

I
Ideologie 37
– nationalsozialistische 38
Individualisierung, säkulare 30 f., 89
Industrialisierung 24 f., 28, 33, 53, 60, 69 f., 76, 119
International Classification of Deseases (ICD) 148

J
Jugendquotient 175 f.

K
Kindeswohl 30

Kirchenbücher 45
– Heiratsbücher 45
– Sterbebücher 45
– Taufbücher 45
Klosterstudien 142
Kohabitation 13, 17, 31, 87–89, 94, 98
Kohorte
– fiktive 44
– reale 44
– synthetische 44, 79
Krankheit 34, 56, 66, 97, 105, 134, 140, 148, 161
– bösartige Neubildungen 161
– des Kreislaufsystems 161
– Infektionskrankheiten 159–161

L
Lebenschancen 140, 166
Lebenserwartung 26 f., 65, 105, 133, 136 f., 139, 141–144, 152, 158, 160, 171, 184
– bei Geburt 44, 139, 141–144, 152, 157
– durchschnittliche 137, 152
– fernere 141, 152
– geschlechtsspezifische 139, 141–144, 157 f.
– maximale 158
– Migranten 142 f.
– regionale Differenzen 143
– statistische 44
Lebensformen 13, 87 f., 93, 96–99, 103 f.
– alternative 29
Lebensgemeinschaften
– eheliche 98
– heterosexuelle 99
– homosexuelle 99
– nichteheliche 30, 87–91, 93–95, 97–101, 103

Lernen, lebenslanges 178, 184, 189
Lexis-Diagramm 43 f., 77 f.

M
Mangelernährung 159
Menschenökonomie 37
Migranten
– Arbeitsmigranten/Arbeitsmigration 106 f., 109, 113, 115, 118 f., 123, 125, 127–129
– Flüchtlinge 107, 129, 169
– Heiratsmigranten 106
– Siedlungswanderung, koloniale 106
– Transhumanz 106
– Umsiedler 169
– Vertriebene 107, 128, 169
Migration
– Außenwanderung 109, 123
– Binnenwanderung 109, 123
– illegale/undokumentierte 121
Migrationsgeschehen, transnational 108
Migrationshintergrund 131
– im engeren Sinn 124, 131
– im weiteren Sinn 124
Migrationspolitik
– liberale 125
Migrationsregime
– liberales 106, 125
– neues 132
Modernisierung 25, 75 f.

N
Nationalökonomie, historische Schule 53, 55, 57 f.
Nomadentum 106

P
Paradigma, bevölkerungstheoretisches 15, 31, 36, 163, 195
– Bevölkerungsoptimismus/Populationsoptimismus 15, 35, 39 f.
– Bevölkerungspessimismus/Populationspessimismus 32 f., 35 f., 39
Paradox, liberales 106 f.
Pauperismus 33
Pflegekräfte
– familiale 186
– professionelle 186
Pflegequote 185
Praxeologie, soziale 96, 165
Produktionsweise 36
– industrielle 74
– kapitalistische 74, 106, 125
– vorindustrielle
Public Health-Forschung 146

Q
Qualifikationsniveau, formales 25, 170

R
Rasse 38
Rassenanthropologie 38
Rassenhygiene 16, 36–39
Register
– Ausländerzentralregister 45
– Geburtsregister 45
– Heiratsregister 45
– Melderegister 45, 142
– Personenstandsregister 45
– Standesamtsregister 45, 99
– Sterberegister 45
– Taufregister 45, 55
– Zivilstandsregister 45

Sachregister

Religiosität 70
Rente/Gesetzliche Rentenversicherung
- Regelaltersgrenze 175, 182, 184, 186, 188
- Riester-Rente 182
- Renteneintrittsalter 178 f.

S

Säuglingssterblichkeit 24, 58, 65, 148, 158–160
Scheidungsziffer
- allgemeine 99
- spezifische 99

Sozialpolitik
- Beitragsbemessungsgrundlage, durchschnittliche 180
- Bundeszuschuss 180
- Leistungsberechtigte 180
- Leistungsfälle 180
- Sozialversicherungssystem 16, 178–180, 182, 191
- Umlageverfahren 178–180

Sozialstruktur 15 f., 18, 49–51, 65, 106, 140, 163, 164–166, 174, 178, 191 f.
Sozialtheorie, individualistisch-strukturtheoretisch 52, 67–69
Soziologie
- kausal-analytisch 14, 51
- historisch-rekonstruktiv 14, 196

Staatsbürgerschaft, transnationale 108
Statistik
- amtliche 15, 28, 45–47, 99, 123, 143
- ausgelöste 47
- Bevölkerungsstatistik 14 f., 19, 42–45, 47, 196
- nichtausgelöste 47
- Wanderungsstatistik 45

Sterberate/Sterbeziffer
- altersspezifische 150
- geschlechtsspezifische 151
- rohe 150 f.
- standardisierte 151
- ursachenspezifische 151

Sterbetafel
- abgekürzte 145 f., 152–157
- allgemeine 152, 157
- Cause Elimination 148
- Kohortensterbetafel 151 f.
- Periodensterbetafel 148, 151 f.
- vollständige 146

T

Threshold-Hypothese 28, 40, 76
Transhumanz 106

U

Überbevölkerung 33
Übergang 19 f., 24, 160
- epidemiologischer 160
- erster demographischer 14, 19 f., 22–25, 28–31, 35 f., 40, 53, 55, 61, 69 f., 89, 135, 157 f., 178, 196
- zweiter demographischer 14, 20, 29, 31, 89 f., 196

Ungleichheit, soziale 135, 138–140, 193
Ungleichheitsdeterminanten
- horizontale 140
- vertikale 140

Untervölkerung/Entvölkerung 36

V

Verdichtungstheorie 40
Versorgung, medizinisch-gesundheitliche 141

Verwandtschaftssystem, patrilinear 65
Volkszählung 45 f., 114, 152
- registergestützte 46

W
Wachstumsschere, transitionale 22, 36
Wandel
- demographischer 90, 184, 186, 192
- ideeller 30
- kultureller 25, 30
- sozialer 25, 60, 76, 118, 136–139

Wohlfahrt
- Wohlfahrtsstaat 15 f., 51, 65, 82–87, 102, 166, 178, 179, 190, 192
- Wohlfahrtspluralismus 191
- Wohlfahrtsproduktion 191
- Wohlfahrtsströme, intergenerationale 75

Z
Zustandsmaße 124
Zuwanderer 49, 106, 117, 123, 125, 128, 130
Zuzüge 123, 130

MIX
Papier aus verantwortungsvollen Quellen
Paper from responsible sources
FSC® C105338

If you have any concerns about our products,
you can contact us on
ProductSafety@springernature.com

In case Publisher is established outside the EU,
the EU authorized representative is:
**Springer Nature Customer Service Center GmbH
Europaplatz 3, 69115 Heidelberg, Germany**

Printed by Libri Plureos GmbH
in Hamburg, Germany